모든 상황에 대비하는
최고의 일본어 책

확신의 일본어

여행

저자 김다혜(다도센세)

국립 우츠노미야 대학(国立宇都宮大学)에서 국제학과 학사 과정을 수료하고 동대학 대학원 석사 과정을 수료하여 각각 두 편의 논문을 작성하였다. 대학에서는 일본 내 페루 이주자들의 자녀들을 위한 일본어 교육 봉사 활동에 적극 참여하여 일본어 교육에 대한 꿈을 키웠다. 그 후 일본의 한 기업에서 사회생활을 하였고, 약 10년간의 현지 생활을 통해 회화와 문어 표현의 일본어는 물론 대학, 회사 생활을 비롯하여 다채로운 일본 사회를 경험하였다.

주요 인터넷 강의 출연으로는 [야나두 현지 일본어 첫걸음], [가벼운 학습지 Lv1, 2], [에듀티비 현지에서 일본어로 살아남기]가 현재 공개 또는 방영 중에 있다.

저서로는 [확신의 일본어 첫걸음], [야나두 현지 일본어 첫걸음](야나두×다락원) 등이 있다.

현재 오프라인, 온라인 강의를 비롯한 일본과 일본어에 관련된 강연 등의 활발한 활동을 하고 있다.

감수 마츠모토 에리카(松本絵里香)

일본 독교 대학(獨協大学)에서 한국어를 전공하고 일본어 교사 양성 과정을 수료하였다. 재학 중에 이화여대 어학원, 건국대 문화콘텐츠학과에 유학하여 한국에서의 사회, 문화적 경험을 쌓았다. 현재는 한국에 거주하며 일본어 번역, 통역 등 업무를 맡고 있다.

확신의 일본어 여행

지은이 김다혜(다도센세)
초판 1쇄 인쇄 2025년 2월 20일
초판 1쇄 발행 2025년 2월 27일

발행인 박효상 **편집장** 김현 **기획·편집** 장경희, 오혜순, 이한경, 박지행 **디자인** 임정현
마케팅 이태호, 이전희 **관리** 김태옥

기획·편집 진행 김진아 **삽화** 조윤 **본문·표지 디자인** 신세진 **조판** 황미연

종이 월드페이퍼 **인쇄·제본** 예림인쇄·바인딩

출판등록 제10-1835호 **발행처** 사람in
주소 04034 서울시 마포구 양화로 11길 14-10 (서교동) 3F
전화 02) 338-3555(代) **팩스** 02) 338-3545 **E-mail** saramin@netsgo.com
Website www.saramin.com

책값은 뒤표지에 있습니다.
파본은 바꾸어 드립니다.

ISBN
979-11-7101-136-0 14730
979-11-7101-134-6 (세트)

우아한 지적만보, 기민한 실사구시 사람in

모든 상황에 대비하는
최고의 일본어 책

확신의 일본어 여행

저자 **김다혜**(다도센세)
감수 **마츠모토 에리카**

사람in
saram in.com

머리말

안녕하세요 ˘◡˘ 다도센세입니다.
이 책을 선택해 주신 여러분께 진심으로 감사의 말씀을 전합니다.
이 책은 기초 학습을 마치고 일본으로의 여행은 물론 유학이나 워킹 홀리데이, JLPT 4급 이상의 수준을 희망하는 학습자들을 위한 교재입니다.
여러 목표를 가진 학습자들이 레벨 업을 필요로 하는 타이밍에 알맞게 작용하도록 구성하였습니다. 즐겁게 일본어를 학습하며, 이 책을 통해 내 것이 된 일본어 능력으로 2배, 3배 더 즐거운 일본을 경험하시길 바랍니다.

일본이라는 나라는 한국인이 가기 쉬운 첫 번째 여행지로서 가까운 거리와 편리한 접근성은 물론, 청결하고 안전한 환경이 매력적인 나라입니다. 또한 각 도시마다 독특한 매력이 있어 온천, 전통 체험 등의 다양한 활동이 가능하며 한국인이기에 느낄 수 있는 유사성과 차이점을 경험할 수 있는 곳이기도 하죠. 무엇보다 다채로운 쇼핑과 맛있는 음식이 많아 미식여행을 즐길 수 있다는 점이 가장 매력적인 부분인데요.
이러한 매력을 가진 일본을 제대로 즐기기 위해서는 무엇보다 '언어'가 중요하다고 생각합니다. 어느 정도의 의사소통을 할 수 있는 상황과 전혀 그렇지 못한 상황에서의 '여행의 만족과 재미'는 확연히 다르니까요. 그래서 일본 여행에 관심이 있는 여러분께 책을 통해 일본 여행에 대한 예행연습을 하면서 그와 동시에 일본어 능력의 성장 또한 이룰 수 있는 방법의 최고 길잡이가 되는 이 책을 쓰게 되었습니다.
이 책은 다도센세가 10년간 일본에서 생활하며 쌓은 경험과 한국에 돌아와 매년 3회 이상 일본을 여행하면서 얻은 생생한 상황을 바탕으로 구성하였습니다.
먼저, 여행자가 자주 마주치는 20개의 상황을 중심으로, 자연스러운 일본어 표현과 대화의 흐름을 [실전 회화문]을 통해 보여 줍니다. 그 후 각 상황에서 사용된 [문법]을 학습하고 [작문]을 통해 내 것으로 만들어, 이를 [실전 상황]에 적용하여 회화 능력을 기르게 합니다. 마지막으로 [듣기 체크]를 통해 전체적인 내용을 복습하는 순서로 학습이 진행됩니다.

문법, 작문, 회화, 청해를 모두 포함한 이 책은 일본어 중급 교재의 '올라운더'라 할 수 있습니다.

1. 크게 보고 세심히 챙긴 상황 회화 :
한마디씩 알려 주는 여행 일본어는 다음 상황을 대비할 수 없다!
일본 여행에서 자주 만나는 20개의 상황을 간추려, 각각의 상황마다 다양하게 오고 가는 대화의 흐름을 제시하였습니다. 상대 일본인이 잘 사용하는 표현은 물론 다음에 나올 법한 상황 및 대화 내용을 익히게 합니다.

2. 탄탄한 문법과 작문 구성 : 내 것으로 만들기
회화문 속에 나오는 문법을 정리하여 이해를 돕고, 해당 문법을 사용하는 작문을 통해 단어와 문법 활용의 영역을 넓힙니다. '작문이라고 따분해 하지 말기!' 정확한 회화로 나아가기 위한 탄탄대로를 짓는다고 생각해 주세요. 작문을 제대로 하고 계속 따라 읽으면 그 문법과 단어가 어느새 '내 것'이 되어 있을 거예요.

3. 미리 가는 일본 여행 : 일본 여행 예행 연습하기
주어진 상황을 [실전 능력 강화]를 통해 연습합니다. 이 파트를 통해 각종 상황에서 일본인과의 대화는 물론 키오스크, 셀프 접수/결제 등 최근의 일본 동향을 익힐 수 있습니다. 마지막으로 회화문에서 익혔던 내용을 바탕으로 약간 변형된 내용의 [듣기 체크]를 진행합니다. 자주 많이 듣는 노력을 하여 귀가 뜨이는 훈련을 합니다.

여러분의 새로운 결심과 다짐을 응원합니다!
일본어 공부에 큰 힘이 되어 드릴게요 ˙◡˙

저자 김다혜(다도센세)

목차

05 間違いないメニュー、マックでの注文の流れを知っておこう。

실패 없는 메뉴, 맥도날드에서의 주문 흐름을 알아 두자.

06 回転ずし屋に行くならこれは知っておこう！

회전 초밥집에 간다면 이건 알아 두자!

07 電車に乗って遠くまで出かけてみよう。

전철을 타고 멀리까지 나가 보자.

08 コンビニでコーヒーを買ってみよう。

편의점에서 커피를 사 보자.

이 책의 구성과 특징

이 책은 기초 학습을 끝낸 학습자들이 중급으로 나아가는 데 필요한 내용과 수준으로 구성하였습니다. '여행 일본어'는 일본인들의 일상 회화 스피드와 상용 문법을 기반으로 대화가 이루어지기 때문에 입문 학습자가 여행 회화부터 시작하면 어려움을 느낄 수도 있기 때문이죠.

① [확신의 일본어_첫걸음]으로 탄탄하게 기초를 다지고,

⋮

② [확신의 일본어_여행]을 통해 정확한 레벨 업을 이뤄 봅시다!

1 실전 회화문

하나의 상황에서 일어날 법한 다양한 [티키타카]를 구현

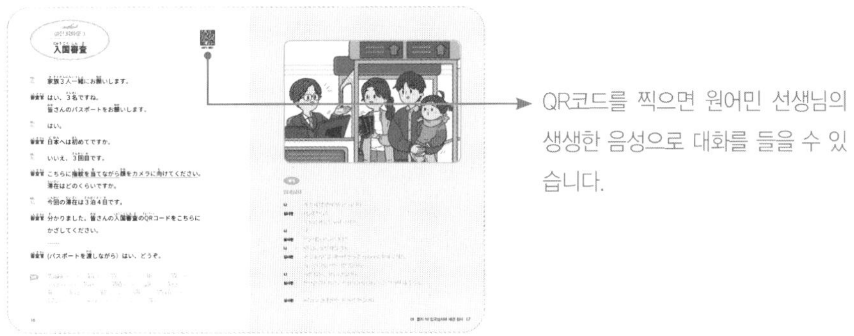
QR코드를 찍으면 원어민 선생님의 생생한 음성으로 대화를 들을 수 있습니다.

한 문장씩 본인이 말할 대사만 알려 주는 일방적인 여행 일본어 책이 아닌, 상대방의 대답이나 되돌아오는 추가 질문, 존경 및 겸양 표현 등도 대화에 실어 더욱 생생한 여행 일본어 학습이 가능합니다.
(*한 문장씩 익히면 상대방이 한 말을 이해하거나 자신이 해야 할 말을 대비하기 어렵고, 회화가 늘지 않습니다.)
'공항에서의 상황'을 시작으로 '호텔, 거리에서 길 찾기, 맥도날드, 회전 초밥집, 전철, 편의점, 라멘집, 자전거 렌탈, 이자카야, 관광지에서의 티켓 구입, 카페, 드러그 스토어, 옷과 신발 쇼핑, 병원, 패밀리 레스토랑, 면세 카운터, 고기 무한리필, 렌터카 대여'와 관련된 실제 발생할 수 있는 실전 회화를 사실적으로 구성하였습니다. 최근에는 키오스크 등의 도입으로 말하지 않아도 되는 상황이 많아졌지만, 일본어를 공부하는 학습자인 만큼 일본인과 소통할 수 있는 상황에서는 한마디라도 소통해 보면 일본어 실력이 향상되는 것을 느낄 수 있을 것입니다.

2 문법과 작문 마스터

여행 회화책이지만, [문법]도 하고 [작문]도 하고!

회화와 문법을 별개로 생각하지 마세요. 문법이 제대로 정리되어 있어야 올바른 회화로의 전개가 가능합니다. 해당 과의 회화문에서 사용된 문법을 꼼꼼히 짚어 기초에서 중급으로의 레벨 업을 보다 수월하게 해 줍니다. 또한 제시된 문장을 문법 사항을 활용해 작문해 봄으로써 필수 내용을 완벽히 이해하고 넘어갈 수 있습니다.

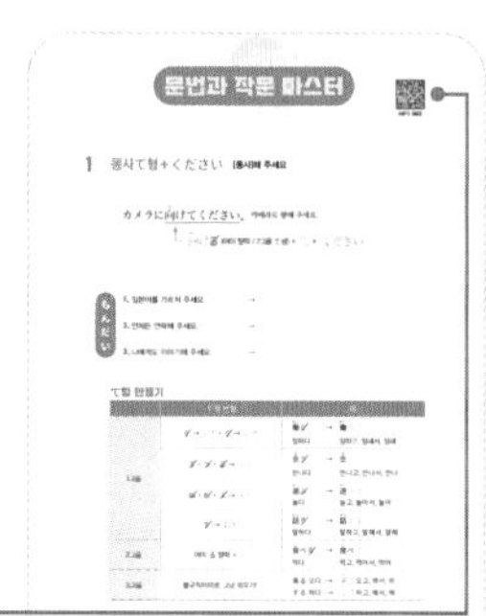

QR코드를 찍으면 다도센세의 친절한 문법 설명과 함께, 출제된 문제의 일본어 문장을 원어민 선생님의 발음으로 확인할 수 있습니다.

3 실전 능력 강화

실전! 각 상황에 맞게 대처할 수 있는 능력

해당 과에서 학습한 내용을 바탕으로 실제 만날 수 있는 상황을 미리 연습할 수 있도록 구성하였습니다.
키오스크 화면을 보고 터치하는 연습을 하거나 지도를 보고 특정 장소로 향하는 방법을 제시하는 등 일본 여행과 생활에서 필요한 상황들을 제시하여 그 문제를 해결하는 실전 파트를 준비했습니다. 회화문과 문법에서 배운 단어, 문법 사항을 활용하여 말문이 트이는 연습이 가능합니다.

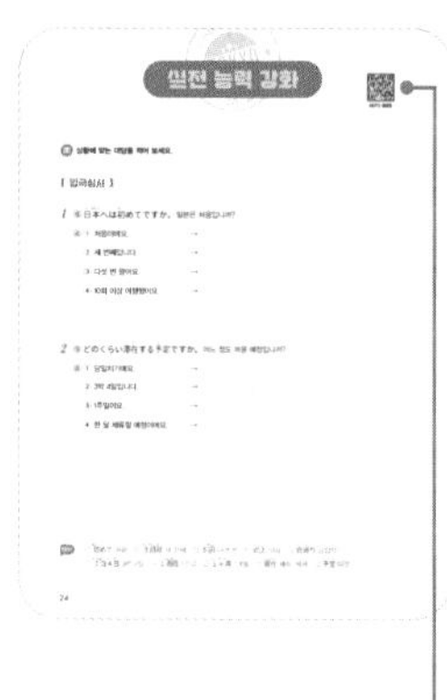

QR코드를 찍으면 원어민 선생님의 생생한 발음을 들을 수 있습니다.
(회화와 관련이 있는 주제에만 QR코드가 있습니다.)

4 듣기 체크

말문과 함께 귀가 뜨이는 [청해]

중급으로 나아가기 위해서는 청해에 힘을 실어 줘야 합니다. 상대의 이야기를 알아듣고 그 다음 대화로 나아가기 위한 기본 능력이기 때문이죠. 듣기 체크는 해당 과의 회화문에서 어느 정도 익숙해진 상황과 내용을 토대로 약간의 변형을 주고, 듣기 연습을 해 보는 파트입니다. 귀가 뜨이는 연습을 해 봅시다.

QR코드를 찍어 대화를 듣고 문제를 풀어 보세요.

5 플러스 학습

문법과 어휘, 표현의 심화 학습

'+(플러스) 학습' 페이지에서는 해당 과에서 알아 두면 좋을 어휘와 표현을 정리하고, 추가적으로 필요한 문법 설명을 실었습니다.

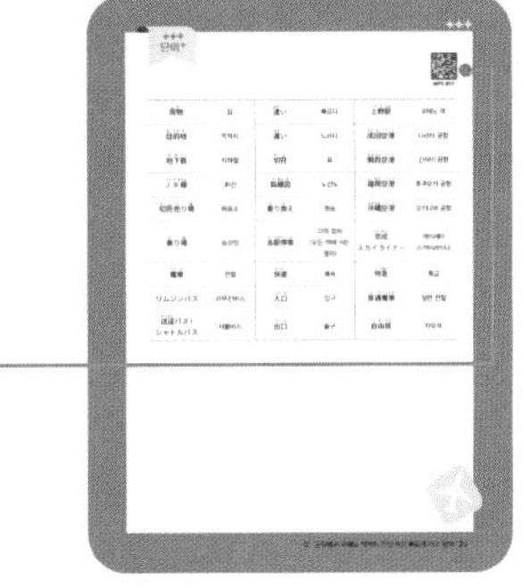

어휘와 표현 부분의 QR코드를 찍으면 원어민 선생님의 발음을 들을 수 있습니다.

6 여행 정보

생생한 여행 정보

여행에 정보가 빠질 수 없지요. 정보 분야 역시 다도센세의 최근 일본 여행 경험을 바탕으로 일본의 최신 동향을 반영하고 있습니다. 키오스크, 셀프 계산대, 초밥집 셀프 접수 및 결제 등 다양한 셀프 시스템을 비롯하여, 알아 두면 좋을 최신 여행 정보를 실어, 일본 여행에 대비할 수 있도록 도와줍니다.

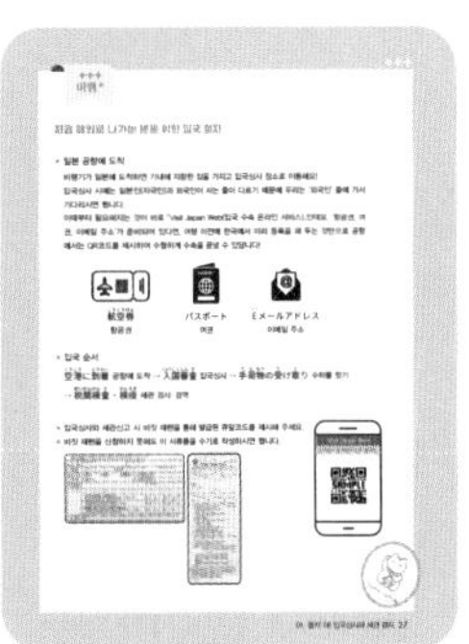

자, 그럼 레벨 업을 위한 [문법-작문-회화-청해]의 '올라운더'가 되기 위한 학습을 시작해 볼까요?

01

びびらないで！
入国審査(にゅうこくしんさ)と税関検査(ぜいかんけんさ)

기죽지 마! 입국심사와 세관 검사

일본에 가면, 처음 맞닥뜨리게 되는 상황이 입국심사와 세관 검사죠.
나도 모르게 긴장하게 되는 시간일 텐데요. 일본 입국심사의 경우 지문을 찍는다거나
사전에 등록한 Visit 재팬 QR코드를 제시해야 하는 특별한 상황이 있어요.
입국심사 및 세관 검사 때, 꼭 알아야 하는 문장으로 회화문을 구성하였으니
열심히 학습하여 실전에서 당황하지 않도록 대비해 보아요!

MP3 001

私(わたし) 家族(かぞく)３人(さんにん)一緒(いっしょ)にお願(ねが)いします。

審査官(しんさかん) はい、３名(さんめい)ですね。
皆(みな)さんのパスポートをお願(ねが)いします。

私(わたし) はい。

審査官(しんさかん) 日本(にほん)へは初(はじ)めてですか。

私(わたし) いいえ、３回目(さんかいめ)です。

審査官(しんさかん) こちらに指紋(しもん)を当(あ)てながら顔(かお)をカメラに向(む)けてください。
滞在(たいざい)はどのくらいですか。

私(わたし) 今回(こんかい)の滞在(たいざい)は３泊４日(さんぱくよっか)です。

審査官(しんさかん) 分(わ)かりました。皆(みな)さんの入国審査(にゅうこくしんさ)のQR(キューアール)コードをこちらにかざしてください。

……

審査官(しんさかん) (パスポートを渡(わた)しながら）はい、どうぞ。

단어
□ 入国審査(にゅうこくしんさ) 입국심사 □ 家族(かぞく) 가족 □ ３人(さんにん) 3인, 세 명 □ 一緒(いっしょ)に 함께 □ ３名(さんめい) 세 명
□ パスポート 여권 □ 初(はじ)めて 처음 □ ３回目(さんかいめ) 세 번째 □ 指紋(しもん) 지문 □ 当(あ)てる 대다, 맞추다
□ 顔(かお) 얼굴 □ 向(む)ける 향하다 □ 滞在(たいざい) 체재, 체류 □ 今回(こんかい) 이번 □ ３泊４日(さんぱくよっか) 3박 4일
□ QR(キューアール)コード QR코드 □ かざす (센서등이 있는 기계에)대다 □ 渡(わた)す 건네다

해석

입국심사

나 가족 세 명 함께 부탁드립니다.

심사관 네, 세 명이요.
모두의 여권을 보여 주세요.

나 네.

심사관 일본에는 처음인가요?

나 아니요, 세 번째입니다.

심사관 여기에 지문을 대면서 얼굴을 카메라로 향해 주세요.
체류(기간)는 어느 정도입니까?

나 이번 체류는 3박 4일입니다.

심사관 알겠습니다. 여러분의 입국심사 QR코드를 여기에 대 주세요.
……

심사관 (여권을 건네면서) 자, 여기 있습니다.

문법과 작문 마스터

MP3 002

1 동사て형+ください [동사]해 주세요

カメラに向(む)けてください。 카메라로 향해 주세요.

└ 向(む)け~~る~~ (어미 탈락 / 2그룹 て형) + て + ください

もんだい

1. 일본어를 가르쳐 주세요. ···›
2. 언제든 연락해 주세요. ···›
3. 나에게도 이야기해 주세요. ···›

て형 만들기

	て형 변형	예
1그룹	~~く~~ → いて・~~ぐ~~ → いで	働(はたら)~~く~~ → 働(はたら)いて 일하다 일하고, 일해서, 일해
	~~う~~・~~つ~~・~~る~~ → って	会(あ)~~う~~ → 会(あ)って 만나다 만나고, 만나서, 만나
	~~ぬ~~・~~む~~・~~ぶ~~ → んで	遊(あそ)~~ぶ~~ → 遊(あそ)んで 놀다 놀고, 놀아서, 놀아
	~~す~~ → して	話(はな)~~す~~ → 話(はな)して 말하다 말하고, 말해서, 말해
2그룹	어미 る 탈락 + て	食(た)べ~~る~~ → 食(た)べて 먹다 먹고, 먹어서, 먹어
3그룹	불규칙이므로 그냥 외우기!	来(く)る 오다 → 来(き)て 오고, 와서, 와 する 하다 → して 하고, 해서, 해

2 동사 ます형+ながら [동사]하면서

指紋(しもん)を当(あ)てながら 지문을 대면서

└ 当(あ)てる (어미 탈락 / 2그룹 ます형) + ながら

もんだい

1. 밥을 먹으면서 영화를 본다. ⋯▸
2. 공부하면서 노래를 듣는다. ⋯▸
3. 운동하면서 단어를 외운다. ⋯▸

ます형 만들기

	ます형 변형	예 (+ます 정중형)
1그룹	어미 い단 변형	行(い)く → 行(い)きます 가다 　갑니다, 갈 겁니다
2그룹	어미 る 탈락	食(た)べる → 食(た)べます 먹다 　먹습니다, 먹을 겁니다
3그룹	불규칙이므로 그냥 외우기!	来(く)る 오다 → 来(き)ます 옵니다, 올 겁니다 する 하다 → します 합니다, 할 겁니다

단어 □ 教(おし)える 가르치다 □ 連絡(れんらく)する 연락하다 □ 話(はな)す 말하다, 이야기하다 □ 食(た)べる 먹다 □ 映画(えいが) 영화 □ 見(み)る 보다 □ 勉強(べんきょう) 공부 □ 歌(うた) 노래 □ 聴(き)く 듣다 □ 運動(うんどう) 운동 □ 単語(たんご) 단어 □ 覚(おぼ)える 외우다

실전 회화문 2

税関検査(ぜいかんけんさ)

MP3 003

職員(しょくいん) 申告(しんこく)するものはありますか。

私(わたし) ありません。

職員(しょくいん) カバンを開(あ)けて確認(かくにん)してもよろしいですか。

私(わたし) はい、どうぞ。

職員(しょくいん) これは何(なん)ですか。

私(わたし) 友達(ともだち)にあげるお土産(みやげ)です。

職員(しょくいん) お酒(さけ)とたばこは課税(かぜい)となります。

あちらのカウンターで申告(しんこく)してください。

私(わたし) 知(し)らなかったです。申告(しんこく)します。

단어 □ **税関検査(ぜいかんけんさ)** 세관 검사 □ **申告(しんこく)する** 신고하다 □ **開(あ)ける** 열다 □ **確認(かくにん)する** 확인하다 □ **あげる** (내가 남에게)주다 □ **お土産(みやげ)** 특산품(선물) □ **お酒(さけ)** 술 □ **たばこ** 담배 □ **課税(かぜい)** 과세 □ **カウンター** 카운터 □ **知(し)る** 알다

해석

세관 검사

직원 신고할 물건은 있습니까?

나 없습니다.

직원 가방을 열어서 확인해도 괜찮으시겠습니까?

나 네, 여기요.

직원 이것은 뭔가요?

나 친구에게 줄 선물입니다.

직원 술과 담배는 과세입니다.
저쪽 카운터에서 신고해 주세요.

나 몰랐습니다. 신고하겠습니다.

문법과 작문 마스터

MP3 **004**

1 동사て형+もよろしいですか [동사]해도 괜찮으시겠습니까?

確認(かくにん)してもよろしいですか。 확인해도 괜찮으시겠습니까?

└ 確認(かくにん)~~する~~して (する의 て형) + もよろしいですか

もんだい

1. 가방을 열어도 괜찮으시겠습니까? ···›

2. 이걸 가져 가도 괜찮으시겠습니까? ···›

3. 이걸로 괜찮으시겠습니까? ···›

☑ 「よろしいですか」를 「よろしいでしょうか」로 이야기하면 보다 정중한 말투가 됩니다.

☑ 「よろしい」는 「いい」의 정중한 말투이기 때문에 평소에는 가볍게 「~てもいいですか ~해도 괜찮습니까?」로 사용하면 됩니다.

「~てもいいですか」 연습하기

もんだい

4. 이제 가도 괜찮아요? ···›

5. 이번 주말에 일해도 괜찮아요? ···›

6. 지금 커피 마셔도 괜찮아요? ···›

단어 □ **よろしい** 「いい(좋다)」의 공손한 표현, 괜찮으시다 □ **持(も)っていく** 가지고 가다 □ **もう** 이제
□ **今週末(こんしゅうまつ)** 이번 주말 □ **働(はたら)く** 일하다 □ **コーヒー** 커피 □ **飲(の)む** 마시다

2 あげる (내가 남에게) 주다

友達(ともだち)にあげるお土産(みやげ)です。 친구에게 줄 선물입니다. (내가 친구에게)

└ あげる (동사) + お土産(みやげ) (명사) ⋯→ [동사]의 [명사]수식

☑ 「あげる」는 '내가 남에게' 혹은 '제3자가 제3자에게' 주는 상황을 말합니다.

☑ '남이 나에게 주다'는? 「くれる」를 사용합니다.

もんだい

1. 나는 엄마에게 손수건을 줬습니다. ⋯→
2. 엄마는 나에게 커피를 줬습니다. ⋯→
3. 다나카 씨는 나에게 일본어 책을 줬습니다. ⋯→

3 명사 + となります '[명사]입니다'를 정중히 말하는 회화 표현

お酒(さけ)とたばこは課税(かぜい)となります。 술과 담배는 과세입니다.

└ 課税(かぜい) (명사) + となります

☑ 「お酒(さけ)とたばこは課税(かぜい)です。」와 똑같은 의미입니다.

☑ 이 표현은 직역하면 '~기 됩니다'로 변화나 결정을 보고할 때나 예정된 것이 변경된 경우에 사용되는 문법이지만, 지금처럼 오용되어 사용되는 경우가 많은 문법이기도 합니다. 회화 표현이자 대중적으로 많이 쓰이는 표현으로, 여행에서 많이 들을 수 있기에 회화문에 넣었어요.

단어 □ **ハンカチ** 손수건 □ **お酒(さけ)** 술 □ **たばこ** 담배 □ **課税(かぜい)** 과세

실전 능력 강화

MP3 **005**

問 **상황에 맞는 대답을 적어 보세요.**

【 입국심사 】

1 **Q** 日本へは初めてですか。 일본은 처음입니까?

A ① 처음이에요. ⋯▸

② 세 번째입니다. ⋯▸

③ 다섯 번 왔어요. ⋯▸

④ 10회 이상 여행했어요. ⋯▸

2 **Q** どのくらい滞在する予定ですか。 어느 정도 머물 예정입니까?

A ① 당일치기예요. ⋯▸

② 3박 4일입니다. ⋯▸

③ 1주일이요. ⋯▸

④ 한 달 체류할 예정이에요. ⋯▸

단어 □ **初めて** 처음 □ **3回目** 세 번째 □ **5回** 다섯 번 □ **以上** 이상 □ **日帰り** 당일치기
□ **3泊4日** 3박 4일 □ **1週間** 1주일 □ **1ヶ月** 1개월 □ **滞在** 체류, 체재 □ **予定** 예정

【 세관 검사 】

3 Q かばんを開(あ)けてもよろしいですか。가방을 열어도 괜찮으시겠습니까?

A ① 네, 여기. ···›

② 좋아요. ···›

③ 아, 괜찮아요. ···›

④ 상관없어요. ···›

✦✦✦✦✦✦
세관에서 가방을 열어 달라고 하면 '네'라고 대답할 수밖에 없는 상황이기 때문에, 그에 해당하는 다양한 답변만 제시했어요.

4 Q これは何(なん)ですか。이것은 무엇입니까? (짐 내용을 묻는 상황)

A ① 면세점에서 산 향수입니다. ···›

② 한국에서 가져 온 선글라스입니다. ···›

③ 계속 사용해 온 가방입니다. ···›

④ 친구에게 줄 한국 선물입니다. ···›

단어 □ **かまわない** 상관없다, 관계없다 □ **免税店(めんぜいてん)** 면세점 □ **香水(こうすい)** 향수 □ **持(も)ってくる** 가지고 오다 □ **サングラス** 선글라스 □ **ずっと** 계속 □ **使(つか)ってくる** 사용해 오다 □ **お土産(みやげ)** 선물, 특산품

듣기 체크

MP3 **006**

問 대화를 듣고 문제를 풀어 보세요.

1 여권은 누구의 것을 보여 줍니까?

① 女(おんな)の人(ひと)のパスポート
② 大人(おとな)だけのパスポート
③ 家族(かぞく)３人(さんにん)、みんなのパスポート

2 처음에 여자의 가방에서 보인 것은 무엇입니까?

① 免税店(めんぜいてん)で買(か)ったかばん
② 韓国(かんこく)から持(も)ってきたキムチ
③ 韓国(かんこく)で買(か)ってきたたばこ

3 이 중에서 과세가 되는 것은 무엇입니까?

① 

② 

③ 

처음 해외로 나가는 분을 위한 입국 절차

- **일본 공항에 도착**

비행기가 일본에 도착하면 기내에 지참한 짐을 챙긴 후, 입국심사 장소로 이동해요!
입국심사 시에는 일본인(자국민)과 외국인이 서는 줄이 다르기 때문에 우리는 '외국인' 줄에 가서 서면 됩니다.
이때부터 필요해지는 것이 바로 「Visit Japan Web(비짓 재팬 웹, 입국 수속 온라인 서비스)」인데요. '항공권, 여권, 이메일 주소'가 있다면, 여행가기 전에 한국에서 미리 등록해 두는 것만으로, 공항에서는 QR코드를 제시하여 수월하게 수속을 끝낼 수 있답니다!

航空券(こうくうけん)
항공권

パスポート
여권

E(イー)メールアドレス
이메일 주소

- **입국 순서**

空港(くうこう)に到着(とうちゃく) 공항에 도착 ⋯▸ 入国審査(にゅうこくしんさ) 입국심사 ⋯▸ 手荷物(てにもつ)の受(う)け取(と)り 수하물 찾기
⋯▸ 税関検査(ぜいかんけんさ)・検疫(けんえき) 세관 검사·검역

- 입국심사와 세관신고 시 '비짓 재팬'을 통해 발급된 QR코드를 제시해 주세요.
- '비짓 재팬'을 신청하지 못했더라도, 이 서류들을 수기로 작성하면 됩니다.

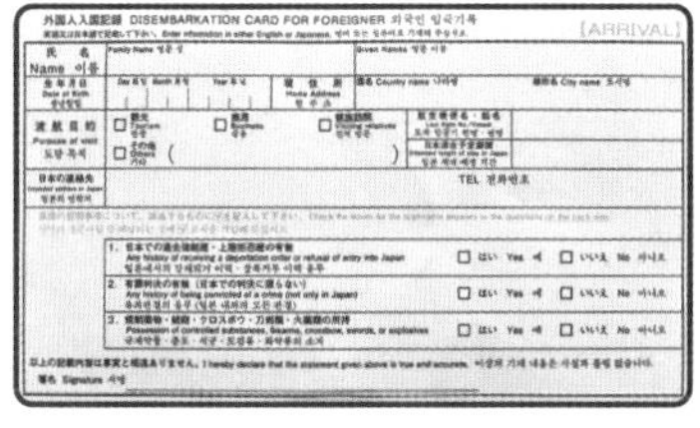

外国人入国記録 DISEMBARKATION CARD FOR FOREIGNER 외국인 입국기록 [ARRIVAL]

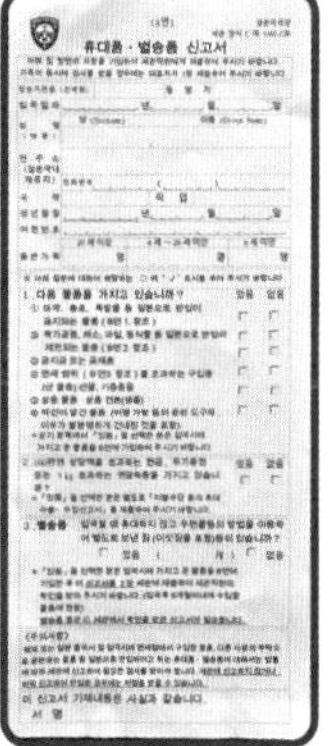

휴대품・별송품 신고서

02

空港から上野駅まで一番安く、速く行きたい！

공항에서 우에노 역까지 가장 싸고 빠르게 가고 싶어!

일본 공항을 무사히 벗어났으면 이제 도심으로의 여행을 시작해야겠죠?
실전 회화문에서는 나리타 공항에서 우에노 역까지 간다는 가정하에 어떻게 가면 좋을지 역무원에게 묻고 대답을 듣는 상황입니다.
실전 능력 강화 파트에서는 다양한 상황에서 교통수단 이용에 대해 묻는 연습과 학습한 문법을 활용하여 보다 폭넓은 회화 학습이 가능하도록 구성했어요.

실전 회화문

空港(くうこう)から上野駅(うえのえき)まで

MP3 007

私(わたし) すみません、ちょっとお伺(うかが)いしたいんですけど…。
ここから上野駅(うえのえき)まで行(い)きたいんですけど、どうやって行(い)けばいいですか。

駅員(えきいん) 上野駅(うえのえき)までですと電車(でんしゃ)とバス、どちらでも行(い)けます。

私(わたし) 一番安(いちばんやす)くて速(はや)いのを教(おし)えてください。

駅員(えきいん) それなら電車(でんしゃ)で、京成本線(けいせいほんせん)に乗(の)ってください。
運賃(うんちん)は1,300円(せんさんびゃくえん)で1時間(いちじかん)20分(にじゅっぷん)くらいで着(つ)きます。

私(わたし) 分(わ)かりました。切符(きっぷ)はどこで買(か)えますか。

駅員(えきいん) 左側(ひだりがわ)のエスカレーターにお乗(の)りください。
降(お)りますと、すぐ切符売(きっぷう)り場(ば)が見(み)えますよ。

私(わたし) 助(たす)かりました。ありがとうございます。

단어 □ **空港(くうこう)** 공항 □ **上野駅(うえのえき)** 우에노 역 □ **伺(うかが)う** 여쭙다 □ **電車(でんしゃ)** 전철 □ **どちらでも** 어느 쪽이든 □ **教(おし)える** 가르치다 □ **京成本線(けいせいほんせん)** 케이세이 혼센(전철 노선명) □ **乗(の)る** 타다 □ **運賃(うんちん)** 운임 □ **着(つ)く** 도착하다 □ **切符(きっぷ)** 표 □ **左側(ひだりがわ)** 왼쪽 □ **エスカレーター** 에스컬레이터 □ **降(お)りる** 내리다 □ **すぐ** 곧장, 바로 □ **切符売(きっぷう)り場(ば)** 매표소 □ **見(み)える** 보이다 □ **助(たす)かる** 도움이 되다

해석

공항에서 우에노 역까지

나 저기요, 조금 여쭤 보고 싶은데요.
여기에서 우에노 역까지 가고 싶은데, 어떻게 가면 될까요?

역무원 우에노 역까지라면 전철과 버스, 둘 다 갈 수 있습니다.

나 가장 저렴하고 빠른 걸 알려 주세요.

역무원 그렇다면 전철이고, 케이세이 혼선을 타세요.
운임(가격)은 1,300엔이고 1시간 20분 정도로 도착합니다.

나 알겠습니다. 전철 표는 어디서 살 수 있습니까?

역무원 왼편의 에스컬레이터를 타세요.
내리시면 바로 매표소가 보일 겁니다.

나 도움이 됐어요. 감사합니다.

문법과 작문 마스터

MP3 008

1 동사의 가정형(～ば)+いいですか [동사]하면 될까요?

どうやって行(い)けばいいですか。 어떻게 가면 될까요?

└行(い)~~く~~け (어미 え단 변형 / 1그룹) + ば

もんだい

1. 이대로 사용하면 될까요? ···›
2. 이걸 빌리면 되나요? ···›
3. 어떻게 이야기하면 될까요? ···›

가정형 만들기

	기본형	가정형 변형	예
1그룹	会(あ)う 만나다	어미 え단 변형+ば	会(あ)~~う~~ → 会(あ)えば 만나면
2그룹	食(た)べる 먹다	어미 る 탈락+れば	食(た)べ~~る~~ → 食(た)べれば 먹으면
3그룹	来(く)る 오다 する 하다	불규칙이므로 그냥 외우기!	来(く)る → 来(く)れば 오면 する → すれば 하면

단어 □ このまま 이대로 □ 使(つか)う 사용하다 □ 借(か)りる 빌리다 □ 話(はな)す 말하다

2 お+동사 ます형+する ~하다, ~해 드리겠다 (자신을 낮추는 겸양 표현)

お伺(うかが)いします。 여쭙겠습니다.

└ お + 伺(うかが)う い (어미 い단 변형 / 1그룹 ます형) + する

もんだい

1. 부탁드리겠습니다. ···›

2. 도와드리겠습니다. ···›

3. 보내드리겠습니다. ···›

☑ 「する」의 겸양인 「いたす」를 사용하여 보다 정중한 표현이 가능합니다.

예 お願(ねが)いします 〈 お願(ねが)いいたします 잘 부탁드립니다
(정중) (보다 정중)

3 동사 ます형+たいんですけど [동사]하고 싶은데요

上野駅(うえのえき)まで行(い)きたいんですけど…。 우에노 역까지 가고 싶은데요.

└ 行(い)く き (어미 い단 변형 / 1그룹 ます형) + たい + んですけど

もんだい

1. 꼭 사고 싶은데요. ···›

2. 읽어 보고 싶은데요. ···›

3. 가장 비싼 걸 마시고 싶은데요. ···›

단어 □ 願(ねが)う 바라다, 부탁하다 □ 手伝(てつだ)う 돕다 □ 送(おく)る 보내다 □ ぜひ 꼭 □ 買(か)う 사다 □ 読(よ)む 읽다

4 동사의 가능형 [동사]할 수 있다

どちらでも行(い)けます。 둘 다 갈 수 있습니다.

└ 行(い)~~く~~け (어미 え단 변형 / 1그룹) + る

切符(きっぷ)はどこで買(か)えますか。 표는 어디서 살 수 있습니까?

└ 買(か)~~う~~え (어미 え단 변형 / 1그룹) + る

もんだい

1. 일본어로 읽을 수 있습니다. ⋯›
2. 오늘은 빨리 잘 수 있습니다. ⋯›
3. 무료로 빌릴 수 있습니다. ⋯›

가능형 만들기

	기본형	가능형 변형	예
1그룹	会(あ)う 만나다	어미 え단 변형+る	会(あ)~~う~~ → 会(あ)える 만날 수 있다
2그룹	食(た)べる 먹다	어미 る 탈락+られる	食(た)べ~~る~~ → 食(た)べられる 먹을 수 있다
3그룹	来(く)る 오다 する 하다	불규칙이므로 그냥 외우기!	来(く)る → 来(こ)られる 올 수 있다 する → できる 할 수 있다

단어 □ 切符(きっぷ) 표 □ 読(よ)む 읽다 □ 寝(ね)る 자다 □ 借(か)りる 빌리다

5 い형용사의 연결형 ~하고, ~해서

安(やす)くて速(はや)い。 저렴하고 빠르다.

↑ 安(やす)~~い~~くて (い형용사의 연결형)

もんだい

1. 딸기는 빨갛고 답니다. ···›
2. 속눈썹이 길고 예쁩니다. ···›
3. 머리카락이 까맣고 짧아요. ···›

TIP 早(はや)い vs 速(はや)い

둘 다 '빠르다'인 것 알고 계셨나요? 하지만, 같은 '빠르다'가 아니죠!

[한자를 보면 의미가 보인다!]

- 早(이를 조) : '시간적으로 이르다'라는 뉘앙스입니다. 따라서 '빠르다, 이르다'의 의미를 갖습니다.
- 速(빠를 속): '동작이나 속도가 빠른 걸' 의미합니다.

예 まだ早(はや)いね。 아직 빠르네. (약속한 시간이나 특정 시간보다 이르게 도착함)
速(はや)いね。 빠르네. (시간이나 동작의 속도가 빠르게 느껴짐)

단어 □ 安(やす)い 싸다, 저렴하다 □ 速(はや)い (속도가)빠르다 □ いちご 딸기 □ 赤(あか)い 빨갛다 □ 甘(あま)い 달다
□ まつ毛(げ) 속눈썹 □ 長(なが)い 길다 □ 髪(かみ)の毛(け) 머리카락 □ 黒(くろ)い 까맣다 □ 短(みじか)い 짧다

실전 능력 강화

MP3 **009**

問 상황에 맞는 대답을 적어 보세요.

1 【 말 걸기 】

① 묻고 싶은 게 있는데요. ⋯▸

② 여쭙겠습니다. ⋯▸

③ 잠깐 괜찮나요. ⋯▸

④ 저기요. ⋯▸

2 【 교통수단 묻기 】

① 도쿄에서 오사카까지 가고 싶은데요. ⋯▸

② 렌터카 셔틀버스를 타고 싶은데요. ⋯▸

③ 가장 가까운 역까지 가고 싶은데요. ⋯▸

④ 다음 버스는 언제 오나요? ⋯▸

⑤ 비싸도 상관없으니 가장 빠른 걸로 부탁합니다.

⋯▸

단어 □ **聞く**(き) 묻다 □ **伺う**(うかが) 여쭙다 □ **行く**(い) 가다 □ **レンタカー** 렌터카 □ **送迎バス**(そうげい) 셔틀버스 □ **最寄り**(もよ) 가장 가까움 □ **駅**(えき) 역 □ **次**(つぎ) 다음 □ **かまわない** 상관없다 □ **速い**(はや) 빠르다

3 【 동사 ます형 + たいんですけど [동사]하고 싶은데요 】

① 버스로 가고 싶은데요. ⋯▸

② 화장실에 가고 싶은데요. ⋯▸

③ 예약하고 싶은데요. ⋯▸

④ 자리에 앉고 싶은데요. ⋯▸

⑤ 주문하고 싶은데요. (두 가지) ⋯▸

⋯▸

4 【 どうやって + 가정형(~ば) + いいですか 어떻게 [동사]하면 될까요? 】

① 어떻게 마시면 되나요? ⋯▸

② 어떻게 들어가면 되나요? ⋯▸

③ 어떻게 타면 되나요? ⋯▸

④ 어떻게 작성하면 되나요? ⋯▸

⑤ 어떻게 예약하면 되나요? ⋯▸

⑥ 어떻게 사면 되나요? ⋯▸

⑦ 어떻게 가면 되나요? ⋯▸

단어 □ トイレ 화장실 □ 予約(よやく)する 예약하다 □ 席(せき) 자리, 좌석 □ 座(すわ)る 앉다 □ 注文(ちゅうもん)する 주문하다
□ 頼(たの)む 부탁하다, 주문하다 □ 入(はい)る 들어가다 □ 乗(の)る 타다 □ 書(か)く 쓰다, 작성하다 □ 買(か)う 사다

MP3 **010**

問 대화를 듣고 문제를 풀어 보세요.

1 남자는 전철과 버스, 어느 쪽의 교통수단을 추천했습니까?

① 電車(でんしゃ)
② バス
③ どちらもおすすめしていない

2 신주쿠 역까지 가는 전철과 버스의 내용으로 맞는 것은 무엇입니까?

①	安(やす)い	速(はや)い
②	速(はや)い	安(やす)い
③	速(はや)い	遅(おそ)い

3 신주쿠 역까지 가는 전철과 버스의 내용으로 맞는 것은 무엇입니까?

① 電車(でんしゃ)は15分(じゅうごふん)かかって、バスは6分(ろっぷん)かかる。
② 電車(でんしゃ)は6分(ろっぷん)かかって、バスは15分(じゅうごふん)かかる。
③ どちらも15分(じゅうごふん)かかる。

단어+

MP3 011

荷物(にもつ)	짐	速(はや)い	빠르다	上野駅(うえのえき)	우에노 역
目的地(もくてきち)	목적지	遅(おそ)い	느리다	成田空港(なりたくうこう)	나리타 공항
地下鉄(ちかてつ)	지하철	切符(きっぷ)	표	関西空港(かんさいくうこう)	간사이 공항
ＪＲ線(ジェーアールせん)	JR선	路線図(ろせんず)	노선도	福岡空港(ふくおかくうこう)	후쿠오카 공항
切符売(きっぷう)り場(ば)	매표소	乗(の)り換(か)え	환승	沖縄空港(おきなわくうこう)	오키나와 공항
乗(の)り場(ば)	승강장	各駅停車(かくえきていしゃ)	각역 정차 (모든 역에 서는 열차)	京成(けいせい)スカイライナー	케이세이 스카이라이너
電車(でんしゃ)	전철	快速(かいそく)	쾌속	特急(とっきゅう)	특급
リムジンバス	리무진버스	入口(いりぐち)	입구	普通電車(ふつうでんしゃ)	일반 전철
送迎(そうげい)バス / シャトルバス	셔틀버스	出口(でぐち)	출구	自由席(じゆうせき)	자유석

03

チェックインとチェックアウトの時(とき)に聞(き)けること

체크인과 체크아웃 시에 물을 수 있는 것

일본 여행에 가면 호텔, 게스트하우스, 료칸 등 숙박할 수 있는 곳이 다양한데요. 그중에서도 이용 빈도가 많은 호텔에 중점을 두어 체크인과 체크아웃 시에 오고 갈 수 있는 대화에 대해 학습해 볼게요. 그리고 대부분의 호텔에서는 짐을 맡아 주는 서비스를 시행하고 있으니 꼭 알아 두세요.

실전 회화문 1

チェックイン

MP3 012

私(わたし)　チェックインお願(ねが)いします。

従業員(じゅうぎょういん)　パスポートとバウチャーをお願(ねが)いします。

私(わたし)　朝食付(ちょうしょくつ)きで予約(よやく)したんですけど、どこで食(た)べられますか。

従業員(じゅうぎょういん)　地下(ちか)1階(いっかい)にレストランがございます。

私(わたし)　分(わ)かりました。予約(よやく)した部屋(へや)は禁煙室(きんえんしつ)で合(あ)っていますか。

従業員(じゅうぎょういん)　はい、禁煙室(きんえんしつ)でご予約(よやく)されております。
歯(は)ブラシ、髭剃(ひげそ)りなどのアメニティーはこちらに置(お)いてあります。

단어　□ **チェックイン** 체크인　□ **バウチャー** 바우처, 예약 확인서　□ **朝食(ちょうしょく)** 조식　□ **～付(つ)き** ～포함　□ **予約(よやく)する** 예약하다　□ **地下(ちか)** 지하　□ **1階(いっかい)** 1층　□ **禁煙室(きんえんしつ)** 금연실　□ **合(あ)う** 맞다　□ **歯(は)ブラシ** 칫솔　□ **髭剃(ひげそ)り** 면도기　□ **アメニティー** 어메니티(쾌적함을 부가하는 서비스)　□ **置(お)く** 두다

해석

체크인

나 체크인 부탁드립니다.

종업원 여권과 바우처를 부탁드립니다.

나 조식 포함으로 예약했는데, 어디서 먹을 수 있나요?

종업원 지하 1층에 레스토랑이 있습니다.

나 알겠습니다. 예약한 방은 금연실이 맞습니까?

종업원 네, 금연실로 예약되어 있습니다.
칫솔, 면도기 등 어메니티는 여기에 놓여져 있습니다.

물론 조식과 금연, 흡연 등의 내용에 대한 확인은 직원이 먼저 묻는 경우가 많겠지만,
본문에서는 우리들이 묻는 방식으로 구성해 봤어요!

문법과 작문 마스터

MP3 013

1 명사+付(つ)き [명사]포함, [명사]가 붙음

朝食付(ちょうしょくつ)き 조식 포함

└ 朝食(ちょうしょく)(명사) + 付(つ)く き (동사를 「ます형」으로 바꾸면 [명사]가 됨)

もんだい

1. 굿즈 포함 ···›
2. 서비스 포함 ···›
3. 노천탕이 딸려 있는 객실 ···›

2 명사+で合(あ)っていますか [명사]가 맞습니까?

禁煙室(きんえんしつ)で合(あ)っていますか。 금연실이 맞습니까?

└ 禁煙室(きんえんしつ)(명사) + で合(あ)っていますか / で合(あ)ってますか

☑ 자연스러운 회화에서 현재 진행형의 「い」는 생략해서 많이 사용됩니다.

もんだい

1. 이게 맞나요? ···›
2. 스즈키 씨가 맞나요? ···›
3. 이 영수증이 맞나요? ···›

3 타동사의 て형＋あります ~되어 있습니다, ~져 있습니다 (상태 표현)

こちらに置(お)いてあります。 여기에 놓여져 있습니다.

置(お)く いて (1그룹 て형) + ある

☑ 「타동사의 て형＋ある」는 '~해져 있다'라는 [상태]를 표현하는 문법이에요.

もんだい

1. 컴퓨터 전원이 켜져 있습니다. ···›
2. 메모가 붙여져 있습니다. ···›
3. 헤어진 이유는 그 편지에 적혀 있었습니다.

···›

TIP '타동사'임을 쉽게 아는 방법

대개 동사에 조사 '을/를'이 어울리면 [타동사], '이/가'가 어울리면 [자동사]입니다.

전등을 켜다 vs 전등이 켜다

'전등을 켜다'가 자연스럽죠? 반대로 후자는 '전등이 켜지다'와 같이 자동사를 사용해요.

정리하여 둘 다 자연스러운 문장으로 하면 아래와 같습니다.

電気(でんき)をつける。 전등을 켜다. (타동사)

電気(でんき)がつく。 전등이 켜지다. (자동사)

단어 □ グッズ 굿즈 □ サービス 서비스 □ 露天風呂(ろてんぶろ) 노천탕 □ 客室(きゃくしつ) 객실 □ 禁煙室(きんえんしつ) 금연실 □ 合(あ)う 맞다 □ レシート 영수증 □ 電源(でんげん) 전원 □ つける 켜다 □ メモ 메모 □ 貼(は)る 붙이다 □ 別(わか)れる 헤어지다 □ 理由(りゆう) 이유 □ 手紙(てがみ) 편지

MP3 **014**

私(わたし)　チェックアウトお願(ねが)いします。

従業員(じゅうぎょういん)　はい、ありがとうございました。こちら明細書(めいさいしょ)です。
お渡(わた)しいたします。

私(わたし)　あの、チェックアウト後(ご)に荷物(にもつ)を預(あず)けられますか。

従業員(じゅうぎょういん)　はい、お荷物(にもつ)は何点(なんてん)ございますか。

私(わたし)　スーツケース１つ(ひと)です。
何時(なんじ)まで預(あず)かってもらえますか。

従業員(じゅうぎょういん)　お荷物(にもつ)のお預(あず)かりサービスは午後(ごご)９時(じ)までとなっております。

단어　□ **チェックアウト** 체크아웃　□ **明細書(めいさいしょ)** 명세서　□ **渡(わた)す** 전달하다　□ **～後(ご)** ～후　□ **荷物(にもつ)** 짐
□ **預(あず)ける** 맡기다　□ **～点(てん)** ～점(갯수를 정중히 셀 때 사용)　□ **スーツケース** 슈트케이스(여행용 가방)
□ **預(あず)かる** 맡다　□ **サービス** 서비스　□ **午後(ごご)** 오후

해석

체크아웃

나 체크아웃 부탁드립니다.

종업원 네, 감사합니다. 여기 명세서입니다. (전달)드릴게요.

나 저기, 체크아웃 후에 짐을 맡길 수 있나요?

종업원 네, 짐은 몇 점인가요?

나 슈트케이스 한 개입니다.
몇 시까지 맡아 줄 수 있나요?

종업원 짐 보관 서비스는 오후 9시까지입니다.

문법과 작문 마스터

MP3 015

1 お + ます형+いたします ~해 드리겠습니다

お渡(わた)しいたします。 전달 드리겠습니다.

└ お + 渡(わた)~~す~~し (어미 い단 변형 / 1그룹 ます형) + いたします

		문법	예문 및 해석	
동사 접속	정중	お + ます형 + します	お+願(ねが)い+します	부탁드릴게요
	보다 정중	お + ます형 + いたします	お+伝(つた)え+いたします	전해 드리겠습니다
명사 접속	정중	お/ご + 명사 + します	ご+連絡(れんらく)+します	연락드릴게요
	보다 정중	お/ご + 명사 + いたします	お+話(はなし)+いたします	말씀 드리겠습니다

☑ 「いたす」는 「する」의 겸양표현으로 '하다'라는 해석은 동일하지만, 그 행동을 낮추는 표현이에요.

☑ 명사 앞에 정중한 표현으로 「ご」 또는 「お」가 붙어요.
「説明(せつめい) 설명」, 「案内(あんない) 안내」, 「連絡(れんらく) 연락」처럼 '한어(漢語:중국어)'의 형태로 우리말에서도 사용하는 명사 일 때에 대개 「ご」를 사용합니다.

もんだい

1. 전해 드리겠습니다. (이야기, 내용) ···›
2. 설명해 드리겠습니다. ···›
3. 많이 기다리셨습니다. ···›
4. 안내해 드리겠습니다. ···›

단어 □ 伝(つた)える 전하다 □ 説明(せつめい) 설명 □ 大変(たいへん) 대단히 □ 待(ま)たせる 기다리게 하다

2 동사의 가능형(의문) [동사]할 수 있습니까?

荷物(にもつ)を預(あず)けられますか。 짐을 맡길 수 있습니까?

└ 預(あず)ける (어미 탈락 / 2그룹) + られる

もんだい

1. 공짜로 먹을 수 있습니까? ⋯›

2. 여기 들어갈 수 있습니까? ⋯›

3. 아이도 탈 수 있습니까? ⋯›

가능형 만들기

	기본형	가능형 변형	예
1그룹	会(あ)う 만나다	어미 え단 변형+る	会(あ)う → 会(あ)える 만날 수 있다
2그룹	食(た)べる 먹다	어미 る 탈락+られる	食(た)べる → 食(た)べられる 먹을 수 있다
3그룹	来(く)る 오다 する 하다	불규칙이므로 그냥 외우기!	来(く)る → 来(こ)られる 올 수 있다 する → できる 할 수 있다

단어 □ タダ 공짜 □ 食(た)べる 먹다 □ 入(はい)る 들어가다 □ 乗(の)る 타다

3 て형+もらえますか ~해 줄 수 있습니까? (직역: ~해 받을 수 있습니까?)

何時(なんじ)まで預(あず)かってもらえますか。 몇 시까지 맡아 줄 수 있습니까?

預(あず)か~~る~~って (1그룹 て형) + もらえますか

- もらう 받다 → もらえる 받을 수 있다 : 가능형 변형
- 우리말 직역인 '~해 받을 수 있습니까?' 표현은 어색하므로, '~해 줄 수 있습니까?'로 익힐 것!
- 정중하게 의뢰할 수 있는 문장이므로, 여행가서 많이 사용할 수 있어요.

もんだい

1. 확인되면 전화해 줄 수 있어요? ⋯▸
2. 담배 냄새가 나니까 방을 바꿔줄 수 있나요? ⋯▸
3. 추가 요금을 가르쳐 줄 수 있나요? ⋯▸

預(あず)ける vs 預(あず)かる

짐을 맡기고 싶은 상황을 「預(あず)ける・預(あず)かる」의 동사를 각각 사용하여 문장을 만들어 보면?

동사		접속 방법	문장	해석
맡기다	預(あず)ける	가능형	預(あず)けられますか。	맡길 수 있나요?
맡다	預(あず)かる	て형+もらえる	預(あず)かってもらえますか。	맡아 주실 수 있나요? (직역: 맡아 받을 수 있나요?)

단어 □ 確認(かくにん) 확인 □ たばこ臭(くさ)い 담배 냄새가 나다 □ 追加料金(ついかりょうきん) 추가 요금

호텔 및 온천 등에서 어떤 방을 원하시나요?

和室(わしつ)(일본식 방)

洋室(ようしつ)(서양식 방)

和洋室(わようしつ)(일본식＋서양식 방)

일본의 호텔은 「和室(わしつ) vs 洋室(ようしつ)」로 방이 나누어져 있습니다. 한국으로 치면 침대방이냐 온돌방이냐의 차이인데요.
「和室(わしつ)」는 '타타미가 있어, 이불을 두툼하게 깔고 자는 방'을 말하고,
「洋室(ようしつ)」는 '마루가 깔려 있고, 대개 침대가 있는 방'을 말해요.
일본의 분위기를 느끼고 싶다면 「和室(わしつ)」로 선택하여 예약하시는 것이 좋을 것 같아요.
선택하기 힘들 때는 「和室(わしつ)」와 「洋室(ようしつ)」 둘 다 만끽할 수 있는 「和洋室(わようしつ)」도 있으니, 걱정 없답니다!

실전 능력 강화

MP3 016

問 상황에 맞는 대답을 적어 보세요.

【 체크인 】

1 방 교체 요청하기

① 일본식 방으로 바꿀 수 있나요? ⋯→

② 침대방으로 바꿀 수 있나요? ⋯→

③ 금연실로 바꿀 수 있나요? ⋯→

2 여러 위치 묻기

① 세탁은 어디서 할 수 있나요? ⋯→

② 흡연은 어디서 할 수 있나요? ⋯→

③ 어린이 (놀이)공간은 어디에 있나요? ⋯→

단어 □ 和室(わしつ) 일본식 방 □ 洋室(ようしつ) 서양식 방(침대가 있는 방) □ 禁煙室(きんえんしつ) 금연실 □ 洗濯(せんたく) 세탁
□ 喫煙(きつえん) 흡연 □ キッズスペース 어린이 공간, 놀이터

【 체크아웃 】

3 짐 맡기기

① 짐을 맡길 수 있나요? ⋯›

② 짐을 맡아 주실 수 있나요? ⋯›

③ 짐을 맡기고 싶은데요. ⋯›

4 짐 개수 말하기

① 슈트케이스 한 개입니다. ⋯›

② 배낭 두 개입니다. ⋯›

③ 보스턴백 한 개랑 종이가방 하나입니다. ⋯›

5 짐 찾기

① 짐을 찾으러 왔어요. ⋯›

② 여기 짐 보관증입니다. ⋯›

③ 추가 요금은 없나요? ⋯›

단어 □ **荷物**(にもつ) 짐 □ **預ける**(あず) 맡기다 □ **スーツケース** 슈트케이스 □ **リュック(サック)** 배낭
□ **ボストンバッグ** 보스턴백 □ **紙袋**(かみぶくろ) 종이가방 □ **荷物を取る**(にもつ・と) 짐을 찾다 □ **タグ** 택, 보관증
□ **追加料金**(ついかりょうきん) 추가 요금 □ **かかる** (금액, 시간 등이)들다, 걸리다

듣기 체크

MP3 017

問 **대화를 듣고 문제를 풀어 보세요.**

1 남자의 숙박기간으로 맞는 것은 무엇입니까?

① 1泊2日　　② 2泊3日　　③ 3泊4日

2 남자는 무엇을 변경했습니까?

① 部屋のタイプ
② 禁煙室への変更
③ 喫煙室への変更

3 조식 시간으로 맞는 것은 무엇입니까?

① 朝6時から9時
② 朝6時半から8時半
③ 朝6時から8時半

단어+

MP3 **018**

部屋(へや)	방	宿泊料(しゅくはくりょう)	숙박료	連泊(れんぱく)	연박
ルーム	룸, 방	金額(きんがく)	금액	1泊2日(いっぱくふつか)	1박 2일
布団(ふとん)	이불	料金(りょうきん)	요금	2泊3日(にはくみっか)	2박 3일
予約(よやく)	예약	税金(ぜいきん)	세금	3泊4日(さんぱくよっか)	3박 4일
記入(きにゅう)	기입	洗濯代(せんたくだい)	세탁비	4泊5日(よんはくいつか)	4박 5일
泊(と)まる	묵다	明細書(めいさいしょ)	명세서	5泊6日(ごはくむいか)	5박 6일
ルームサービス	룸서비스	貴重品(きちょうひん)	귀중품	露天風呂付(ろてんぶろつ)き客室(きゃくしつ)	노천탕이 딸린 객실
朝食(ちょうしょく)	조식	洋室(ようしつ)	서양식 방	シングルルーム	싱글 룸
タオル	타올, 수건	和室(わしつ)	일본식 방	ダブルルーム	더블 룸
シート	시트	禁煙室(きんえんしつ)	금연실	ツインルーム	트윈 룸
カーテン	커튼	喫煙室(きつえんしつ)	흡연실	スイートルーム	스위트 룸
冷蔵庫(れいぞうこ)	냉장고	空室(くうしつ)	공실	エレベーター	엘리베이터

04

道(みち)に迷(まよ)ったら近(ちか)くの人(ひと)に聞(き)いてみよう！

길을 잃으면 가까이 있는 사람에게 물어보자!

아무리 스마트폰 지도가 잘 되어 있어도 건물 안에서 헤맬 때나 근처까지는 왔는데 목적지까지 길을 잘 모르겠을 때의 비상 상황에 대비해서 길 찾기 관련 일본어도 익혀 두는 게 여행에 큰 도움이 되겠죠?

여러분의 시간 또한 절약해 줄 수 있는 필수 학습인, 길 묻는 회화 표현에 대해 같이 알아 볼게요.

실전 회화문

道に迷った時

MP3 019

私 (うーん、この地図はおおざっぱで分かりにくいな。)
すみません、ちょっと道をお伺いしたいんですけど…、
あいうえおカフェってこちらの方向で合ってますか。

女性 確か、あいうえおカフェは大きい道路の反対側ですよ。

私 じゃあ、大きい道にいったん出て、渡らなきゃならないですよね。

女性 そうです。一緒に道路まで行きましょうか。

私 ありがとうございます。助かります。

단어
□ **道** 길 □ **迷う** 헤매다, 방향을 잃다 □ **地図** 지도 □ **おおざっぱだ** 대략적이다, 대충이다
□ **分かる** 알다 □ **カフェ** 카페 □ **方向** 방향 □ **確か** 내 기억에(아마도) □ **大きい** 크다
□ **道路** 도로 □ **反対側** 반대편 □ **いったん** 일단 □ **出る** 나오다 □ **渡る** 건너다
□ **助かる** 도움이 되다

해석

길을 잃었을 때

나 (음, 이 지도는 대략적이어서 알기 어렵네.)
저기요, 길 좀 묻고 싶은데요, 아이우에오 카페는 이쪽 방향이 맞나요?

여성 제 기억에 아이우에오 카페는 큰 도로 반대편이에요.

나 그럼, 큰 길로 일단 나가서 건너야 하는 거네요.

여성 맞아요. 함께 도로까지 갈까요?

나 감사합니다. 덕분에 살았어요(도움이 됩니다).

女性(じょせい)　この横断歩道(おうだんほどう)を渡(わた)ってまっすぐ行(い)くと右側(みぎがわ)にコンビニが見(み)えると思(おも)います。

私(わたし)　右側(みぎがわ)にコンビニですね。

女性(じょせい)　はい。その前(まえ)を通(とお)ってすぐ右(みぎ)に曲(ま)がるといろんなカフェが見(み)えるはずです。

皆(みんな)、そこをカフェ通(どお)りと言(い)っているんです。

私(わたし)　カフェがいっぱいあるから探(さが)しやすそうですね。

女性(じょせい)　そうなんです。

あいうえおカフェはその突(つ)き当(あ)たりにあります。

私(わたし)　一番奥(いちばんおく)ですね。

詳(くわ)しく教(おし)えてくださってありがとうございます。

女性(じょせい)　クロワッサンドーナツが結構有名(けっこうゆうめい)だからぜひ食(た)べてみてくださいね。

단어

□ 横断歩道(おうだんほどう) 횡단보도　□ 右側(みぎがわ) 오른쪽　□ 見(み)える 보이다　□ 通(とお)る 지나가다　□ 曲(ま)がる 꺾다
□ ～と言(い)う ~라고 말하다　□ 探(さが)す 찾다　□ 突(つ)き当(あ)たり 막다른 곳　□ 一番(いちばん) 가장　□ 奥(おく) 안
□ 詳(くわ)しい 자세하다　□ 教(おし)える 가르치다　□ クロワッサン 크루아상　□ 結構(けっこう) 꽤　□ 有名(ゆうめい)だ 유명하다

해석

여성 이 횡단보도를 건너서 곧장 가면 오른쪽에 편의점이 보일 거예요.

나 오른쪽에 편의점이요.

여성 네. 그 앞을 지나서 바로 오른쪽으로 꺾으면 여러 카페가 보일 거예요.
모두들 거기를 카페 거리라고 불러요.

나 카페가 많이 있으니까 찾기 쉬울 것 같네요.

여성 맞아요.
아이우에오 카페는 그 막다른 곳에 있어요.

나 가장 안쪽이네요.
자세히 알려 주셔서 감사합니다.

여성 크루아상 도넛이 꽤 유명하니까 꼭 드셔 보세요.

문법과 작문 마스터

MP3 020

1 동사ます형+やすい/にくい [동사]하기 쉽다/어렵다

① 探(さが)しやすい 찾기 쉽다

└ 探(さが)す→し (어미 い단 변형/1그룹 ます형) + やすい

② 分(わ)かりにくい 알기 어렵다

└ 分(わ)かる→り (어미 い단 변형/1그룹 ます형) + にくい

もんだい

1. 이 책은 글씨가 커서 읽기 쉬워요. …›

2. 펜이 짧아서 쓰기 어려워요. …›

3. 소리가 작아서 알아듣기 힘들어요. …›

단어 □ 字(じ) 글자 □ 大(おお)きい 크다 □ 読(よ)む 읽다 □ 短(みじか)い 짧다 □ 音(おと) 소리 □ 聞(き)き取(と)る 알아듣다

2 부정형+なければならない ~하지 않으면 안 된다/~해야 한다

渡(わた)らなければならないですよね。 건너지 않으면 안 되는 거네요.

↑ 渡(わた)~~る~~ら (어미 あ단 변형/1그룹) + なければならない

☑ 「なければ」는 「なきゃ」로 줄여서 보다 자연스러운 회화 표현을 할 수 있어요!
行(い)かなければならない = 行(い)かなきゃならない 가지 않으면 안 된다/가야 한다

もんだい

1. 살쪘으니까 움직여야 한다. ⋯›

2. 매일 열심히 공부해야 한다. ⋯›

3. 감기이니까 약을 먹어야 한다. ⋯›

동사 부정 「ない형」과 「なければならない」 접속

	ない형	하지 않으면 안 된다	접속
1그룹	行(い)~~く~~ → 行(い)かない (어미 あ단 변형 + ない)	+ なければならない	行(い)かなければならない。 가지 않으면 안 된다.
2그룹	借(か)り~~る~~ → 借(か)りない (어미 る 탈락 + ない)		借(か)りなければならない。 빌리지 않으면 안 된다.
3그룹	来(く)る → 来(こ)ない		来(こ)なければならない。 오지 않으면 안 된다.
	する → しない		しなければならない。 하지 않으면 안 된다.

단어 □ 太(ふと)る 살찌다 □ 動(うご)く 움직이다 □ 一生懸命(いっしょうけんめい) 열심히 □ 勉強(べんきょう)する 공부하다 □ 風邪(かぜ) 감기
□ 薬(くすり)を飲(の)む 약을 먹다 □ 借(か)りる 빌리다

3 ~と思(おも)います ~고 생각합니다 / ~일 것 같아요

見(み)えると思(おも)います。 보일 거라고 생각합니다. / 보일 것 같아요.

└ 見(み)える (동사 기본 활용) + と思(おも)う

	접속 방법	~고 생각합니다/~일 것 같아요	예
명사	先生(せんせい)+だ 선생님+이다	+と思(おも)います	先生(せんせい)だと思(おも)います。 선생님이라고 생각합니다.
な형용사	きれいだ 예쁘다		きれいだと思(おも)います。 예쁘다고 생각합니다.
い형용사	おいしい 맛있다		おいしいと思(おも)います。 맛있다고 생각합니다.
동사	働(はたら)く 일하다		働(はたら)くと思(おも)います。 일할 거라고 생각합니다.

☑ 명사의 경우 「先生(せんせい)だ 선생님이다」를 만들어 주고 접속해야 해요.
우리말로 이야기할 때 '선생님라고'가 아닌, '선생님이라고'가 나오듯이 「だ」를 붙여야 합니다.

☑ 그 밖의 품사는 기본 활용에 접속됩니다.

☑ 흔히 본인의 생각을 말할 때 "맛있는 것 같아요.", "재밌는 것 같아요"라고 하는 말투를 일본어에서는 「~と思(おも)います」가 담당하고 있어요.

もんだい

1. 저건 선생님의 자동차라고 생각해요. ⋯›
2. 신상품은 먹어 보고 싶다고 생각해요. ⋯›
3. 한 번 먹어 봤는데 맛있는 것 같아요. ⋯›

단어 □ 新商品(しんしょうひん) 신상품 □ 一度(いちど) 한 번

4 ～はずだ (분명) ~일 것이다, ~할 것이다

カフェが見(み)えるはずです。 카페가 보일 거예요.

見(み)える (동사 기본 활용) + はずだ

☑ 정확한 근거가 있거나 확신에 가득 차 있는 '강한 추측'의 화법입니다.

품사	접속 방법	~일 것이다 ~할 것이다	예
명사	彼(かれ) + の 그	+ はずだ	彼(かれ)のはずだ。 그일 것이다.
な형용사	暇(ひま)だ + な 한가하다		暇(ひま)なはずだ。 한가할 것이다.
い형용사	忙(いそが)しい 바쁘다		忙(いそが)しいはずだ。 바쁠 것이다.
동사	行(い)く 가다		行(い)くはずだ。 갈 것이다.

☑ 문장 앞에 「確(たし)か 확실히, 아마」, 「きっと 반드시, 분명」 등의 부사와 잘 쓰여요.

もんだい

1. 내일은 아마 영업 안 할 거예요. ⋯▸
2. 그 일을 알고 있을 거예요. ⋯▸
3. 오늘은 분명 일찍 돌아올 거예요. ⋯▸

단어 □ 営業(えいぎょう) 영업 □ こと 일 □ 知(し)る 알다 □ 帰(かえ)ってくる 돌아오다

5 ～そうだ ～일 것 같다, ～해 보이다 (양태)

探(さが)しやすそうです。 찾기 쉬울 것 같아요.

└探(さが)すし (어미 い단 변형 / 1그룹 ます형) + やすい (어미 い 탈락) + そうだ

☑ 동사뿐 아니라 い형용사, な형용사도 접속 가능합니다.

품사	접속 방법	～일 것 같다	예
な형용사	真面目(まじめ)だ (어미 탈락)	＋そうだ	真面目(まじめ)そうだ。성실할 것 같다.
い형용사	おいしい (어미 탈락)		おいしそうだ。맛있을 것 같다.
동사	降(ふ)る → 降(ふ)り (ます형 변형)		降(ふ)りそうだ。내릴 것 같다.

☑ 예외!

- ない 없다 → なさそうだ 없을 것 같다
- いい/よい 좋다 → よさそうだ 좋을 것 같다

もんだい

1. 금방이라도 비가 내릴 것 같네요. ···›
2. 아이들은 정말 즐거워 보여요. ···›
3. 귀여운 가방은 유키가 좋아할 것 같네. ···›

단어 □ **探(さが)す** 찾다 □ **真面目(まじめ)だ** 성실하다, 진지하다 □ **降(ふ)る** (비, 눈 등이)내리다 □ **今(いま)にも** 금방이라도 □ **楽(たの)しい** 즐겁다

▶ 「そうだ」가 형용사와 동사에 접속할 때의 말투 차이

	형용사＋そうだ	동사＋そうだ
사용	단순히 시각적으로 인식하여 즉흥적으로 내뱉는 말투	시각으로 인식한 후, 앞으로 벌어질 일에 대한 징후, 예측, 예상하는 말투
예시	① 김이 모락모락 나는 음식을 보고 "맛있을 것 같아." ··· おいしそう。	① 먹구름이 가득한 하늘을 보고 (시각 인식) "비가 내릴 것 같아." (예측) ··· 雨(あめ)が降(ふ)りそう。
	② 안경 쓰고 공부하는 사람의 모습을 보고 "머리 좋을 것 같다." ··· 頭(あたま)良(よ)さそう。	② 비스듬히 서 있는 물건을 보고 (시각 인식) "쓰러질 것 같아." (예측) ··· 倒(たお)れそう。

▶ 반드시 함께 알아야 할 해석이 다른 「そうだ」 : ~라고 한다 (전언)

품사	접속 방법	(라)고 한다	예
명사	知(し)り合(あ)いだ	＋そうだ	知(し)り合(あ)いだそうだ。지인이라고 한다.
な형용사	立派(りっぱ)だ		立派(りっぱ)だそうだ。훌륭하다고 한다.
い형용사	短(みじか)い		短(みじか)いそうだ。짧다고 한다.
동사	話(はな)す		話(はな)すそうだ。이야기한다고 한다.

☑ 표에선 현재 접속만을 표기했지만 부정, 과거 등의 기본 활용이 모두 접속될 수 있어요.

예 話(はな)さないそうだ。이야기하지 않는다고 한다. (부정)
話(はな)したそうだ。이야기했다고 한다. (과거)
話(はな)さなかったそうだ。이야기하지 않았다고 한다. (부정과거)

단어 □ 知(し)り合(あ)い 지인, 아는 사이 □ 立派(りっぱ)だ 훌륭하다

실전 능력 강화

問 출발점이 다른 A, B, C를 기준으로 해당 장소를 자유롭게 안내해 보세요.

(단, 사람의 얼굴 방향과는 상관없이 서 있는 위치에서 출발 방향은 자유롭게 움직일 수 있습니다.)

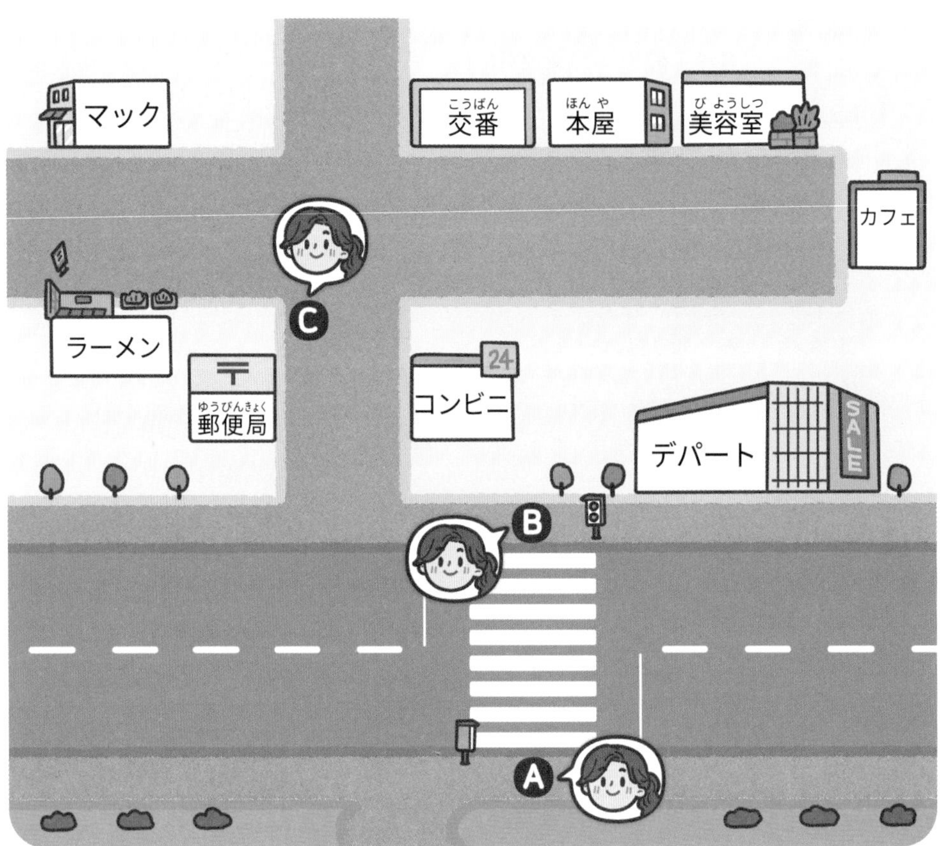

【 A지점에서 출발 】

MP3 021

1 Q デパートはどこにありますか。

A

2 Q カフェはどこにありますか。

A

【 B지점에서 출발 】

3 Q ここから一番近(いちばんちか)いコンビニはどこにありますか。

A

4 Q 郵便局(ゆうびんきょく)はどこにありますか。

A

【 C지점에서 출발 】

5 Q 本屋(ほんや)はどこにありますか。

A

6 Q この辺(あた)りにマックはありますか。

A

단어 □ デパート 백화점 □ 横断歩道(おうだんほどう) 횡단보도 □ 渡(わた)る 건너다 □ 右側(みぎがわ) 오른쪽 □ 左側(ひだりがわ) 왼쪽
□ 見(み)える 보이다 □ 通(とお)り過(す)ぎる 지나가다 □ 曲(ま)がる 돌다, 꺾다 □ まっすぐ 곧장
□ 突(つ)き当(あた)り 막다른 곳 □ 角(かど) 모퉁이 □ 郵便局(ゆうびんきょく) 우체국 □ 向(む)かい側(がわ) 맞은 편 □ 本屋(ほんや) 서점
□ 手前(てまえ) 바로 앞 □ 十字路(じゅうじろ) 사거리 □ 通(とお)り 길, 거리 □ 交番(こうばん) 파출소 □ 美容室(びようしつ) 미용실 □ 間(あいだ) 사이
□ この辺(あた)り 이 주변

듣기 체크

MP3 022

問 **대화를 듣고 문제를 풀어 보세요.**

1 남자는 무엇을 묻고 있습니까?

① おいしいラーメン屋(や)
② おいしいうどん屋(や)
③ デパートのおいしい店(みせ)

2 여자는 어디를 추천했습니까?

① おいしいラーメン屋(や)
② おいしいうどん屋(や)
③ 味噌(みそ)うどんの店(みせ)

3 추천 장소까지는 어떻게 가면 됩니까?

① 右(みぎ)に曲(ま)がってまっすぐ
② まっすぐ行(い)ってデパートのすぐ隣(となり)
③ 左(ひだり)に曲(ま)がってデパートの隣(となり)

단어+

MP3 023

道(みち)に迷(まよ)う	길을 헤매다	渡(わた)る	건너다
まっすぐ	곧장, 쭉	突(つ)き当(あた)り	막다른 곳
近(ちか)い	가깝다	反対側(はんたいがわ)	반대편
遠(とお)い	멀다	通(とお)り	길 (일자로 정비되어 있는 길)
向(む)かい側(がわ)	맞은편	道(みち)	길 ('길'의 총칭)
こっち / こちら	이쪽	道路(どうろ)	도로
そっち / そちら	그쪽	横断歩道(おうだんほどう)	횡단보도
あっち / あちら	저쪽	右側(みぎがわ)	오른쪽
歩(ある)いて	걸어서	左側(ひだりがわ)	왼쪽
タクシーで	택시로	地図(ちず)	지도
バスで	버스로	東口(ひがしぐち)	동쪽 출구
5分(ごふん)	5분	西口(にしぐち)	서쪽 출구
10分(じゅっぷん)	10분	南口(みなみぐち)	남쪽 출구
15分(じゅうごふん)	15분	北口(きたぐち)	북쪽 출구

05

間違いないメニュー、
マックでの注文の流れを知っておこう。

실패 없는 메뉴, 맥도날드에서의 주문 흐름을 알아 두자.

시간이 없는데 저렴하면서 맛있는 한 끼의 식사를 해야 한다면 저는 이곳에 가겠어요!
언제나 실패 없는 '맥도날드'죠!
맥도날드에서 실제로 점원과 나눌 수 있는 회화 표현을 알아 보아요.
요즘은 키오스크로 대부분 대체되었지만, 이 주문의 흐름과 회화 표현은 패스트푸드점이나 푸드코트에서도 많이 사용되니, 익혀 두면 여행에 반드시 필요한 순간이 올 거예요!

店員(てんいん) いらっしゃいませ。店内(てんない)でお召(め)し上(あ)がりですか。
お持(も)ち帰(かえ)りですか。

私(わたし) 食(た)べて行(い)きます。エビフィレオセットください。

店員(てんいん) エビフィレオセットですね。
お飲(の)み物(もの)は何(なに)になさいますか。

私(わたし) ファンタグレープでお願(ねが)いします。
あと、セットをL(エル)サイズに変更(へんこう)できますか。

店員(てんいん) はい、できます。サイズアップで追加(ついか)70円(ななじゅうえん)になります。
ご注文(ちゅうもん)は以上(いじょう)でよろしいでしょうか。

단어 □ 注文(ちゅうもん) 주문 □ 流(なが)れ 흐름 □ 店内(てんない) 가게 안 □ 召(め)し上(あ)がる 드시다 □ 持(も)ち帰(かえ)る 가지고 가다 □ 食(た)べて行(い)く 먹고 가다 □ エビフィレオ 새우버거 □ 飲(の)み物(もの) 음료 □ ファンタグレープ 환타 포도 □ L(エル)サイズ L사이즈 □ 変更(へんこう) 변경 □ サイズアップ 사이즈 업 □ 追加(ついか) 추가 □ 以上(いじょう) 이상

해석

주문의 흐름

점원 어서 오세요. 매장에서 드시나요?
포장하시나요?

나 먹고 갈게요. 새우버거 세트 주세요.

점원 새우버거 세트요.
음료는 무엇으로 하시겠습니까?

나 환타 포도맛으로 부탁합니다.
그리고 세트를 라지 사이즈로 변경할 수 있나요?

점원 네, 됩니다. 사이즈 업으로 추가 70엔입니다.
주문은 이상이십니까?

私(わたし)　すみません、このクーポンって使(つか)えますか。

店員(てんいん)　はい、ご利用(りよう)いただけます。

私(わたし)　じゃ、チキンナゲットも追加(ついか)でお願(ねが)いします。

店員(てんいん)　ナゲットのソースはバーベキューとマスタードがございます。

私(わたし)　バーベキューにします！

店員(てんいん)　はい、かしこまりました。
お客様(きゃくさま)のお会計(かいけい)は７２０円(ななひゃくにじゅうえん)でございます。

단어 □ クーポン 쿠폰 □ 使(つか)う 사용하다 □ 利用(りよう) 이용 □ チキンナゲット 치킨 너깃 □ ソース 소스 □ バーベキュー 바비큐 □ マスタード 머스터드 □ お客様(きゃくさま) 손님 □ お会計(かいけい) 계산, 결제 금액

해석

나 저기, 이 쿠폰은 사용할 수 있나요?

점원 네, 사용하실 수 있습니다.

나 그럼, 치킨 너깃도 추가로 부탁드릴게요.

점원 너깃 소스는 바비큐와 머스터드가 있습니다.

나 바비큐로 할게요!

점원 네, 알겠습니다.
손님의 결제하실 금액은 720엔입니다.

✦✦✦

요즘은 대부분의 패스트푸드점에서 키오스크 주문 시스템을 도입하고 있는데요.
우리들은 회화 연습을 미리 해 두고, 점원과 소통할 기회가 생기면 꼭 활용해 보아요!

문법과 작문 마스터

MP3 025

1 お+ます형+ですか ~하세요? / ~하십니까? (존경형)

店内(てんない)でお召(め)し上(あ)がりですか。 가게 안에서 드십니까?

└お + 召(め)し上(あ)が~~る~~り (어미 い단 변형 / 1그룹 ます형) + ですか

お持(も)ち帰(かえ)りですか。 가지고 가십니까?

└お + 持(も)ち帰(かえ)~~る~~り (어미 い단 변형 / 1그룹 ます형) + ですか

☑ ます형으로 바꾼 동사 앞에 정중(여기서는 존경)의 「お」를 붙인 후, 「ですか」로 질문합니다.

☑ 상대(손님)의 행동의 높이는 표현이기 때문에 접객 용어로 많이 쓰여요. 우리가 일본에 갔을 때 점원에게서 들을 수 있는 표현이랍니다.

もんだい

1. 외출하십니까? ···›
2. 무엇을 찾으십니까? ···›
3. (집에) 돌아가시나요? ···›

단어 □ 召(め)し上(あ)がる 드시다 □ 持(も)ち帰(かえ)る 포장하다 □ 出(で)かける 외출하다 □ 探(さが)す 찾다

2 って ~은/는 (조사「は」의 회화체)

このクーポンって使(つか)えますか。 이 쿠폰은 사용할 수 있습니까?

└ クーポン (명사) + って ('은/는'의 조사「は」의 회화체)

☑ 「って」가 가지고 있는 해석은 다양한데, 이 말투는 [명사]에 붙었을 경우인 것을 기억하세요!

もんだい

1. 새로운 선생님은 상냥합니까? ···›
2. 이거는 누구 거예요? ···›
3. 이번 시험은 언제죠? ···›

3 お/ご + 명사 + いただけます [명사]하실 수 있습니다

ご利用(りよう)いただけます。 이용하실 수 있습니다.

└ ご + 利用(りよう) (명사) + いただ~~く~~ける (가능형)

☑ 대개 한어(漢語:중국에서 발화된 단어)는「ご」가 붙고, 일본어(和語:일본에서 만들어진 언어)는「お」가 붙는다고 생각하면 됩니다.

> **TIP** 한어(漢語)는 쉽게 '한·중·일'에서 동일하게 사용되는 [명사]의 형태라고 생각합시다!
>
> **예** ご利用(りよう) 이용・ご案内(あんない) 안내・ご入場(にゅうじょう) 입장・ご購入(こうにゅう) 구입
>
> 단,「お電話(でんわ) 전화」나「お食事(しょくじ) 식사」와 같은 예외가 존재합니다.

☑ 이 문법은 동사의 [ます형]에도 접속할 수 있어요. 〈p.264 참조〉

예 お+選(えら)び(ます형)+いただけます。 선택하실 수 있습니다.

단어 □ 優(やさ)しい 상냥하다

もんだい

1. 무료로 입장하실 수 있습니다. ···›

2. 인터넷으로 구입하실 수 있습니다. ···›

3. 생활 패턴에 맞춰 계약하실 수 있습니다. ···›

4-1 명사 + にする [명사]로 하다

バーベキューにします。 바비큐로 할게요.

└ バーベキュー (명사) + にする

☑ 결정과 선택을 표현할 때 사용됩니다.

	현재	과거
긍정	コーヒーにします。 커피로 할게요.	コーヒーにしました。 커피로 했어요.
부정	コーヒーにしません。 커피로 안 할게요.	コーヒーにしませんでした。 커피로 안 했어요.

1. 슬슬 밥 먹을까요? (슬슬 밥으로 할까요?) ···›

2. 디저트는 커피와 케이크로 했어요. ···›

3. 이제부터 비닐봉지는 유료로 할 거예요. ···›

단어 □ 無料(むりょう) 무료 □ 入場(にゅうじょう) 입장 □ 購入(こうにゅう) 구입 □ 生活(せいかつ) 생활 □ パターン 패턴
□ ～に合(あ)わせる ～에 맞추다 □ 契約(けいやく) 계약 □ そろそろ 슬슬 □ ご飯(はん) 밥 □ ケーキ 케이크
□ ビニール袋(ぶくろ) 비닐봉지 □ 有料(ゆうりょう) 유료

4-2 동사 기본 활용 + ことにする [동사]하기로 하다

☑ 명사로만 선택과 결정을 이야기하는 것이 아닌, '[동사]하기로 하다'와 같이 동사로의 표현도 가능하죠.

彼女と付き合うことにしました。 그녀와 사귀기로 했습니다.

↑ 付き合う (동사) + ことにする

韓国へ遊びに行くことにしました。 한국에 놀러가기로 했어요.

↑ 遊びに行く (동사) + ことにする

☑ 동사에 「こと」를 붙이는 것이 이 문법의 핵심!
'[동사]하는 것'이라는 [명사]를 만들어 「にする」를 붙여 주면 됩니다.

「行くこと」의 4활용	「にする」의 긍정 2활용	해석
行くこと	＋にします (현재긍정)	가기로 합니다 / 가기로 할 거예요
行かないこと		가지 않기로 합니다 / 가지 않기로 할 거예요
行ったこと	＋にしました (과거긍정)	간 걸로 했어요 (안 갔는데) / 간 셈쳤어요
行かなかったこと		가지 않은 걸로 했어요 (갔는데) / 안 간 셈쳤어요

☑ 「にする」는 자주 사용되는 긍정의 두 가지 활용으로 정리했어요. (부정 두 가지 활용은 생략)

☑ 앞 단의 「行くこと」를 네 가지 활용으로 연습해 보고, 뒤에 올 「にする」도 자유롭게 넣어 회화연습을 해 보세요.

もんだい

1. 두 번 다시 만나지 않기로 했어요. ···›
2. 함께 일본 여행에 가기로 했어요. ···›
3. 그 이야기는 말하지 않기로 해요. ···›

단어 □ 付き合う 사귀다 □ 遊ぶ 놀다 □ 二度と 두 번 다시

실전 능력 강화

MP3 026

問 1. 세트 메뉴 주문하기 (다양한 메뉴를 주문하여 회화 능력을 향상시켜 보세요.)

❶ バーガー (버거)		❷ 飲(の)みもの (음료)		❸ サイド (사이드)	
ビックマック	빅맥	コーラ	콜라	フライドポテト	감자튀김
ダブルチーズバーガー	더블 치즈버거	ゼロコーラ	제로콜라	サラダ	샐러드
ベーコンレタスバーガー	베이컨 양상추 버거	ジンジャーエール	진저에일	チキンナゲット	치킨 너깃
てりやきマックバーガー	테리야키 맥버거	ファンタグレープ	환타 포도	アップルパイ	애플파이
クォーターパウンダー	쿼터파운더 치즈버거	アイスカフェオレ	카페오레	シェイク	셰이크
エビフィレオ	새우버거	爽健美茶(そうけんびちゃ)	소켄비차	ソフトツイスト	소프트 아이스크림
フィレオフィッシュ	피시버거	紅茶(こうちゃ)(レモン・ミルク)	홍차(레몬·밀크)	シナモンメルツ	시나몬 빵

*여기서 모든 버거는 세트로만 주문 가능합니다. (버거 1, 음료 1, 감자튀김 1)

A 가게 안에서 드시나요? 포장하시나요?

B 먹고 갈게요. / 포장 할게요.
　＿＿＿❶＿＿＿セットください。

A 음료는 뭘로 하시겠나요?

B ＿＿＿❷＿＿＿でお願(ねが)いします。

A 주문은 다 되셨나요?

B 追加(ついか)で＿＿＿❸＿＿＿もください。

A 네, 알겠습니다. 손님의 결제하실 금액은 ＿＿＿❹＿＿＿ 엔입니다.

問 2. 돈 읽기 연습하기

일본 돈 읽기						
❹	10000	1000	100	10	1	
1	いちまん	せん	ひゃく	じゅう	いち	
2	にまん	にせん	にひゃく	にじゅう	に	
3	さんまん	さんぜん	さんびゃく	さんじゅう	さん	
4	よんまん	よんせん	よんひゃく	よんじゅう	よ	えん(円(えん))
5	ごまん	ごせん	ごひゃく	ごじゅう	ご	
6	ろくまん	ろくせん	ろっぴゃく	ろくじゅう	ろく	
7	ななまん	ななせん	ななひゃく	ななじゅう	なな	
8	はちまん	はっせん	はっぴゃく	はちじゅう	はち	
9	きゅうまん	きゅうせん	きゅうひゃく	きゅうじゅう	きゅう	

* 큰 단위부터 순서대로 읽으면서 마지막에 「えん」만 붙이면 돼요!

① 13엔

② 151엔

③ 836엔

④ 6,728엔

⑤ 18,694엔

⑥ 4,189엔

MP3 027

問 **대화를 듣고 문제를 풀어 보세요.**

1 내용과 다른 설명은 무엇입니까?

① 女(おんな)の人(ひと)は持(も)ち帰(かえ)りでチーズバーガーセットを頼(たの)んだ。
② 女(おんな)の人(ひと)は飲(の)み物(もの)でミルクティーを選(えら)んだ。
③ 女(おんな)の人(ひと)のお会計金額(かいけいきんがく)は６００円(ろっぴゃくえん)以上(いじょう)である。

2 여자가 마지막에 변경한 주문은 무엇입니까?

① ミルクティーをレモンティーに変更(へんこう)
② ポテトをサラダに変更(へんこう)
③ ポテトをL(エル)サイズに変更(へんこう)

3 여자의 결제 금액은 얼마입니까?

① ５３０円(ごひゃくさんじゅうえん)　② ６００円(ろっぴゃくえん)　③ ６３０円(ろっぴゃくさんじゅうえん)

문법+

[ことにする vs ことになる]

ことにする ~하기로 하다

- 스스로 결정한 일
- 결정, 다짐, 의도적인 선택

예 子供(こども)とご飯(はん)を食(た)べることにした。
아이와 밥을 먹기로 했다. (결정, 다짐)

ことになる ~하게 되다

- 타인에 의해 결정된 사실
- 앞으로 일어날 예정의 상황을 표현

예 子供(こども)とご飯(はん)を食(た)べることになった。
아이와 밥을 먹게 됐다. (타인의 결정, 예정)

[ようにする vs ようになる]

ようにする ~하도록 하다, ~하려고 하다

- 어떤 행동을 하려고 노력
- 습관, 노력, 기울어진 행동이 있음

예 子供(こども)とご飯(はん)を食(た)べるようにする。
아이와 밥을 먹으려고 한다. (먹으려는 노력)

ようになる ~하게 되다, ~할 수 있게 되다

- A에서 B로의 변화나 결과를 표현
- 능력, 상황의 변화에 중점

예 子供(こども)とご飯(はん)を食(た)べるようになった。
아이와 밥을 먹게 됐다. (이전에는 먹지 못했는데 먹게 되는 전과 달라진 상황)

06

回転(かいてん)ずし屋(や)に行(い)くなら これは知(し)っておこう！

회전 초밥집에 간다면 이건 알아 두자!

일본 여행의 즐거움 중 하나는 단연, 저렴하면서도 질 좋은 초밥을 배부르게 먹을 수 있다는 점 같아요! 이번 과에서는 초밥 중에서도 합리적인 가격의 회전 초밥집에 포커스를 두어 회화문을 구성했습니다.

최근 대부분의 회전 초밥집은 입장 시 발권부터 주문까지 모두 키오스크나 터치 패널로 진행되는데요. 그 최신 정보를 녹여 구성한 이번 과의 학습은 회전 초밥집에 실제 가서 주문하는 듯한 예행연습이 될 것입니다.

실전 회화문

受付(うけつけ)からお会計(かいけい)まで

MP3 028

私(わたし) (あー、お腹(なか)空(す)いたなぁ。
いつも並(なら)んでるみたいだから入(はい)ったら受付(うけつけ)からしよう！)
事前(じぜん)チェックインはしてないから…、
「店内(てんない)で受付(うけつけ)の方(かた)」を押(お)して、人数(にんずう)は３人(さんにん)。
カウンターとテーブル？ どっちでもいいかな。

店員(てんいん) いらっしゃいませ。発券番号(はっけんばんごう)５８番(ごじゅうはちばん)でお待(ま)ちのお客様(きゃくさま)。
こちらへどうぞ。

私(わたし) すみません、本日(ほんじつ)のおすすめメニューはどこにありますか。

店員(てんいん) こちらタッチパネルの最初(さいしょ)の画面(がめん)をご覧(らん)ください。
本日(ほんじつ)はあじとぶりがおすすめです。

私(わたし) ありがとうございます。あと、子供用(こどもよう)の椅子(いす)ってありますか。

店員(てんいん) はい、入口(いりぐち)の方(ほう)に置(お)いてあります。
２種類(にしゅるい)ございますので、ご自由(じゆう)にお使(つか)いください。

단어 □ 受付(うけつけ) 접수 □ 会計(かいけい) 계산 □ お腹(なか)が空(す)く 배가 고프다 □ 並(なら)ぶ 줄 서다 □ 事前(じぜん) 사전 □ 店内(てんない) 가게 안
□ 押(お)す 누르다 □ 人数(にんずう) 사람 수 □ 発券番号(はっけんばんごう) 발권번호 □ 本日(ほんじつ) 금일, 오늘 □ タッチパネル 터치 패널
□ 最初(さいしょ) 처음 □ 画面(がめん) 화면 □ ご覧(らん)ください 봐 주세요(정중한 표현) □ あじ 전갱이 □ ぶり 방어
□ 子供用(こどもよう)の椅子(いす) 아이용 의자 □ 入口(いりぐち) 입구 □ 置(お)く 놓다 □ 種類(しゅるい) 종류 □ ご自由(じゆう)に 자유롭게

해석

접수에서 계산까지

나 (아 배고파. 매번 기다려야 하는 것 같으니까 들어가면 접수부터 하자!)
사전 체크인은 안 했으니까…,
'가게 안에서 접수하는 분'을 누르고, 사람 수는 세 명.
카운터와 테이블? 어느 쪽이든 괜찮을 듯!

점원 어서 오세요. 발권 번호 58번으로 기다리시는 손님. 이쪽으로 오세요.

나 저기요, 오늘의 추천 메뉴는 어디에 있나요?

점원 여기 터치 패널의 처음 화면을 봐 주세요.
오늘은 전갱이와 방어가 추천 메뉴입니다.

나 감사합니다. 그리고 아이용 의자는 있나요?

점원 네, 입구 쪽에 놓여 있습니다.
두 종류 있으므로, 자유롭게 사용해 주세요.

… 食事中(しょくじちゅう) …

私(わたし) (子供(こども)のスプーンとフォークが欲(ほ)しいな。)

すみません、子供用(こどもよう)の食器(しょっき)もらえますか。

店員(てんいん) はい、すぐにお持(も)ちいたします。

私(わたし) ありがとうございます。

あと、お冷(ひや)もお願(ねが)いします。

店員(てんいん) 申(もう)し訳(わけ)ございません。

お冷(ひや)はセルフサービスとなっております。

あちらにご用意(ようい)しておりますので、どうぞ。

… 食事後(しょくじご) …

私(わたし) あー、お腹(なか)いっぱい。お会計(かいけい)のボタンを押(お)そう！

단어 □ **食事中(しょくじちゅう)** 식사 중 □ **食器(しょっき)** 식기 □ **すぐに** 바로 □ **あと** 그리고 □ **お冷(ひや)** 찬물
□ **セルフサービス** 셀프 서비스 □ **用意(ようい)する** 준비하다 □ **食事後(しょくじご)** 식사 후
□ **お腹(なか)いっぱいだ** 배 부르다 □ **お会計(かいけい)** 계산 □ **ボタン** 버튼

해석

… 식사 중 …

나 (아이 수저와 포크가 필요하네.)

저기요. 아이용 식기 주실 수 있나요?

점원 네, 바로 가져다드릴게요.

나 감사합니다.

그리고 차가운 물도 부탁합니다.

점원 죄송합니다.

차가운 물은 셀프 서비스입니다.

저쪽에 준비되어 있으니 드세요.

… 식사 후 …

나 아, 배부르다! 계산 버튼을 눌러야지!

문법과 작문 마스터

MP3 029

1 현재진행형

並(なら)んでるみたいだから 줄 서 있는 것 같으니까

└ 並(なら)んでいる (현재진행의「い」생략, 보다 자연스러운 회화 표현)

事前(じぜん)チェックインはしてないから 사전 체크인은 안 했으니까

└ していない (현재진행의「い」생략, 보다 자연스러운 회화 표현)

자동사·타동사의 사용

① 자동사 + ている : ~하고 있다 (현재진행) / ~해져 있다 (상태)

예 鳥(とり)が空(そら)を飛(と)んでいます。 새가 하늘을 날고 있습니다. (진행)

台風(たいふう)で看板(かんばん)が倒(たお)れています。 태풍으로 간판이 쓰러져 있습니다. (상태)

자동사에「ている」를 접속하여 진행과 상태의 표현을 할 수 있어요.

자동사	계속동사 (진행 : ~하고 있다)	歩(ある)く 걷다 走(はし)る 달리다 笑(わら)う 웃다 流(なが)れる 흐르다 飛(と)ぶ 날다 등 (동작이 한창 행해지고 있음)
	순간동사 (상태 : ~해져 있다)	落(お)ちる 떨어지다 終(お)わる 끝나다 死(し)ぬ 죽다 切(き)る 자르다 起(お)きる 일어나다 座(すわ)る 앉다 등 (동작 완료 후 그 결과의 상태)

※ '순간동사'라도 '진행'을 말할 수 없는 건 아니에요.
언어이기 때문에 칼로 자른 듯 나뉘어 쓰이지는 않지만 대체로 쓰이는 사용법은 알아 두세요.

② 타동사 + ている : ~하고 있다 (진행)

예 お母(かあ)さんは料理(りょうり)を作(つく)っています。 엄마는 요리를 만들고 있어요.

学生(がくせい)たちは教室(きょうしつ)を掃除(そうじ)しています。 학생들은 교실을 청소하고 있습니다.

단어 □ 並(なら)ぶ 줄 서다 □ 鳥(とり) 새 □ 台風(たいふう) 태풍 □ 看板(かんばん) 간판 □ 倒(たお)れる 쓰러지다 □ 掃除(そうじ)する 청소하다

③ ～が + 타동사 + てある : ～가 ～해져 있다 (상태) 〈p.45 참조〉

예 おいしい料理が作ってあります。맛있는 요리가 만들어져 있습니다.

教室がきれいに掃除してあります。교실이 깨끗하게 청소되어 있습니다.

2 みたいだ(「ようだ」의 회화체) ～인 것 같다, ～인 모양이다 (불확실한 주관적 단정)

いつも並んでるみたいだから 항상 줄 서 있는 것 같으니까

└ 並んでる (기본 활용) + みたいだ

☑ 정확한 근거는 없지만, 화자 본인의 청각/촉각/미각/시각 등을 통해 추측되는 주관적인 표현이에요.

☑ 문어체「ようだ」와 사용되는 상황이 동일하지만,「みたいだ」는 회화체에 가까워 자연스러워요.

ようだ・みたいだ 접속 방법 (이외에도 기본 활용에 접속 가능)

접속 방법		ようだ	みたいだ
명사	休み 휴일, 쉼	休みのようだ	休みみたいだ
な형용사	頻繁~~だ~~ 빈번하다	頻繁なようだ	頻繁みたいだ
い형용사	厳しい 엄격하다	厳しいようだ	厳しいみたいだ
동사	着く 도착하다	着くようだ	着くみたいだ

☑ 「ようだ」는 각 품사의 명사수식이라 생각하면 쉬워요!

☑ 「みたいだ」는 회화체라 접속이 보다 간편해졌다고 인식!

もんだい

1. 그녀는 나이를 먹어 건망증이 심해진 모양이에요. ⋯›

2. 오늘은 왠지 기분이 나쁜 것 같네요. ⋯›

3. 아이가 낯을 가리는 것 같다. ⋯›

단어 □ 年をとる 나이를 먹다 □ 物忘れが激しい 건망증이 심하다 □ 機嫌 (타인의)기분
□ 人見知りをする 낯을 가리다

3 동사의 의지형 ~해야지, ~하자, ~하려

受付(うけつけ)からしよう 접수부터 해야지, 접수부터 하자

受付(うけつけ)~~する~~しよう (불규칙 변형 / 3그룹 의지형)

ボタンを押(お)そう 버튼을 눌러야지, 버튼을 누르자

押(お)~~す~~そ (어미의 お단 변형 / 1그룹) + う

의지형 만들기

	의지형 변형	예
1그룹	会(あ)~~う~~お+う 만나야지, 만나자 (어미 お단 변형+う)	家族(かぞく)みんなで会(あ)おう。가족 모두 함께 만나자.
2그룹	食(た)べ~~る~~+よう 먹어야지, 먹자 (어미 る 탈락 +よう)	高(たか)いけどおいしく食(た)べよう。비싸지만 맛있게 먹자.
3그룹	来(く)る 오다 → 来(こ)よう 와야지, 오자 する 하다 → しよう 해야지, 하자	ここまた来(こ)ようね。여기 또 오자. 体(からだ)のために運動(うんどう)しよう。몸을 위해서 운동하자.

もんだい

1. 매일 열심히 일해야지! ···›
2. 잠깐만 다녀오자! ···›
3. 이번 일본어 시험에는 합격해야지! ···›

☑ 의지형에서 '~하려'라는 해석이 사용되는 경우는 「~と思(おも)う」와 함께 사용될 때입니다.

① ご飯(はん)を食(た)べよう。 밥을 먹자. / 밥을 먹어야지.

② ご飯(はん)を食(た)べようと思(おも)う。 밥을 먹으려고 해(생각해).

단어 □ **受付(うけつけ)** 접수 □ **押(お)す** 누르다 □ **一生懸命(いっしょうけんめい)** 열심히 □ **ちょっとだけ** 조금만, 잠시만 □ **試験(しけん)** 시험 □ **合格(ごうかく)** 합격

4 お待(ま)ちのお客様(きゃくさま) 정중표현 (존경)

お待(ま)ち가 만들어지는 과정

待(ま)つ 기다리다 (동사) ⇨ 待(ま)~~つ~~ち (어미 い단 변형 / 1그룹 ます형) 기다림 (명사) ⇨ お + 待(ま)ち 기다리심 (정중명사)

☑ 동사를 「ます형」으로 만들면 [명사]가 됩니다.

예 飲(の)む 마시다 → 飲(の)み 마심

話(はな)す 이야기하다 → 話(はな)し 이야기

☑ 「お待(ま)ち」와 「お客様(きゃくさま)」는 [명사]이기 때문에 중간에 「の」가 와야 해요.

お待(ま)ち + の + お客様(きゃくさま) 기다리시는 손님
[명사] [명사]

5 ので ~(이)므로, ~(이)기 때문에

2種類(にしゅるい)ございますので 두 종류 있으므로

└ ございます (동사 기본 활용) + ので

ご用意(ようい)しておりますので 준비해 두고 있으므로

└ ~ております (「~ています」의 겸양동사) + ので

☑ 「ございます」는 「ある 있다」의 겸양표현! 우리말로 생각하기론 정중한 '있다'라고 파악하기!

☑ 접속조사 「から」 또한 '~니까, ~(이)기 때문에'로 해석은 같지만, 다음과 같은 차이가 있어요.

단어 □ 待(ま)つ 기다리다 □ お客様(きゃくさま) 손님 □ 種類(しゅるい) 종류 □ 用意(ようい)する 준비하다

「から」와 「ので」의 관점과 구체적 사용

	관점	사용
から	주관적	개인적인 입장으로 감정이나 본인의 의지를 나타냄
ので	객관적	객관적이고 이성과 논리적인 상황에 사용됨

☑ 「ので」 문법은 동사뿐만 아니라 다른 품사들도 접속 가능해요.

표에는 긍정현재형 접속만 기입했지만, 부정형, 과거형, 가능형 등의 다양한 형태를 접속할 수 있어요.

	접속 방법	~이므로 ~이기 때문에	예
명사	予定(よてい) + な	+ ので	雨(あめ)の予定(よてい)なので、オープンできません。 비(가 올) 예정이기 때문에 오픈할 수 없습니다.
な형용사	不便(ふべん)~~だ~~ + な		この椅子(いす)は不便(ふべん)なので、皆(みんな)座(すわ)りません。 이 의자는 불편하기 때문에 모두 앉지 않아요.
い형용사	多(おお)い		仕事(しごと)が多(おお)いので、参加(さんか)できません。 일이 많기 때문에 참가할 수 없습니다.
동사	降(ふ)っている		雨(あめ)が降(ふ)っているので、中止(ちゅうし)です。 비가 내리고 있기 때문에 중지입니다.

もんだい

1. 시합은 비가 내렸기 때문에 중지되었습니다. ⋯▸

2. 시간이 되었기 때문에 슬슬 돌아가겠습니다. ⋯▸

3. 여기는 금연이므로 담배는 밖에서 피우세요. ⋯▸

단어 □ 予定(よてい) 예정 □ 参加(さんか) 참가 □ 降(ふ)る (비, 눈 등이)내리다 □ 中止(ちゅうし) 중지 □ 試合(しあい) 시합
□ ~になる ~가 되다 □ そろそろ 슬슬 □ 禁煙(きんえん) 금연 □ 外(そと) 밖 □ 吸(す)う 피우다, 흡입하다

단어+

MP3 **030**

お寿司(すし)	초밥	マグロ	참치	たい	도미
回転寿司(かいてんずし)	회전 초밥	大(おお)トロ	오토로 (기름이 많은 참치 뱃살)	あわび	전복
お茶(ちゃ) / あがり	차	中(ちゅう)トロ	추토로 (기름이 적당한 참치 뱃살)	ハマグリ	대합
お冷(ひや)	찬물	赤身(あかみ)	참치의 붉은 살 부위	ホタテ	가리비
しょうゆ	간장	サーモン	연어	えび	새우
甘(あま)だれ	단 간장소스	アジ	전갱이	甘(あま)エビ	단새우
わさび	고추냉이, 와사비	ぶり	방어	いくら	연어알
新鮮(しんせん)だ	신선하다	はまち	방어	ウニ	성게
軍艦巻(ぐんかんま)き	밥을 김으로 두른 초밥	かんぱち	잿방어	ウナギ	장어
ネタ	초밥 위 재료	えんがわ	광어 지느러미	かっぱ巻(ま)き	오이 김밥
ガリ	생강 초절임	イカ	오징어	てっか巻(ま)き	다진 참치를 넣은 김밥
シャリ	식초 등으로 간을 한 초밥의 밥 부분				

실전 능력 강화

問 회전 초밥집의 키오스크에서 발권해 보세요.

【 発券及(はっけんおよ)びチェックイン 】

【 人数(にんずう)チェック 】

【 座席選(ざせきえら)び 】

[발권 및 체크인]

- **お店で受付 :** 가게에서 접수
- **スマホで予約済み :** 스마트폰으로 예약 완료
- **発券 :** 발권
- **チェックイン :** 체크인

요즘 회전 초밥집에 가면 점원과 소통하지 않고 대부분 스스로 발권을 하는 시스템입니다. 아무런 예약 없이 갔다면 '가게에서 접수' 버튼을 눌러 발권하고 스마트폰으로 사전에 예약했다면 '체크인'하면 됩니다.

[인원 수 체크]

한 명에서 네 명까지는 직접 인원에 맞는 버튼을 누르고, '다섯 명 이상'일 경우에는「5人以上」를 누르고, '총인원 입력' 버튼인「総人数を入力」을 누르면 총인원을 직접 입력할 수 있습니다.

[자리 고르기]

- **カウンター :** 카운터
- **テーブル :** 테이블
- **どちらでもいい :** 어느 쪽도 괜찮다
- **発券完了 :** 발권 완료

회전 초밥집의 좌석은 크게 카운터와 테이블로 나뉘어지는데요.
장단점을 알려 드릴게요.

〈카운터〉

- 장점 : 비교적 빨리 자리를 안내 받을 수 있고 초밥을 만들어 주는 모습을 보면서 먹을 수 있음
- 단점 : 가족 단위나 3명 이상이서 갔을 때는 서로 소통하기 어려움이 있음

〈테이블〉

- 장점 : 보다 프라이빗한 공간에서 가족 단위로 즐기기 좋음
- 단점 : 대체로 카운터보다는 늦게 안내 받을 수 있음

〈어느 쪽도 괜찮다〉

- 장점 : 가장 빠르게 자리에 앉을 수 있는 방법
- 단점 : 어느 자리로 안내 받을지 알 수 없음

問 대화를 듣고 문제를 풀어 보세요.

1 이 초밥집의 오늘의 메뉴가 아닌 것은 무엇입니까?

① あじ　② たい　③ 甘エビ

2 남자가 점원에게 물어본 것이 아닌 것은 무엇입니까?

① 発券番号　② 子供用椅子　③ お冷

3 대화 내용과 다른 설명은 무엇입니까?

① 男の人は発券番号32番をもらった。
② 店員はお冷を持って来てくれなかった。
③ 男の人は子供用の椅子を自分で持ってきた。

단어 □ 自分で 스스로

단어+

사람 명수 세기

1) ～人(にん)

ひとり 1人	ふたり 2人	さんにん 3人	よにん 4人	ごにん 5人
한 명	두 명	세 명	네 명	다섯 명
ろくにん 6人	しちにん/ななにん 7人	はちにん 8人	きゅうにん/くにん 9人	じゅうにん 10人
여섯 명	일곱 명	여덟 명	아홉 명	열 명

2) ～名(めい)

いちめい 1名	にめい 2名	さんめい 3名	よんめい 4名	ごめい 5名
한 명	두 명	세 명	네 명	다섯 명
ろくめい 6名	しちめい/ななめい 7名	はちめい 8名	きゅうめい 9名	じゅうめい 10名
여섯 명	일곱 명	여덟 명	아홉 명	열 명

☑ 명수 세기에는 「1人(ひとり)」, 「2人(ふたり)」와 같이 '1인', '2인'으로 부르는 방법과 「1名(いちめい)」, 「2名(にめい)」와 같이 '한 명', '두 명'으로 부르는 두 가지 방법이 있어요.

☑ 손님 → 점원에게 방문 인원 수를 표현할 땐 일반적으로 「～人」으로 이야기해 주면 됩니다.

☑ 점원 → 손님의 인원 수를 부르는 등의 접객 용어나 정중한 표현, 공식 문서 등에 「～名」가 사용됩니다.

회전 초밥집 접수 방법

최근 일본의 회전 초밥집에 가 보면 대부분 키오스크나 스마트폰을 통해서 예약하는 시스템이에요.
처음 겪게 되면, 당황스러울 수 있는 일본 회전 초밥집의 키오스크 사용법 및 체크인 방법에 대해 알려 드릴게요!

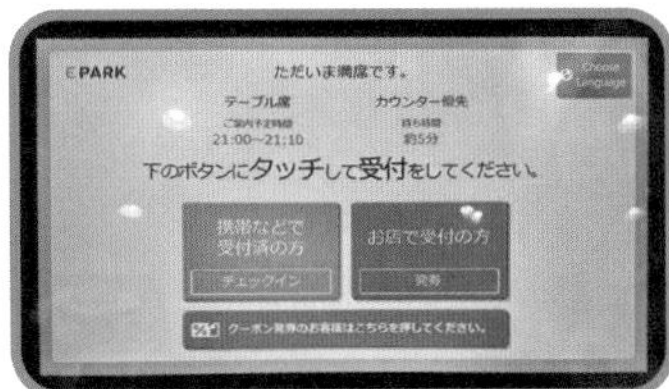

1. 화면에서 「発券(발권)」을 터치

   ① 携帯などで受付済みの方 (チェックイン)

   휴대폰 등으로 접수하신 분 (체크인)

   ② お店で受付の方 (発券)

   가게에서 접수하시는 분 (발권)

센세 한마디!
키오스크 접수 시 두 개의 버튼이 있는데 미리 스마트폰으로 접수 완료한 사람은 [체크인] 버튼을 누르고, 가게에 와서 접수하는 사람은 [발권] 버튼을 눌러야 해요!

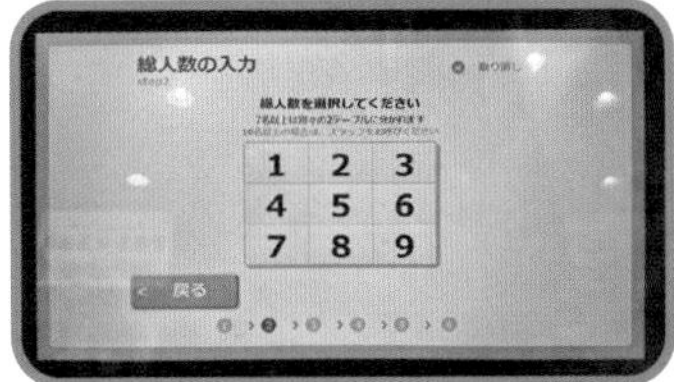

2. 총 인원을 터치

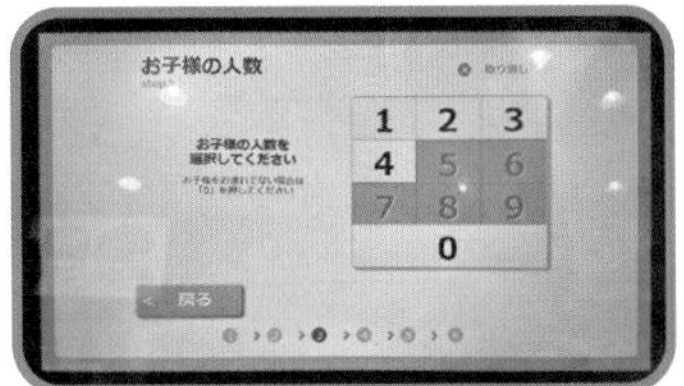

3. 어린이 손님의 인원을 터치

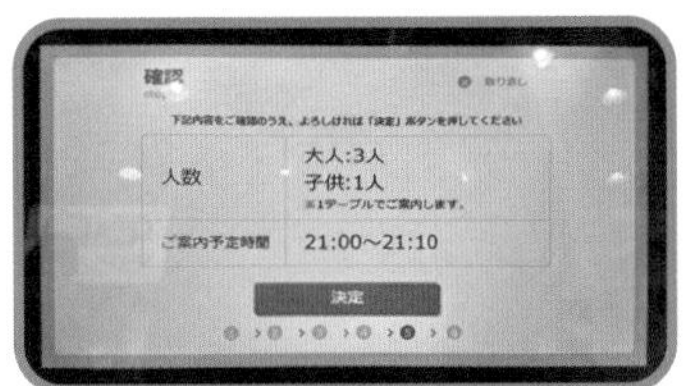

4. 접수 내용을 확인한 후 決定 (결정) 버튼을 터치

5. 발권된 안내표에 적힌 테이블 번호 자리에 가서 착석한다.

회전 초밥집 결제 방법

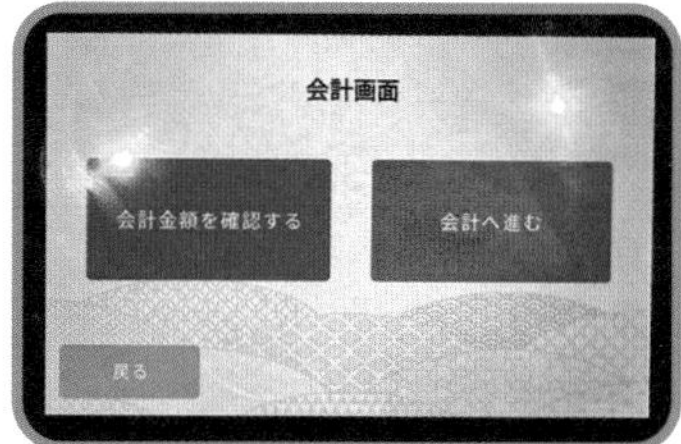

1. 자리에 놓여 있는 터치패널에서 (会計へ進む) 를 터치
   - 会計金額(かいけいきんがく)を確認(かくにん)する

     결제 금액을 확인하다
   - 会計(かいけい)へ進(すす)む

     결제를 진행하다

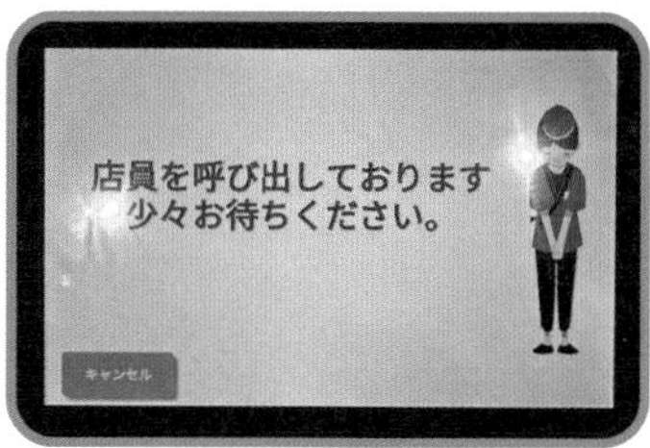

2. 店員(てんいん)を呼(よ)び出(だ)しております。少々(しょうしょう)お待(ま)ちください。

   점원을 부르고 있습니다. 잠시 기다려 주세요.

센세 한마디!
결제 버튼을 누르면 점원이 자리에 올 때까지 기다려야 해요!
점원이 오면 먹은 내역 등을 간단히 확인한답니다.

3. 셀프 계산대

센세 한마디!
대개의 회전 초밥집에서는 셀프 계산대를 도입하고 있어요. 처음 접수할 때 뽑았던 종이의 바코드 그대로 계산대에서 읽히는 경우도 있지만, 새롭게 「お会計札(おかいけいふだ)」라는 '결제 카드'를 발급하는 곳도 있답니다.

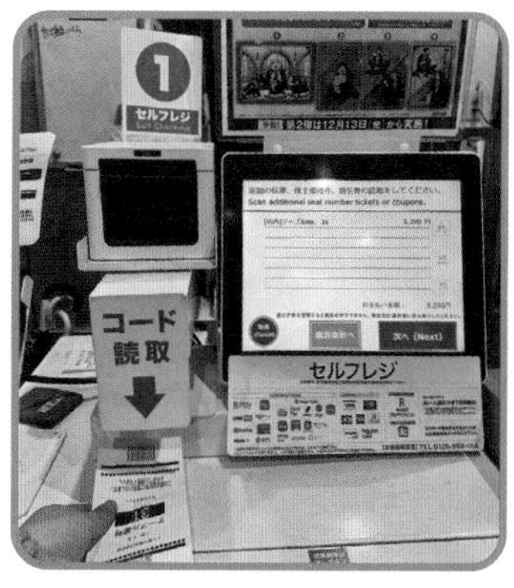

4. 결제

센세 한마디!
바코드를 「コード読取(よみとり)」로 읽으면 화면에 결제 금액이 나옵니다. 제시된 금액은 현금이나 카드 등으로 결제 가능합니다.

Travel JAPAN

07

電車(でんしゃ)に乗(の)って遠(とお)くまで出(で)かけてみよう。

전철을 타고 멀리까지 나가 보자.

요즘은 대도시만 구경하는 것이 아니라, 소도시로 이동하여 고즈넉함을 만끽하는 분도 많죠? 이번 과에서는 전철을 타고 멀리까지 나가는 와중에 환승이 필요한데 환승까지의 시간 텀이 너무 길어서 한 번 홈에서 나오는 상황을 회화문으로 만들어 보았어요. 실제 다도센세의 경험담으로, 다음 열차로 환승하는데 35분을 기다려야 하는 상황에서 일단 홈에서 역 밖으로 나갈 수 있는지에 대해 묻고 잠깐 나갔다 온 적이 있답니다. 소중한 시간을 홈에서 낭비하지 말고, 이런 방법도 있으니 알아 두면 여행에 도움이 될 거예요.

실전 회화문

乗(の)り換(か)え

MP3 032

私(わたし) すみません、海ノ中道駅(うみのなかみちえき)まで行(い)きたいんですけど…。

駅員(えきいん) ここが博多(はかた)だから香椎駅(かしいえき)で１回(いっかい)乗(の)り換(か)えがあります。

私(わたし) どこで乗(の)ればいいですか。

駅員(えきいん) ＪＲ(ジェーアール)鹿児島本線(かごしまほんせん)の小倉(こくら)行(ゆ)きだから、１番線(いちばんせん)に乗(の)ってください。

私(わたし) 何駅目(なんえきめ)で乗(の)り換(か)えますか。

駅員(えきいん) ４駅先(よんえきさき)の香椎駅(かしいえき)で乗(の)り換(か)えてその後(あと)、西戸崎(さいとざき)行(ゆ)きに乗(の)って
また４駅(よんえき)行(い)けば海ノ中道駅(うみのなかみちえき)です。

私(わたし) ご親切(しんせつ)にありがとうございます。

실전 회화문에서 언급된 후쿠오카 부근의 실제 역과 전철 관련 표현
海ノ中道駅(うみのなかみちえき) 우미노나카미치 역 • 博多駅(はかたえき) 하카타 역 • 香椎駅(かしいえき) 카시이 역 • 小倉行(こくらゆ)き 코쿠라 행 • 西戸崎行(さいとざきゆ)き 사이토자키 행

단어 □ **乗(の)り換(か)え** 환승 □ **1回(いっかい)** 한 번 □ **何駅(なんえき)** 몇 역 □ **～目(め)** ～째 □ **先(さき)** 후, 나중 □ **乗(の)り換(か)える** 환승하다
□ **親切(しんせつ)だ** 친절하다

해석

환승

나 저기요, 우미노나카미치 역까지 가고 싶은데요.

역무원 여기가 하카타이니까 카이시 역에서 한 번 환승이 있어요.

나 어디서 타면 되나요?

역무원 JR카고시마 본선 코쿠라 행이니까 1번 선을 타 주세요.

나 몇 번째 역에서 환승인가요?

역무원 네 개 역 뒤인 카시이 역에서 환승하고 그 후, 사이토자키 행을 타고 또 네 개 역 가면 우미노나카미치 역입니다.

나 친절히 알려주셔서 감사합니다.

… 香椎駅に到着 …

私 すみません、海ノ中道に行く次の電車は何分後ですか。

駅員 ３５分後ですね。

私 ３５分ですか。ホームから一旦外に出られますか。

思ったより時間が余って…。

駅員 大丈夫ですよ。お持ちのＩＣカードか切符をください。

(機械にＩＣカードを差し込む。)

駅員 もう大丈夫です。行ってらっしゃい。
お戻りの際は駅員にお声掛けくださいね。
観光ですか。どちらに行かれるんですか。

私 海の中道海浜公園です。

駅員 そうですか。今日はちょうど飼育員体験というイベントがあるらしいので、ぜひ行ってみてくださいね。

단어 □ **次** 다음 □ **電車** 전철 □ **ホーム** 승강장, 플랫폼 □ **一旦** 일단 □ **出る** 나오다, 나가다
□ **思う** 생각하다 □ **～より** ～보다 □ **余る** 남다 □ **ICカード** IC카드 □ **切符** 표 □ **機械** 기계
□ **差し込む** 꽂다 □ **戻る** 되돌아가다 □ **際** 때 □ **駅員** 역무원 □ **声を掛ける** 말을 걸다
□ **観光** 관광 □ **海の中道海浜公園** 우미노나카미치 해변 공원 □ **飼育員** 사육사 □ **体験** 체험

해석

… 카시이 역 도착 …

나 저기요, 우미노나카미치에 가는 다음 전철은 몇 분 후인가요?

역무원 35분 후네요.

나 35분이요? 플랫폼에서 한 번 밖으로 나갈 수 있을까요?
생각한 것보다 시간이 남아서….

역무원 괜찮습니다. 가지고 계신 IC 카드나 표를 주세요.
(기계에 IC 카드를 꽂는다.)

역무원 이제 됐습니다. 다녀오세요.
돌아오실 때는 역무원에게 말해 주세요.
관광이신가요? 어디 가시나요?

나 우미노나카미치 해변 공원이요.

역무원 그러시군요. 오늘은 마침 사육사 체험이라는 이벤트가 있는 것 같으니
꼭 가 보세요.

문법과 작문 마스터

MP3 033

1 명사+だから [명사]이니까

博多(はかた)だから 하카타이니까
└ 博多(はかた)(명사) だ + から

小倉行(こくらゆ)きだから 코쿠라 행이니까
└ 小倉行(こくらゆ)き(명사) だ + から

☑ 접속조사「から」본연이 갖고 있는 해석은 '~니까'입니다.
여기에 '선생님(명사)'을 넣으면 '선생님이니까'라고 자연스럽게 '이'를 넣어 말하게 되죠?
「先生(せんせい)だ = 선생님이다」를 만든 후, 「から」가 갖고 있는 해석의 '~니까'를 붙여 「先生(せんせい)だから」가 되는 거예요.

	접속	문법	예
명사	先生(せんせい)+だ	+から ~니까, ~기 때문에	先生(せんせい)だから日本語(にほんご)が上手(じょうず)だ。 선생님이니까 일본어를 잘한다.
な형용사	きれいだ		きれいだから人気(にんき)がある。 예쁘니까 인기가 있다.
い형용사	おいしい		おいしいから行列(ぎょうれつ)ができる。 맛있으니까 줄을 선다.
동사	食(た)べる		食(た)べるから太(ふと)る。 먹으니까 살찐다.

☑ 명사에는 [명사+だ]를 반드시 해 줄 것!

☑ 명사와 な형용사에 쓰인「だ」는「です」로 바꿔, 보다 정중히 이야기할 수 있습니다.

단어 □ **行列(ぎょうれつ)ができる** 사람이 많다, 줄 서다(직역: 행렬이 생기다) □ **太(ふと)る** 살찌다

もんだい

1. 부모이니까 최선을 다한다. ⋯▸

2. 레스토랑이니까 조용히 해 주세요. ⋯▸

3. 헤어지기 싫으니까 말하는 걸 관뒀다. ⋯▸

2 동사의 가정형(れば) [동사]하면

どこで乗(の)ればいいですか。 어디서 타면 됩니까?

└乗(の)るれ (어미 え단 변형 / 1그룹) + ば

4駅(よんえき)行(い)けば海(うみ)ノ(の)中道駅(なかみちえき)です。 네 개 역 가면 우미노나카미치 역입니다.

└行(い)くけ (어미 え단 변형 / 1그룹) + ば

가정형 만들기

동사	가정형 변형	예
1그룹	乗(の)る 만나다 (어미 え단 변형+ば)	乗(の)れば 만나면
2그룹	見(み)る 보다 (어미 る 탈락 + れば)	見(み)れば 보면
3그룹	来(く)る 오다 する 하다 (불규칙이므로 그냥 외우기!)	来(く)れば 오면 すれば 하면

단어 □ 親(おや) 부모 □ 最善(さいぜん) 최선 □ 尽(つ)くす 다하다 □ 静(しず)かだ 조용하다 □ 別(わか)れる 헤어지다
□ やめる 관두다, 그만하다

명사·형용사 가정형 만들기

	가정형 변형	예
명사	風邪(かぜ) 감기 (명사+ならば)	風邪(かぜ)なら(ば) 감기라면
な형용사	複雑(ふくざつ)だ 복잡하다 (어미 だ 탈락+ならば)	複雑(ふくざつ)なら(ば) 복잡하면
い형용사	楽(たの)しい 즐겁다 (어미 い 탈락+ければ)	楽(たの)しければ 즐거우면

☑ 가정형 「~ば」는 [절대조건]을 이야기한다고 생각해 주세요.
가정형의 상황이 성립되면 뒤에 오는 문장의 일은 반드시 일어난다!

☑ 명사, な형용사의 「ならば」에서 「ば」는 생략하여 「なら」만 사용해도 됩니다.

もんだい

1. 배우면 간단히 할 수 있어요. ···›
2. 이 버스를 타면 늦지 않아요(시간 맞출 수 있어요). ···›
3. 백화점에 가면 신상품을 볼 수 있어요. ···›

3 お戻(もど)りの際(さい)は 되돌아 오실 때는

☑ 「際(さい)」와 「時(とき) 때」의 의미적인 차이는 없지만, 「際(さい)」는 정중한 말투이기 때문에 비즈니스 일본어나 안내 문구 등에서 많이 보실 수 있어요. 호텔이나 관광지 등에서 많이 사용되는 안내문구이니 알아들을 수 있게 익혀 두면 좋아요!

もんだい

1. 이때에 ···›
2. 외출하실 때에 ···›
3. 내리실 때에 ···›

단어 □ 習(なら)う 배우다 □ 間(ま)に合(あ)う 늦지 않다(시간에 맞추다) □ 新商品(しんしょうひん) 신상품 □ 降(お)りる 내리다

4 らしい (정보에 의하면, 듣기에) ~인 것 같다, ~인 듯하다 (객관적 추측)

イベントがあるらしいので 이벤트가 있는 것 같으니

└ ある (기본 활용) + らしい

☑ 6과에서 배운「ようだ・みたいだ」는 화자 본인이 느낀 바에 따른 주관적인 추측의 표현이었다면, 「らしい」는 다른 사람으로부터 들었거나 미디어로부터 얻은 정보가 있고, 그것을 기반으로 객관적인 추측을 할 때 사용돼요.

	접속 방법	예
명사	新商品(しんしょうひん) 신상품	新商品(しんしょうひん)らしい。신상품인 것 같다.
な형용사	不思議(ふしぎ)~~だ~~ 이상하다	不思議(ふしぎ)らしい。이상하다고 한다.
い형용사	怖(こわ)い 무섭다	怖(こわ)いらしい。무섭다고 한다.
동사	流行(はや)る 유행하다	流行(はや)るらしい。유행한다고 한다

もんだい

1. 올해는 꽃무늬가 유행할 것 같대. ···›

2. 오늘 회식에 사장님도 올 것 같다네요. ···›

3. 연애에는 관심이 없다는 듯해요. ···›

단어 □ 花柄(はながら) 꽃무늬 □ 恋愛(れんあい) 연애 □ 興味(きょうみ) 관심, 흥미

실전 능력 강화

MP3 034

問 우에노 역 내 표지판입니다. 가고자 하는 목적지에 맞는 열차를 타려면 몇 번 선에 가서 타야 할까요? 표지판 상에서 가능한 방법을 모두 찾아 보세요.

東京・品川・目黒方面 for Tōkyō, Shinagawa & Meguro 山手線 Yamanote Line 3	4 京浜東北線 Keihin-Tōhoku Line 東京・品川・横浜方面 for Tōkyō, Shinagawa & Yokohama
赤羽・大宮 宇都宮・高崎方面 for Akabane, Ōmiya Utsnomiya & Takasaki 宇都宮・高崎線 Utsunomiya・Takasaki Line 5	14 宇都宮線・高崎線 Utsunomiya Line・Takasaki Line 特急 Limited Express 赤羽・大宮・宇都宮・高崎方面 for Akabane, Ōmiya, Utsunoiya & Takasaki

1 品川駅(しながわえき)に行(い)きたいです。何番線(なんばんせん)に乗(の)ればいいですか。

2 赤羽駅(あかばねえき)に行(い)きたいです。何番線(なんばんせん)に乗(の)ればいいですか。

3 横浜駅(よこはまえき)に行(い)きたいです。何番線(なんばんせん)に乗(の)ればいいですか。

4 ここから東京駅(とうきょうえき)に行(い)きたいです。何番線(なんばんせん)に乗(の)ればいいですか。

5 宇都宮駅(うつのみやえき)にできる限(かぎ)り速(はや)く行(い)きたいです。何番線(なんばんせん)に乗(の)ればいいですか。

교통 수단 필수 안내문구를 알아 볼까요?

1. 여러 금지 문구

- **のりださない** 플랫폼 도어 너머로 몸을 내밀지 마시오 (직역: 타고 나가지 않는다)
- **立てかけない** 플랫폼 도어에 물건을 세워 두지 마시오 (직역: 기대어 세워 놓지 않는다)
- **かけこまない** 뛰어 들지 마시오 (직역 : 뛰어 들지 않는다)
- **立ち入らない** 들어가지 마시오 (직역 : 들어가지 않는다)

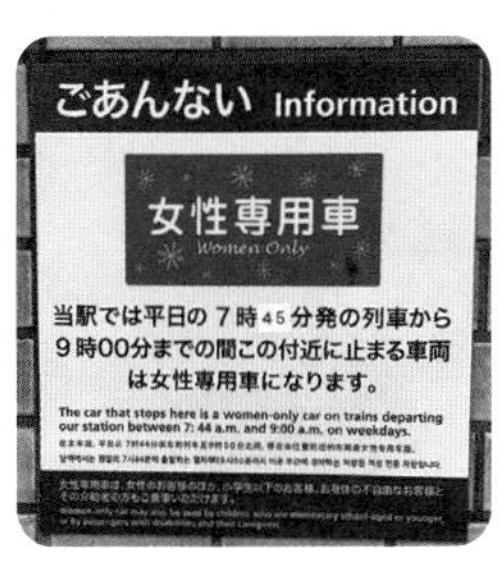

2. 여성 전용 차량

当駅では平日の7時45分発の列車から9時00分までの間
この付近に止まる車両は女性専用車になります。

이 역에서는 평일 7시 45분발 열차부터 9시 00분까지 (그동안)

이 부근에 서는 차량은 여성 전용 차량이 됩니다.

3. 優先席 노약자석 (우선석)

- **お年寄りの方** 노인이신 분
- **体の不自由な方** 몸이 불편하신 분
- **妊娠している方** 임신하신 분
- **乳幼児をお連れの方** 영유아를 데리고 있는 분
- **内部障がいのある方** 내부 장애가 있는 분

*다도센세 경험!

일본은 '노약자석'이 아닌 '우선석'이라고 칭합니다!

그래서 우선석이 비어 있을 경우에는 누구든 앉아 있다가 필요한 사람이 타면, 그때 자리를 양보하는 형태이기 때문에, 일본에서는 젊은 사람들도 우선석에 많이 앉아 있곤 한답니다.

듣기 체크

MP3 035

問 **제시된 표현을 일본어로 어울리지 않게 말한 사람을 고르세요.**

1 신주쿠 역까지 가고 싶어요.

①  ②  ③  ④ 

2 우에노 역으로 가는 다음 전철은 몇 분 후입니까?

①  ②  ③  ④ 

3 홈에서 한 번 나가고 싶어요.

①  ②  ③  ④ 

IC카드를 이용하면 여행이 편리해요!

일본에는 교통 계열에서 사용하는 'IC카드'가 있는데 「SUICA(스이카), PASMO(파스모)」를 비롯하여, 전국에서 사용되는 카드뿐만 아니라 특정 지역에서만 사용할 수 있는 카드도 있답니다. 그냥 'IC카드'라고 하면 은행 카드를 포함하므로, 교통에서 주로 사용하는 이런 카드들을 정확히 칭하려면 「交通系(こうつうけい) ICカード」라고 하는 것이 좋아요. 한편 교통 계열이라고는 하지만 결제수단으로도 이동 빈도가 높아, 편의점, 슈퍼 등에서 쇼핑을 하거나 여러 점포나 서비스 등을 교통계 IC 카드로 결제할 수 있어요. 카드는 역 내 표 판매기에서 편리하게 구입 및 충전이 가능합니다.

〈切符売り場(きっぷうりば) 매표소・券売機(けんばいき) 표 판매기〉

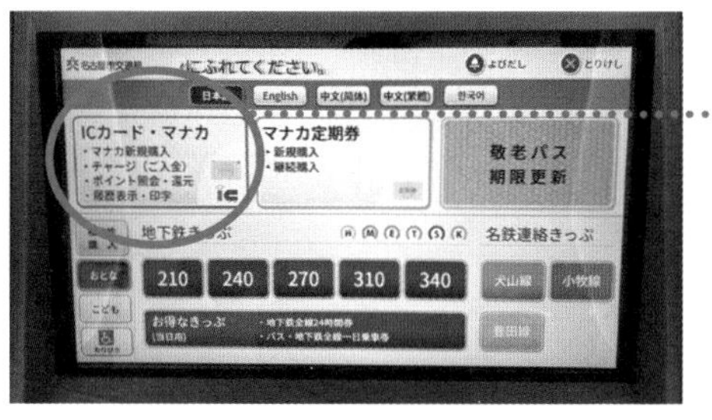

- マナカ新規購入(しんきこうにゅう) 마나카 신규 구매
- チャージ（ご入金(にゅうきん)） 금액 충전 (입금)
- ポイント照会(しょうかい)・還元(かんげん) 포인트 조회·환원
- 履歴表示(りれきひょうじ)・印字(いんじ) 이력 표시·인자(글자 찍기)

〈 IC카드 충전 화면〉

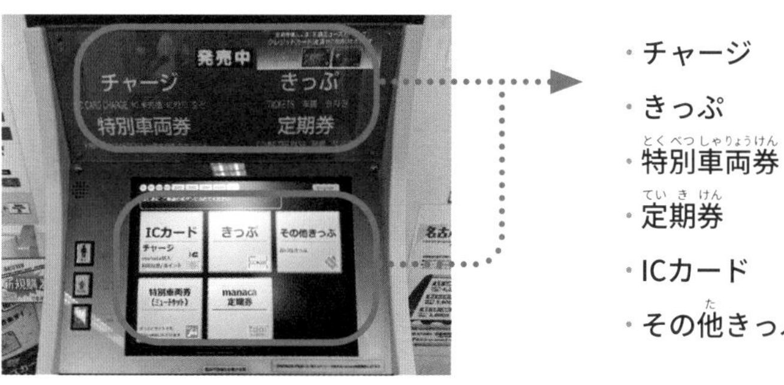

- チャージ 금액 충전
- きっぷ 표
- 特別車両券(とくべつしゃりょうけん) 특별 차량권
- 定期券(ていきけん) 정기권
- ICカード IC카드
- その他(た)きっぷ 그 외 표

구입 방법	사용 장소
표 판매기(券売機(けんばいき))에서 초록창구(みどりの窓口(まどぐち))에서 편의점에서 인터넷에서	지하철, 버스 택시, 편의점 일반 상점 등

08

コンビニでコーヒーを買(か)ってみよう。

편의점에서 커피를 사 보자.

편의점에서의 맛있는 디저트와 음료로 그날의 여행을 마무리하는 분도 많을 텐데요.
아침의 커피도 매우 합리적인 가격에 맛도 있답니다!
마시고 싶어도 점원과 이야기해야 하는 상황과 복잡해 보이는 절차에 포기했던 편의점
커피. 이번 과의 학습을 통해 당당하게 마셔 봅시다.
그리고 편의점의 셀프 계산대가 늘고 있는 추세에 맞춰, 그 상황도 회화문 속에 녹여
여러분이 미리 체험할 수 있도록 구성하였어요. 그럼, 함께 학습해 볼까요?

실전 회화문 1

コンビニでのお会計(かいけい)

MP3 **036**

店員(てんいん) いらっしゃいませ。

私(わたし) あの、このアイスコーヒーってどうやって飲(の)むんですか。

店員(てんいん) そちらの冷凍(れいとう)ケースから氷(こおり)が入(はい)った専用(せんよう)カップをお選(えら)びいただければ、レジで精算(せいさん)いたします。

私(わたし) はい。じゃ、小(ちい)さいのにします。

店員(てんいん) では、アイスコーヒーレギュラーサイズが１点(いってん)、おにぎり１点(いってん)で３６０円(さんびゃくろくじゅうえん)になります。おにぎりは温(あたた)めますか。

私(わたし) はい、ちょっとだけ温(あたた)めてください。

店員(てんいん) かしこまりました。セルフレジですのでご自分(じぶん)でお金(かね)を入(い)れてください。

… お会計完了(かいけいかんりょう) …

店員(てんいん) おつりとレシートをお取(と)りください。

단어

□ **アイスコーヒー** 아이스커피 □ **飲(の)む** 마시다 □ **冷凍(れいとう)ケース** 냉동고 □ **氷(こおり)** 얼음 □ **入(はい)る** 들어가다
□ **専用(せんよう)** 전용 □ **カップ** 컵 □ **選(えら)ぶ** 선택하다 □ **レジ** 계산대 □ **清算(せいさん)** 정산, 계산 □ **小(ちい)さい** 작다
□ **レギュラー** 레귤러 □ **～点(てん)** ～점('～개'를 정중히) □ **温(あたた)める** 데우다 □ **セルフレジ** 셀프 계산대
□ **自分(じぶん)で** 스스로, 직접 □ **完了(かんりょう)** 완료 □ **おつり** 거스름돈 □ **レシート** 영수증 □ **取(と)る** 집다, 잡다

해석

편의점에서의 결제

점원 어서 오세요.

나 저기, 이 아이스커피는 어떻게 마시는 건가요?

점원 거기 냉동고에서 얼음이 들은 전용 컵을 선택하시면 계산대에서 계산해 드립니다.

나 네. 그럼, 작은 걸로 할게요.

점원 그럼, 아이스커피 레귤러 사이즈가 하나, 삼각김밥 하나 해서 360엔입니다. 삼각김밥은 데울까요?

나 네, 조금만 데워 주세요.

점원 알겠습니다. 셀프 계산대이므로 직접 돈을 넣어 주세요.

… 계산 완료 …

점원 거스름돈과 영수증을 가져 가세요.

실전 회화문 2

コンビニのコーヒーマシンの使い方

MP3 037

私 (いろいろ難しい…、とりあえず…、
カップのビニールを剥がそう。
このカバーは自動かな？
自分で開けるのかな？
あ！ 開いた！ 氷カップを置いて…、
あれ、ボタンが押せない！)
すみません、ボタンが押せないんですけど…、
どうすればいいですか。

店員 お客様、カバーを閉めてください。
そしたらボタンが押せますよ。

私 レギュラーを頼んだから、アイスコーヒーのRボタンですよね。シロップとミルクって使ってもいいですか。

店員 はい、ご自由にお使いください。

단어 □ **剥がす** 벗기다, 떼다 □ **カバー** 덮개, 커버 □ **自動** 자동 □ **開ける** 열다 □ **開く** 열리다 □ **押す** 누르다 □ **閉める** 닫다 □ **レギュラー** 레귤러 □ **頼む** 주문하다 □ **シロップ** 시럽 □ **ミルク** 밀크(커피에 넣는 소량의 우유)

해석

편의점 커피머신 사용 방법

나 (여러 가지 어렵네…, 일단…,
컵 비닐을 뜯자.
이 커버는 자동인가?
직접 여는 건가?
아! 열렸다! 얼음 컵을 놓고…,
이상하네, 버튼이 안 눌려!)
저기요. 버튼이 안 눌리는데, 어떻게 하면 되죠?

점원 손님, 커버(커피 기계의 뚜껑)를 닫아 주세요. 그러면 버튼이 눌려요.

나 레귤러 주문했으니 아이스커피 R 버튼이죠?
시럽과 밀크는 사용해도 되나요?

점원 네, 자유롭게 사용하세요.

문법과 작문 마스터

MP3 038

1 の 것 (행동, 물건)

小(ちい)さい + の 작은 것

☑ [형식명사]로 단독으로 사용할 수 없어요.

☑ 본문에서는 '아이스커피 작은 것'이기 때문에 물건을 칭함을 알 수 있어요.

	것	사용 예
こと(事)	행동, 사건, 일 (추상적)	食(た)べるの(=こと)は大事(だいじ)だ。먹는 것(행동, 일)은 중요하다.
もの(物)	물건, 사물 (구체적)	食(た)べるの(=もの)が少(すく)ない。먹을 것(물건, 음식)이 적다.

問 사용된 「の」가 말하는 바가 「こと」인지 「もの」인지 구분한 후에 해석해 보세요.

もんだい

1. 野菜(やさい)を食(た)べないのはよくない。 …›
2. もっと小(ちい)さいのにしてください。…›
3. 味噌汁(みそしる)は濃(こ)いのが好(す)きだ。 …›

もの		먹다	こと	
음식을 의미	해석		먹는 행위를 의미	해석
食(た)べるもの	먹을 것(음식)	食(た)べる	食(た)べること	먹는 것(행동)
食(た)べないもの	먹지 않는 것(음식)	食(た)べない	食(た)べないこと	먹지 않는 것(행동)
食(た)べたもの	먹은 것(음식)	食(た)べた	食(た)べたこと	먹은 적, 것(행동)
食(た)べなかったもの	먹지 않았던 것(음식)	食(た)べなかった	食(た)べなかったこと	먹지 않았던 것(행동)

단어 □ 野菜(やさい) 채소 □ 濃(こ)い 진하다(농도)

2 동사의 네 가지 형태의 고리를 연결하자!

반말		정중형 (ます형)	
押(お)せる	누를 수 있다	押(お)せます	누를 수 있습니다
押(お)せない	누를 수 없다	押(お)せません	누를 수 없습니다

*회화를 잘 하고 싶다면? 동사의 네 가지 활용을 자유롭게 구사할 수 있어야 해요!

行(い)く	반말	정중형 (ます형)
❶ 현재긍정	行(い)く 가다	行(い)きます 갑니다
❷ 현재부정	行(い)かない 가지 않다	行(い)きません 가지 않습니다
❸ 과거긍정	行(い)った 갔다	行(い)きました 갔습니다
❹ 과거부정	行(い)かなかった 가지 않았다	行(い)きませんでした 가지 않았습니다

3 동사 ます형＋方(かた) ~하는 방법

コーヒーマシンの使(つか)い方(かた) 커피 머신 사용 방법

使(つか)う→い (어미 い단 변형 / 1그룹 ます형) + 方(かた)

もんだい

1. 이 가방 여는 법을 모르겠어요. ⋯→
2. 소주 마시는 방법은 정말 여러 가지네요. ⋯→
3. 리포트 작성 방법을 자세히 알려 주세요. ⋯→

단어 □ 開(あ)ける 열다 □ 焼酎(しょうちゅう) 소주 □ いろいろだ 여러가지이다 □ 詳(くわ)しい 자세하다, 상세하다

4 ~かな(あ) ~이려나? / ~일까?

自動(じどう)かな？ 자동이려나? / 자동일까?

└ 自動(じどう)(명사) + かな

開(あ)けるのかな？ 여는 걸까? / 여는 것일까?

└ 開(あ)ける (동사) + の (동사하는 것) + かな

☑ 의문이나 추측의 감정을 나타내는데, 혼잣말할 때 많이 사용됩니다.

☑ 「동사+かな」를 사용해도 되지만, 상황에 따라 「동사+のかな」도 사용돼요.

① 雨(あめ)が降(ふ)るかな。 비가 오려나? : 동사에 바로 접속하여 '[동사]하려나?', '[동사]할까?'

② 雨(あめ)が降(ふ)るのかな。 비가 오는 걸까? : 동사에 「の ~것」를 붙여 '[동사]하는 것일까?', '[동사]하는 걸까?'

もんだい

1. 내일 주말인데 길 안 막힐까? ···›

2. 처음인데 어렵지 않을까? ···›

3. 일기예보대로 비는 오는 걸까? ···›

단어 □ **道**(みち) 길 □ **混**(こ)**む** 막히다 □ **天気予報**(てんきよほう) 일기예보 □ **명사+の通**(とお)**り** [명사]대로

5 동사 て형 + もいいですか [동사]해도 됩니까?

使(つか)ってもいいですか。 사용해도 됩니까?

└ 使(つか)~~う~~って (1그룹 て형) + もいいですか

동사	て형 (~해)	접속 (도 됩니까?)	문장 및 해석
1그룹	泳(およ)~~ぐ~~ + いで	+ もいいですか	泳(およ)いでもいいですか。수영해도 됩니까?
	会(あ)~~う~~ + って		会(あ)ってもいいですか。만나도 됩니까?
	遊(あそ)~~ぶ~~ + んで		遊(あそ)んでもいいですか。놀아도 됩니까?
	話(はな)~~す~~ + して		話(はな)してもいいですか。이야기해도 됩니까?
2그룹	見(み)~~る~~ + て		見(み)てもいいですか。봐도 됩니까?
3그룹	来(く)る → 来(き)て		来(き)てもいいですか。와도 됩니까?
	する → して		してもいいですか。해도 됩니까?

☑ 「~てもいいです ~해도 됩니다」는 상대방의 의뢰에 대한 허용을 나타내는 문형으로, 문장 마지막에 의문 조사 「か」를 붙여 허락과 허가를 묻는 형태로도 사용됩니다.

☑ 「~なくてもいいですか ~하지 않아도 됩니까?」도 함께 익혀 주세요.

예 行(い)かなくてもいいですか。가지 않아도 됩니까?
持(も)ってこなくてもいいですか。가지고 오지 않아도 돼요?

もんだい

1. 화장실에 들어가도 되나요? ···›

2. 오늘은 좀 쉬어도 될까요? ···›

3. 오늘 중으로 전화해도 될까요? ···›

□ 今日中(きょうじゅう)に 오늘 중으로

문법+

헷갈리기 쉬운 「ないで」&「なくて」 총정리

	ないで	なくて
해석	~하지 말고, ~하지 않고	~하지 않아서
쓰임	병렬적 상황, 대비되는 상황, 원인	원인, 이유
접속 품사	동사	동사, い형용사, な형용사, 명사
접속 방법	동사 ない + で	동사 な~~い~~ + くて い형용사 ~~い~~ + くなくて な형용사 ~~だ~~ + じゃなくて 명사 + じゃなくて
예문 (동사만 비교)	勉強(べんきょう)しないでテストを受(う)けた。 공부를 하지 않고 시험을 봤다. (상황) 出勤(しゅっきん)しないでずっと寝(ね)てしまった。 출근하지 않고 계속 자 버렸다. (대비) ちゃんと勉強(べんきょう)しないで不合格(ふごうかく)になった。 제대로 공부 안 해서 불합격이 됐다. (원인)	勉強(べんきょう)しなくて母(はは)に怒(おこ)られた。 공부하지 않아서 엄마에게 혼났다. (원인) ちゃんと出勤(しゅっきん)しなくて首(くび)になった。 제대로 출근 안 해서 해고됐다. (원인) ちゃんと勉強(べんきょう)しなくて不合格(ふごうかく)になった。 제대로 공부 안 해서 불합격이 됐다. (원인)
관련 문법	~ないでください ~하지 마세요 ~ないではいられない ~하지 않고는 있을 수 없다 ~ないでは済(す)まない ~하지 않고는 해결되지 않는다	~なくてもいいです ~하지 않아도 됩니다 ~なくてはならない ~하지 않아서는 안 된다 (= ~해야 한다)

단어 ☐ **テストを受(う)ける** 시험을 치다 ☐ **怒(おこ)られる** 혼나다 (「怒(おこ)る 화내다」의 수동형)
☐ **首(くび)になる** 해고되다 ☐ **不合格(ふごうかく)** 불합격

명사, 형용사는 「なくて」만 사용

☑ 명사, 형용사의 경우 「なくて」로만 접속하고, 해석은 문장에 따라 원인, 대비 등의 상황을 이야기합니다.

- 私(わたし)は日本人(にほんじん)じゃなくて韓国人(かんこくじん)です。 저는 일본인이 아니라 한국인입니다.

  ↑명사 + じゃなくて (대비)

- 夏(なつ)は山(やま)じゃなくて海(うみ)が好(す)きです。 여름에는 산이 아니라 바다가 좋아요.

  ↑명사 + じゃなくて (대비)

- お寿司(すし)は好(す)きじゃなくて鍋(なべ)を食(た)べます。 초밥은 좋아하지 않아서 전골 요리를 먹습니다.

  ↑~~だ~~(な형용사) + じゃなくて (원인)

- 彼(かれ)が作(つく)った料理(りょうり)はおいしくなくて誰(だれ)も食(た)べない。 그가 만든 요리는 맛이 없어서 아무도 안 먹는다.

  ↑~~い~~(い형용사) + くなくて (원인)

□ 鍋(なべ) 전골 요리

실전 능력 강화

MP3 039

問 밑줄 친 부분을 일본어로 바꿔 가며 회화 연습을 해 보세요.

店員(てんいん) いらっしゃいませ。

私(わたし) すみません、お願(ねが)いします。

店員(てんいん) 도시락과 삼각김밥은 데워 드릴까요? ···→

私(わたし) a: 삼각김밥만 데워 주세요. ···→

b: 네, 둘 다 데워 주세요. ···→

c: 조금만 데워 주세요. ···→

店員(てんいん) かしこまりました。少々(しょうしょう)お待(ま)ちください。

私(わたし) はい。

d: 아이스커피는 어떻게 주문하나요? ···→

e: 화장실이 어디에 있나요? ···→

f: 수저와 젓가락을 하나씩 주실 수 있나요? ···→

店員(てんいん) こちらどうぞ。

단어 □ **温(あたた)める** 데우다 □ **おにぎり** 삼각김밥 □ **両方(りょうほう)** 둘 다 □ **トイレ** 화장실
□ **スプーン** 수저 □ **お箸(はし)** 젓가락 □ **～ずつ** ~씩 □ **もらえますか** 주실 수 있나요?

여행+

한국 편의점과는 다른 일본 편의점의 특징

1. 대부분의 편의점에 화장실이 있어요.

2. 대부분의 편의점이 셀프 결제 방식을 도입하고 있어요.
   바코드부터 결제까지 손님이 하는 곳도 있고, 바코드는 점원이 찍고 결제만 손님이 셀프로 하는 곳도 있어요.

3. 전자레인지는 점원이 관리하는 편입니다.

4. 가게 내부에서 먹을 수 있는(イートイン) 편의점이 아닌 경우, 편의점 안에서 음식을 먹어서는 안 돼요.
   편의점 내부에 식사를 할 수 있는 테이블이 있느냐 없느냐로 판단하세요!

5. 복사, 프린트기가 구비되어 있어요. 여행 시에도 usb에 필요 파일을 가져가면 복사하기 편합니다.

6. 주류, 담배 등 미성년자가 구입할 수 없는 물건에 대해 20살 이상인지 연령 확인을 하고 있어요. 점원이 다음과 같이 요구하면, 화면을 터치해 주세요. 〈p.135 사진 참조〉

店員(てんいん) では、年齢確認(ねんれいかくにん)お願(ねが)いします。그럼, 연령 확인을 부탁합니다.

私(わたし) (손님 측 계산대 화면을 누르면서) はい。네.

편의점 셀프 계산대 모습

- **いらっしゃいませ！** 어서 오세요!
- **ファミマのアプリはお持(も)ちですか？**
  파미마(패밀리 마트)의 앱을 가지고 계시나요?
- **ファミペイをお持(も)ちの方(かた)**
  파미 페이(패밀리 마트 페이)를 갖고 계신 분
- **お持(も)ちでない方(かた)** 갖고 계시지 않은 분

듣기 체크

MP3 040

問 **제시된 표현을 일본어로 어울리지 않게 말한 사람을 고르세요.**

1 도시락을 데워달라는 요청

①  ②  ③ 

2 얼음컵을 요청

①  ②  ③ 

3 시럽과 밀크를 사용할 수 있는지 여부에 대해

①  ②  ③ 

4 화장실을 써도 되는지 여부에 대해

①  ②  ③ 

단어+

コンビニエンスストア(Convenience Store) 편의점

ローソン	로손	セブンイレブン	세븐 일레븐	ファミリーマート	패밀리 마트
レジ袋(ふくろ)	계산대에서 주는 비닐봉지	カップ麺(めん)	컵라면	氷(こおり)カップ	얼음 컵
お箸(はし)	젓가락	レシート	영수증	お菓子(かし)	과자
スプーン	스푼	コピー機(き)	복사기	ワンカートン	한 보루
お弁当(べんとう)	도시락	たばこ	담배	年齢確認(ねんれいかくにん)	연령 확인
おにぎり	삼각김밥	ホットコーヒー	뜨거운 커피	お酒(さけ)	술
サンドイッチ	샌드위치	アイスコーヒー	아이스커피	雑誌(ざっし)	잡지
乾電池(かんでんち)	건전지	髭剃(ひげそ)り	면도기	洗顔用品(せんがんようひん)	세면도구
ノンアルコール	무알콜	発泡酒(はっぽうしゅ)	발포주	ビール	맥주
電子(でんし)マネー	전자화폐	レジ	계산대	支払(しはら)い	지불, 결제

賞味期限(しょうみきげん)	상미기간 (맛이 보장되는 기한, 맛있게 먹을 수 있는 기한)
消費期限(しょうひきげん)	소비기간 (안전하게 먹을 수 있는 기한)

표현+

1. 데워 주세요. (세 문장 다 사용되지만, 빈도순으로 작성했어요.)

① 温(あたた)めてください。

☑ '데워 주세요'에서 가장 많이 사용되는 문장으로 「あたためて」 부분을 「あっためて」로 줄여 말하는 경우가 많습니다. 예 あっためてください。

② 温(あたた)めお願(ねが)いします。

③ チンしてください。(チン! 전자레인지 완료 음인 '땡!' 소리)

2. 화장실 좀 쓸게요. (빈도순)

①トイレ借(か)りてもいいですか。

②トイレ使(つか)ってもいいですか。

☑ 「借(か)りる 빌리다・使(つか)う 사용하다」 동사에 여부를 묻는 「~てもいいですか ~해도 됩니까?」를 접속한 표현을 주로 사용해요. 일본에서 편의점 화장실을 사용하는 건 일반적이기 때문에 「トイレ借(か)ります 화장실 빌려요・トイレ使(つか)いますね 화장실 쓸게요」와 같은 「~ます(의사 표현)」로 이야기하는 경우도 많답니다.

3. 담배 27번 주세요.

• タバコ27番(にじゅうななばん)お願(ねが)いします。

☑ 담배는 상품명이 아닌 번호로 요청할 수도 있어요. 제가 아르바이트했던 편의점은 골목길에 있어 단골 고객이 많았던 터라 번호로 이야기하는 분들이 많았어요. 상품명보다는 번호로 이야기하는 게 쉽겠죠?

4. 봉투 사용하시나요?

• 袋(ふくろ)はお付(つ)けしますか。

• 袋(ふくろ)はご利用(りよう)になりますか。

5. 봉투를 나눠 드릴까요? (따뜻한 것, 차가운 것 둘 다 샀을 경우)

• 袋(ふくろ)はお分(わ)けしましょうか。

6. 계산해 주세요.

• お会計お願いします。

7. 카드로 계산할게요.

• カードで支払います。

8. 포인트 카드는 갖고 계시나요?

• ポイントカードはお持ちでしょうか。

9. 연령 확인 버튼을 눌러 주세요.

• 年齢確認のボタンを押してください。

☑ 술, 담배 등 미성년자의 구매 불가 품목에 대해서는 스크린 터치를 통해 본인이 본인의 연령 확인을 하게끔 되어 있어요. 당황하지 마시고 스크린을 터치해 주세요!

• 年齢確認のご協力をお願いします。 연령 확인에 협력 부탁합니다.

• ２０歳以上ですか？ 20세 이상입니까?

• はい 네

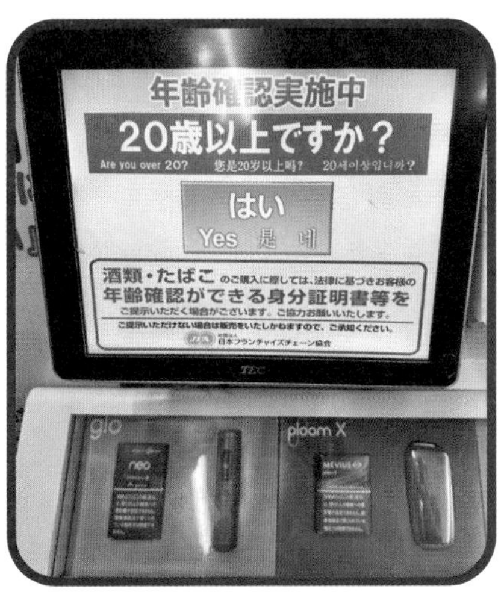

09

ラーメン屋で細かい注文をしてみよう。

라멘집에서 세세한 주문을 해 보자.

일본에 갔다면 꼭 먹어 봐야 하는 음식 중 하나인 라멘.
라멘은 수프의 종류가 다양한 것은 물론, 그 안에 들어가는 면의 굵기, 익힘 정도,
수프의 농도 등 자신의 취향에 맞게 주문하여, 내 입맛에 더 맞는 라멘을 즐길 수 있어요.
그동안 라멘은 주로 '보통'으로만 먹고 있지 않았나요?
이번 과의 학습을 통해 라멘을 주문하는 다양한 방법을 함께 익혀 보도록 할게요!

실전 회화문

好み(この)に合(あ)わせて注文(ちゅうもん)

MP3 042

店員(てんいん) いらっしゃいませ。お客様(きゃくさま)、何名様(なんめいさま)でしょうか。

私(わたし) 1人(ひとり)です。

店員(てんいん) お好(す)きなお席(せき)にどうぞ。こちら、おしぼりとお冷(ひや)です。

ご注文(ちゅうもん)がお決(き)まりになりましたらお呼(よ)びください。

私(わたし) すみません、豚骨(とんこつ)ラーメン1(ひと)つください。

店員(てんいん) はい、麺(めん)の硬(かた)さはどうしましょう。

私(わたし) 私(わたし)、いつもラーメンは柔(やわ)らかめで食(た)べるんですよ。

柔(やわ)らかめでお願(ねが)いします。

店員(てんいん) そうなんですね。

あと、味(あじ)の濃(こ)さは薄味(うすあじ)、普通(ふつう)、濃(こ)い味(あじ)がございますが…。

단어

□ 好(この)み 취향 □ 合(あ)わせる 맞추다 □ 注文(ちゅうもん) 주문 □ お客様(きゃくさま) 손님 □ 何名様(なんめいさま) 몇 분 □ 席(せき) 자리
□ おしぼり 물수건 □ お冷(ひや) 찬물 □ 決(き)まる 정해지다 □ 呼(よ)ぶ 부르다 □ 豚骨(とんこつ)ラーメン 돈코츠 라멘
□ 麺(めん) 면 □ 硬(かた)さ 강도, 익힘 정도 □ 柔(やわ)らかめ 부드러운 느낌 □ 味(あじ) 맛 □ 濃(こ)さ 농도, 진하기
□ 薄味(うすあじ) 연한 맛 □ 普通(ふつう) 보통 □ 濃(こ)い味(あじ) 진한 맛

해석

기호에 맞춰 주문

점원 어서 오세요. 손님 몇 분이세요?

나 혼자예요.

점원 마음에 드시는 자리에 앉으세요. 여기 물수건과 차가운 물입니다.
주문이 정해지셨으면 불러 주십시오.

나 저기요, 돈코츠 라멘 하나 주세요.

점원 네, 면 강도는 어떻게 할까요?

나 저 항상 라멘은 부드러운 편으로 먹어요.
부드러운 걸로 부탁드려요.

점원 그러시군요.
그리고 맛 농도는 연한 맛, 보통, 진한 맛이 있습니다만….

私(わたし)　一番人気(いちばんにんき)なのは濃(こ)いめですか。

店員(てんいん)　人気(にんき)なのは普通(ふつう)なんです。

私(わたし)　じゃ普通(ふつう)で、きくらげとメンマ、あと味玉(あじたま)も追加(ついか)してください。

店員(てんいん)　はい、計(けい)3点(さんてん)のトッピングで注文(ちゅうもん)いただきました。

…食事中(しょくじちゅう)…

私(わたし)　(おいしいな…！) すみません！
替(か)え玉(だま)1つ(ひと)お願(ねが)いします。

店員(てんいん)　はい、替(か)え玉(だま)いっちょう！

단어 □ **きくらげ** 목이버섯 □ **メンマ** 멘마(죽순을 가공한 식품) □ **味玉(あじたま)** 맛들인 계란 □ **追加(ついか)** 추가
□ **～点(てん)** ～점('～개'를 정중히 표현) □ **替(か)え玉(だま)** 면 추가

해석

나 가장 인기인 것은 진한 맛인가요?

점원 인기인 것은 보통(맛)이랍니다.

나 그럼 보통으로, 목이버섯과 멘마 그리고 맛들인 달걀을 추가해 주세요.

점원 네, 모두 세 점의 토핑으로 주문받았습니다.

… 식사 중 …

나 (맛있네…!) 저기요! 면 추가 하나 부탁드려요.

점원 네, 면 추가 하나!

문법과 작문 마스터

MP3 043

1 お+ます형+ください ~하십시오, ~해 주십시오

お呼(よ)びください。 불러 주십시오.

└ お + 呼(よ)~~ぶ~~び (어미 い단 변형 / 1그룹 ます형) + ください

☑ 「~てください ~해 주세요, ~하세요」의 명령형 문장을 정중히 표현한 문장이에요.

もんだい

1. 앞으로 나아가십시오(앞으로 가세요). ⋯→
2. 노란 선까지 물러나십시오.(지하철 멘트) ⋯→
3. 맘에 드신 자리에 앉아 주십시오. ⋯→

> TIP 본문에서는 「ます형」 변형의 방법만 짚었지만, 명사의 성격에 따라 앞에 「お/ご」를 붙여 이야기 할 수 있어요.
>
> 예 ご連絡(れんらく)ください。 연락 주세요.
>
> お電話(でんわ)ください。 전화 주세요.

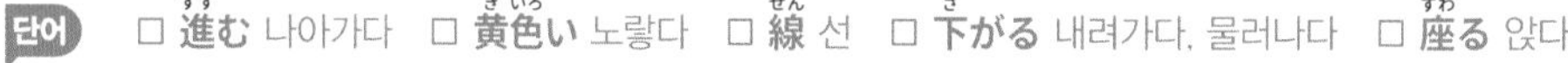

단어 □ 進(すす)む 나아가다 □ 黄色(きいろ)い 노랗다 □ 線(せん) 선 □ 下(さ)がる 내려가다, 물러나다 □ 座(すわ)る 앉다

2 형용사 어간 + さ 형용사의 명사 변형

硬(かた)い 딱딱하다	硬(かた)~~い~~ + さ 딱딱함, 딱딱한 정도 (= 강도)
濃(こ)い 진하다	濃(こ)~~い~~ + さ 진함, 진한 정도 (= 농도)

もんだい

	우리말		일본어	
	기본형	명사	기본형	명사
1	높다	높이		
2	좋다	좋음, 장점		
3	즐겁다	즐거움		
4	넓다	넓이		

3 い형용사+め (일반적인 것보다) 좀 [형용사]한 듯함

柔(やわ)らかめ 좀 부드러운 듯함(부드러운 쪽/편)

↑ 柔(やわ)らか~~い~~ (어미 い 탈락) + め

もんだい

1. (평소보다) 많이 만들었어요. ···›
2. 좀 빨리 부탁드릴게요. ···›
3. 들고 다닐 거니까 좀 가볍게 하는 게 좋다.···›

단어 □ 持(も)ち歩(ある)く 들고 다니다 □ 軽(かる)い 가볍다

4 기본 활용+んです 이유, 강조, 설명 등의 말투

柔(やわ)らかめで食(た)べるんです。 부드러운 걸로 먹거든요.

└ 食(た)べる(동사) + んです

人気(にんき)なのは普通(ふつう)なんです。 인기인 것은 보통(맛)이랍니다.

└ 普通(ふつう)(명사) + なんです

- ☑ 강한 주장, 의문, 후회, 설명 등을 할 때 사용되는 말투입니다.
- ☑ '~하거든요, ~하단 말이에요, ~한답니다'와 같은 다양한 의미를 담고 있어요.

TIP 「~ます」로 말했을 때와 「동사+んです」로 말했을 때의 차이를 다음 표에서 확인하세요!

雨(あめ)が降(ふ)っています。	분류	雨(あめ)が降(ふ)っているんです。
비가 내리고 있습니다.	해석	비가 내리고 있어요. 비가 내리고 있거든요. 비가 내리고 있단 말이에요. 등
비가 오는 사실을 객관적으로 설명	상황	① 밖에 비가 오는 걸 봄 (놀람) ② 난 우산이 없는데 어쩌지? (걱정) 등
평서문으로 감정 없이 사실 전달	사용	이야기함에 있어 전제되는 상황이 있고, 그 상황으로 인한 자신의 감정, 기분을 표현

☑ 명사, 형용사, 동사에 접속할 수 있는 「んです」

	단어	んです 접속	해석
명사	休(やす)みな	休(やす)みなんです	휴일이랍니다, 휴일이에요, 휴일이란 말이에요 등
な형용사	暇(ひま)だな	暇(ひま)なんです	한가하답니다, 한가해요, 한가하단 말이에요 등
い형용사	忙(いそが)しい	忙(いそが)しいんです	바쁘답니다, 바빠요, 바쁘단 말이에요 등
동사	話(はな)す	話(はな)すんです	이야기한답니다, 이야기해요, 이야기한단 말이에요 등

☑ 예문에서도 동사, 명사가 수식되는 걸 확인했듯이 「んです」는 명사, 형용사, 동사에 접속할 수 있어요.

☑ 명사와 な형용사에는 「なんです」, 동사와 い형용사에는 「んです」가 붙습니다.

TIP [명사]와 [な형용사]만 「なんです」가 된 이유?

ん → の → こと(명사)

「んです」의 「ん」은 본래 「の」였고, 「の」는 본래 「こと」였다는 흐름을 이해하면 쉬워요.

즉, 「んです」=「ことです」인 셈이죠.

「暇(ひま)だな + ことです」처럼 な형용사가 명사(こと)를 수식할 경우 「な」가 필요합니다.

이때 「こと」의 자리에 「ん」을 넣으면 「暇(ひま)だな +んです」가 됩니다.

5 麺(めん)の硬(かた)さ 면의 강도

면의 강도	의미	설명
超(ちょう)かた	엄청 딱딱함	1분 내로 건져 올린 면으로 정말 딱딱해요.
かため	딱딱한 정도(느낌)	어느 정도 덜 익은 면을 좋아한다면 추천!
基本(きほん)	기본	뭐든지 기본이 실패가 없죠.
やわめ	부드러운 정도(느낌)	딱 잘 익은 정도에서 좀 더 부드러운 게 좋으면 선택
超(ちょう)やわ	엄청 부드러움	좀 불은 면이 좋다면 나쁘지 않아요.

☑ 「超(ちょう)かた」는 「バリカタ」라고도 하는데 「バリ」라는 말은 하카타 사투리로 '엄청, 매우'처럼 강조하는 듯한 말투입니다.

실전 능력 강화

問 **라멘을 주문해 보자.**

면의 굵기, 익힘 정도, 맛, 토핑 등을 정하는 주문서입니다. 지금 먹고 싶은 라멘을 주문해 볼까요?

お客様のお好みに合わせてラーメンをお作りします。
全項目に○をつけてください。

初めての方は「基本」(秘伝のたれは1/2倍)がお勧めです。

麺の太さ	細麺　基本　太麺
味の濃さ	薄味　基本　濃い味
こってり度	なし　あっさり　基本　こってり　超こってり
にんにく	なし　少々　基本　1/2片分　1片分
ねぎ	なし　白ねぎ　青ねぎ
チャーシュー	ない　あり
秘伝のたれ (唐辛子ベースのたれです)	なし　1/2倍　基本　2倍　3~10(　)倍
麺のかたさ (自家製)	超かた　かため　基本　やわめ　超やわ

ご記入後は、前の呼出ボタンを押してください。

お客様のお好みに合わせてラーメンをお作りします。
全項目に○をつけてください。
손님의 취향에 맞춰 라멘을 만들어 드립니다.
전항목에 O를 표시해 주세요.

初めての方は「基本」(秘伝のたれは1/2倍)がお勧めです。
처음 오신 분은 '기본' (비밀 전수 소스는 1/2배)을 추천합니다.

- **麺の太さ** 면의 굵기
  細麺 가는 면　**基本** 기본　**太麺** 굵은 면
- **味の濃さ** 맛의 농도
  薄味 연한 맛　**基本** 기본　**濃い味** 진한 맛
- **こってり度** 진한 정도(기름기)
  なし 없음　**あっさり** 깔끔한　**基本** 기본　**こってり** 진한　**超こってり** 매우 진한
- **にんにく** 마늘
  なし 없음　**少々** 조금　**基本** 기본　**1/2片分** 1/2조각　**1片分** 1조각
- **ねぎ** 파
  なし 없음　**白ねぎ** 파의 흰 부분　**青ねぎ** 파의 초록 부분
- **チャーシュー** 차슈
  ない 없음　**あり** 없음
- **秘伝のたれ (唐辛子ベースのたれです)** 비밀 전수 소스 (고추 베이스의 소스입니다)
  なし 없음　**1/2倍** 1/2배　**基本** 기본　**2倍** 2배　**3~10 (　　)倍** 3~10(　)배
- **麺のかたさ (自家製)** 면의 강도, 익힘 정도 (직접 만듦)
  超かた 매우 딱딱　**かため** 딱딱한 편　**基本** 기본　**やわめ** 부드러운 편
  超やわ 매우 부드러움

ご記入後は、前の呼出ボタンを押してください。
기입 후에는 앞의 호출 버튼을 눌러 주세요.

問 〈번외편〉 규동을 주문해 보자.

牛丼

牛丼(ぎゅうどん)

ねぎ玉牛丼(たまぎゅうどん)

キムチ牛丼(ぎゅうどん)

チーズ牛丼(ぎゅうどん)

サイズ

ミニ
480円(えん)

並(なみ) / 並盛(なみもり)
550円(えん)

中盛(ちゅうもり)
700円(えん)

大盛(おおもり)
750円(えん)

特盛(とくもり)
850円(えん)

メガ
1000円(えん)

サイドメニュー

みそ汁(しる)
80円

とん汁(じる)
180円

サラダ
120円

納豆(なっとう)
90円

たまご
60円

MP3 044

밑줄 친 부분에 메뉴를 넣어 회화문을 완성해 보세요.

店員(てんいん) いらっしゃいませ。

私(わたし) ＿규동 이름＿の＿사이즈＿をください。

店員(てんいん) はい、ご注文(ちゅうもん)は以上(いじょう)でよろしいでしょうか。

私(わたし) あと、追加(ついか)で＿사이드 메뉴＿を＿개수＿お願(ねが)いします。

店員(てんいん) かしこまりました。少々(しょうしょう)お待(ま)ちください。

(食事後(しょくじご))

私(わたし) ご馳走様(ちそうさま)でした。お会計(かいけい)お願(ねが)いします。

店員(てんいん) ありがとうございます。

＿규동 이름＿の＿사이즈＿が1(ひと)つ、＿사이드 메뉴＿が＿개수＿で

お客様(きゃくさま)のお会計(かいけい)は＿＿＿＿円(えん)でございます。

p.151 Tip 참조

「とん汁(じる)」란?

'돈지루'는 된장 베이스의 국물에 돼지고기와 당근, 우엉, 곤약, 무 등을 넣어 끓여 낸 국으로, 가벼운 일반 된장국보다는 진한 느낌이 있습니다. 규동집에서 주문하면 대개 된장국 2배의 가격이지만, 깊은 맛이 일품이니 꼭 드셔 보세요!

MP3 **045**

問 대화를 듣고 문제를 풀어 보세요.

1 남자는 어느 자리에 앉고 싶어 했습니까?

① テーブル　　② カウンター　　③ どちらでもいい

2 남자가 주문한 라멘은 무엇입니까?

① 味噌ラーメン２つ
② 味噌ラーメン２つで１つだけ大盛り
③ 味噌ラーメン２つで両方とも大盛り

3 선택한 항목이 아닌 것은 무엇입니까?

① 麺の硬さは柔らかめと普通を１つずつ
② 味の濃さは両方とも薄味
③ 味の濃さは濃い味と薄味の１つずつ

4 선택한 토핑이 아닌 것은 무엇입니까?

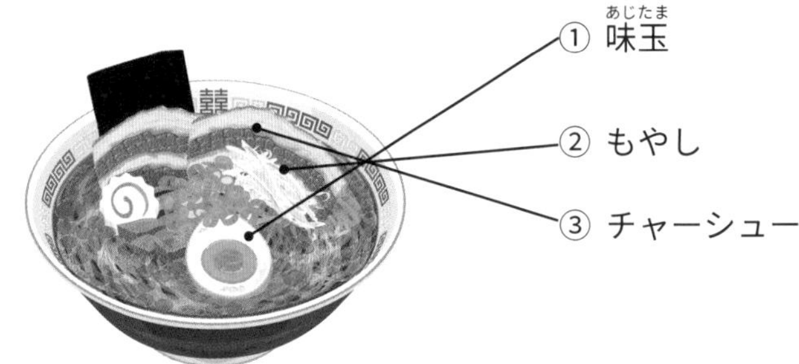

규동 사이즈에는 여러 가지가 있어요!

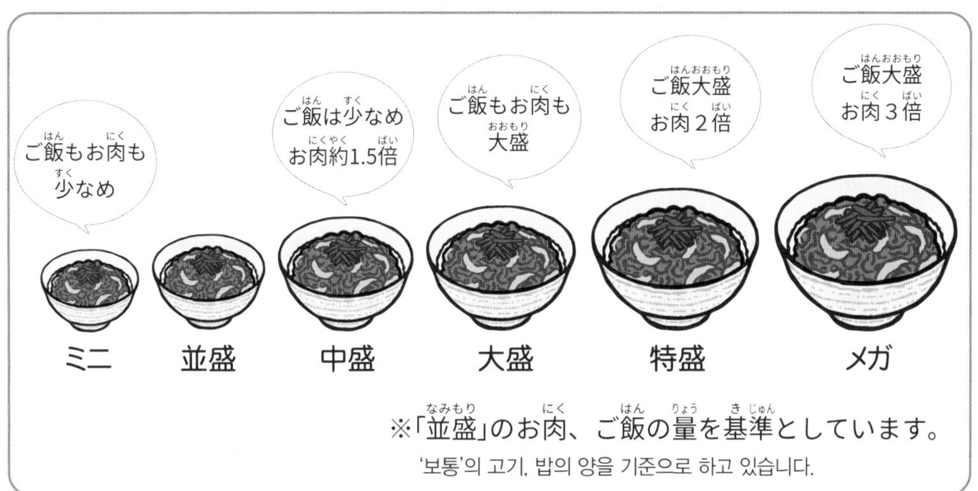

- ミニ : 밥도 고기도 조금
- 並盛(なみもり) / 並(なみ) : 보통, 기본
- 中盛(なかもり) : 밥 조금, 고기 약 1.5배
- 大盛(おおもり) : 밥도 고기도 많이
- 特盛(とくもり) : 밥 많이, 고기 2배
- メガ : 밥 많이, 고기 3배

※ 밥과 고기의 양을 다양하게 설정하여 판매하니 기호에 맞춰 사이즈도 고를 수 있답니다!

※ 규동 가게마다 밥, 고기의 양은 다를 수 있어요.

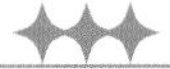

TIP 並(な)み란?

'중간, 평균'을 뜻해요.

명사 뒤에 접미어로 붙어 '[명사] 수준, [명사] 레벨'과 같은 의미로도 사용됩니다.

예 プロ並(な)み 프로 수준

日本人並(にほんじんな)みの日本語(にほんご) 일본인 레벨의 일본어

단어+

MP3 046

味(あじ)	맛	メンマ	발효시킨 죽순	細麵(ほそめん)	가느다란 면
濃(こ)さ	농도	チャーシュー	차슈	太麵(ふとめん)	두꺼운 면
こってり度(ど)	기름진 정도	餃子(ぎょうざ)	만두	薄(うす)い	옅다
あっさり	담백(가벼움)	もやし	숙주나물	濃(こ)い	진하다
にんにく	마늘	コーン	옥수수 콘	自家製(じかせい)	손수 만든 것 (자가제)
1片(ひとかけ)	한 알	キャベツ	양배추	かたさ	강도
きくらげ	목이버섯	お箸(はし)	젓가락	トッピング	토핑
白髪(しらが)ネギ	파의 흰 부분	紅(べに)ショウガ	붉은 생강 초절임	唐辛子(とうがらし)	고춧가루
青(あお)ネギ	파의 초록 부분	おしぼり	물수건	ベース	베이스
秘伝(ひでん)	비법	お冷(ひや)	찬물	~倍(ばい)	~배
たれ	소스	お湯(ゆ)	따뜻한 물	替(か)え玉(だま)	면 추가

醤油(しょうゆ)ラーメン	간장 라멘	塩(しお)ラーメン	소금 라멘
味噌(みそ)ラーメン	된장 라멘	豚骨(とんこつ)ラーメン	돈코츠 라멘 (豚骨(とんこつ) 돼지 뼈)

10

自分の状況に合わせて自転車を借りてみよう。

자신의 상황에 맞춰 자전거를 빌려 보자.

요즘에는 자전거를 타고 마을을 둘러보거나 공원을 산책하는 여행 코스가 정말 많더라고요. 자전거를 빌릴 때에도 이용 시간이나 자전거의 종류에 따라 요금이 다르고, 지켜야 할 룰도 있기 때문에 관련 회화를 미리 알아 두면 여행에 큰 도움이 되겠죠. 실제로 다도센세가 후쿠오카의 한 공원에 가서 자전거를 빌렸던 때의 상황을 바탕으로 회화문으로 구성해 보았어요. 그럼, 함께 자전거 빌리러 떠나 볼까요?

실전 회화문

自転車(じてんしゃ)レンタル

MP3 047

私(わたし) すみません。自転車(じてんしゃ)を借(か)りたいんですけど…。

店員(てんいん) お１人様(ひとりさま)ですか。３時間(さんじかん)と丸１日(まるいちにち)のプランがございます。
ご利用(りよう)の時間(じかん)はどうなさいますか。

私(わたし) １人(ひとり)で、２時間(にじかん)くらい利用(りよう)すると思(おも)うんですけど…。

店員(てんいん) ３時間(さんじかん)のご利用(りよう)でしたら500円(ごひゃくえん)で、
丸１日(まるいちにち)のご利用(りよう)でしたら700円(ななひゃくえん)でございます。

私(わたし) (う～ん… 丸１日(まるいちにち)の方(ほう)がお得(とく)だけど、３時間(さんじかん)で十分(じゅうぶん)だな。)
３時間(さんじかん)にします！

店員(てんいん) はい、何(なに)か本人確認(ほんにんかくにん)できるものをお願(ねが)いします。

단어 □ 自転車(じてんしゃ) 자전거 □ 借(か)りる 빌리다 □ お１人様(ひとりさま) 한 분 □ 丸１日(まるいちにち) 하루 종일 □ プラン 플랜, 요금제
□ 利用(りよう) 이용 □ お得(とく) 이득 □ 十分(じゅうぶん)だ 충분하다 □ 本人確認(ほんにんかくにん) 본인 확인

해석

자전거 렌탈

나 저기요. 자전거를 빌리고 싶은데요.

점원 한 분이신가요? 3시간과 하루 종일의 요금이 있습니다.
이용 시간은 어떻게 되실까요?

나 혼자이고, 2시간 정도 이용할 것 같은데요.

점원 3시간 이용이시면 500엔이고, 하루 종일 이용이시면 700엔입니다.

나 (음… 하루 종일이 이득이긴 한데, 3시간으로 충분해.)
3시간으로 할게요!

점원 네, 뭔가 본인 확인할 수 있는 것을 부탁드립니다.

私 外国人なんですけど、パスポートでもいいですか。

店員 はい、もちろんです。
500円ちょうどお預かりします。
自転車のカギは鍵穴に差し込んでありますが、
自転車を離れる場合はロックをかけてカギを持ち歩いてください。

私 防犯のためですね。分かりました。

店員 こちら自転車のタグでございます。
お帰りの際、このタグを一緒にお渡しください。
今、午前10時なので午後1時までにご返却をお願いします。

단어 □ 外国人 외국인 □ 預かる 맡다 □ カギ 열쇠, 키 □ 鍵穴 열쇠 구멍 □ 差し込む 꽂다, 끼우다 □ 離れる 떨어지다 □ 場合 경우, 때 □ ロックをかける 잠금장치를 걸다 □ 持ち歩く 가지고 다니다 □ 防犯 방범 □ 分かる 알다 □ タグ 택, 보관증 □ お帰りの際 돌아가실(오실) 때 □ 渡す 건네다, 전달하다 □ 返却 반납

해석

나 외국인인데요, 여권이라도 괜찮을까요?

점원 네, 물론입니다.
500엔 딱 받았습니다.
자전거 열쇠는 열쇠 구멍에 꽂아져 있습니다만,
자전거를 (세워 두고)떠나실 때는 락을 걸고 열쇠를 가지고 다니세요.

나 방범(도난 방지)을 위해서군요. 알겠습니다.

점원 여기 자전거 보관증입니다.
돌아오실 때 이 보관증을 함께 전달해 주세요.
지금 오전 10시이기 때문에 오후 1시까지는 반납을 부탁드립니다.

문법과 작문 마스터

MP3 048

1 ます형+たいんですけど [동사]하고 싶은데요

自転車(じてんしゃ)を借(か)りたいんですけど…。 자전거를 빌리고 싶은데요.

借(か)り~~る~~ (어미 る 탈락 / 2그룹 ます형) + たい + んですけど

☑ '~하고 싶은데요'는 자신의 마음과 생각을 전달하면서 요청까지 하는 자연스러운 회화 표현입니다.

☑ 「ます형+たい+んですけど」의 순으로 만들어 줍니다.

行(い)く → 行(い)き(ます형) + たい + んですけど 가고 싶은데요

飲(の)む → 飲(の)み(ます형) + たい + んですけど 마시고 싶은데요

入(はい)る → 入(はい)り(ます형) + たい + んですけど 들어가고 싶은데요

話(はな)す → 話(はな)し(ます형) + たい + んですけど 이야기하고 싶은데요

もんだい

1. 머리를 조금 커트하고 싶은데요. …→
2. 여기에 묵고 싶은데요. …→
3. 더 빨리 들어가고 싶은데요. …→

단어 □ 髪(かみ) 머리, 머리카락 □ カットする 커트하다 □ 泊(と)まる 묵다

2 명사+でしたら [명사]이시면 (가정형)

ご利用でしたら 이용이시면

「でしたら」는 「だったら」의 정중한 형태

명사의 과거형 및 가정형

현재형	과거형	가정형 (과거형+ら)
~だ ~이다	~だった ~였다	~だった + ら ~라면 / ~하면
~です ~입니다	~でした ~였습니다	~でした + ら ~이시라면

TIP 과거형에서 「ら」만 붙여 주면 가정형이 됩니다.

☑ 명사뿐만 아니라 형용사, 동사 또한 접속할 수 있는데 일상에서 더 많이 쓰이는 [たら형]으로 정리해 볼게요.

품사		과거형	ら	가정 활용
명사		利用だ+った	+ ら	利用だったら 이용이면
な형용사		きれいだ+った		きれいだったら 예쁘면
い형용사		おいし~~い~~ + かった		おいしかったら 맛있으면
동사	1그룹	泳~~ぐ~~ + いだ		泳いだら 헤엄치면
		会~~う~~ + った		会ったら 만나면
		盗~~む~~ + んだ		盗んだら 훔치면
		話~~す~~ + した		話したら 이야기하면
	2그룹	食べ~~る~~ + た		食べたら 먹으면
	3그룹	来た / した		来たら오면/したら하면

☑ 가정의 [たら형]은 불확실한 상황에 대한 가정이면서 현재와 반대되는 사실을 가정할 때 사용됩니다. 과거형에 접속되는 만큼 조건이 이루어졌을 경우를 가정하여 이야기합니다. 또한, 가정형 뒷절에 의지, 요구, 명령, 금지, 희망 등의 표현이 올 수 있어요.

もんだい

1. 돈이 많다면 뭐를 가장 갖고 싶어요? …›

2. 학교에 도착하면 도서관으로 오세요. …›

3. 스즈키 씨가 오면 돌아가도 좋아요. …›

3 ～場合(ばあい) ～하는 경우 / ~할 때

自転車(じてんしゃ)を離(はな)れる場合(ばあい) 자전거를 떠날 경우 / 자전거를 떠날 때

離(はな)れる (동사 / 기본 활용) + 場合(ばあい)

품사	접속 방법		예
명사	休(やす)み＋の	＋場合(ばあい)	休(やす)みの場合(ばあい) 휴일인 경우
な형용사	新鮮(しんせん)だ＋な		新鮮(しんせん)な場合(ばあい) 신선할 경우
い형용사	高(たか)い		高(たか)い場合(ばあい) 높을 경우
동사	行(い)く		行(い)く場合(ばあい) 갈 경우

☑ 「場合(ばあい)」를 명사로 보아 각 품사의 명사 접속 형태로 익히면 쉬워요!

もんだい

1. 그럴 때에는 버튼을 눌러 주세요. …›

2. 잘 되지 않을 때는 한 번 전원을 오프로 하세요. …›

3. 신선하지 않을 경우, 반품할 수 있어요. …›

단어 □ ボタン 버튼 □ 押(お)す 누르다 □ 上手(うま)くいく 잘 되다 □ 一度(いちど) 한 번 □ 電源(でんげん) 전원 □ オフ 오프
□ 新鮮(しんせん)だ 신선하다 □ 返品(へんぴん) 반품

4-1 [명사]のため(に) [명사]를 위해(서)

防犯(ぼうはん)のためですね。 방범을 위해서군요.

↑ 防犯(ぼうはん)(명사) の + ため

もんだい

1. 당신을 위해서 용서해 주세요. ···›

2. 회사를 위해서라면 뭐든지 할 수 있어요. ···›

3. 합격을 위해서 지금까지 열심히 해 왔어요. ···›

☑ '먹기 위해서'처럼 동사에 접속할 때는 기본형에 연결하면 됩니다.
예 食(た)べるために 먹기 위해서 / 食(た)べないために 먹지 않기 위해서

☑ 직역으로 「~をために(X)」라고 이야기하지 않도록 조사에 유의하여 잘 익혀 주세요.

4-2 동사 + ために [동사]하기 위해(서)

世(よ)の中(なか)を生(い)きていくために 세상을 살아가기 위해서

↑ 生(い)きていく (동사 사전형) + ために

試験(しけん)に落(お)ちないために 시험에 떨어지지 않기 위해서

↑ 落(お)ちない (동사 부정형) + ために

☑ 「~ために」 문법은 명사와 동사에 접속됩니다.

☑ 미래를 이야기하는 문법이기에 과거형에는 접속하지 않아요.

단어 □ 許(ゆる)す 용서하다 □ 合格(ごうかく) 합격 □ 世(よ)の中(なか) 세상 □ 落(お)ちる 떨어지다

실전 능력 강화

問 키오스크로 자전거 렌탈을 위한 표를 구매하려고 합니다. 가격을 책정해 보세요.

メニューをお選びください

サイクル(1日) 大人 700円 小人 400円

サイクル(3時間) 大人 500円 小人 300円

電動キックボード 1日 3,000円 2時間 1,500円 1時間 1,000円

投入金額	¥ 0
購入金額	¥ 0
おつり	¥ 0

*カゴにお子様を乗せる場合は 大人１枚でご利用いただけます。

① 어른 1인, 소인 1인이 자전거를 하루 종일 빌리기

…▸

② 어른 2인이 자전거를 3시간 빌리기

…▸

③ 전동 킥보드를 어른 3인이 2시간 빌리기

…▸

④ 어른 1인이 아이를 바구니에 태우고 자전거 3시간 빌리기

…▸

⑤ 어른 2인이 각각 자전거와 전동 킥보드를 하나씩 하루 종일 빌리기

…▸

メニューをお選(えら)びください。
메뉴를 선택해 주세요.

カゴにお子様(こさま)を乗(の)せる場合(ばあい)は大人(おとな)１枚(いちまい)でご利用(りよう)いただけます。
바구니에 어린이를 태울 경우는 어른 한 장으로 이용하실 수 있습니다.

관광지나 해변 도로, 공원 등에 가면 자전거를 빌려주는 곳이 많은데요.
자전거를 타며 주위를 감상하는 여유 있는 시간을 즐겨 보는 것도 여행의 즐거움일 듯합니다.

단어
□ **選(えら)ぶ** 선택하다 □ **サイクル** 사이클(자전거) □ **大人(おとな)** 대인, 어른 □ **小人(しょうにん)** 소인, 아이
□ **電動(でんどう)キックボード** 전동 킥보드 □ **投入金額(とうにゅうきんがく)** 투입 금액 □ **購入金額(こうにゅうきんがく)** 구입 금액 □ **おつり** 거스름돈
□ **カゴ** 바구니 □ **お子様(こさま)** 아이(정중히 부르는 표현) □ **乗(の)せる** 태우다 □ **場合(ばあい)** 경우 □ **～枚(まい)** ~장
□ **利用(りよう)** 이용

問 대화를 듣고 문제를 풀어 보세요.

1 자전거에 타는 사람은 몇 명입니까?

① 大人(おとな)1人(ひとり)
② 大人(おとな)1人(ひとり)と子供(こども)1人(ひとり)
③ 子供(こども)1人(ひとり)

2 남성은 얼마 지불하면 됩니까?

① 300円(さんびゃくえん)
② 400円(よんひゃくえん)
③ 700円(ななひゃくえん)

3 이 사람은 몇 시까지 자전거를 반환해야 됩니까?

① 4時(よじ)
② 5時(ごじ)
③ 6時(ろくじ)

표현+

MP3 050

- メニューをお選(えら)びください。 메뉴를 선택해 주세요.
- チャイルドシートは付(つ)けられますか。 아이 시트는 부착할 수 있나요?
- 子供(こども)を乗(の)せるカゴは付(つ)けられますか。 아이를 태우는 바구니는 부착할 수 있나요?
- カギをなくしました。 키를 잃어버렸어요.
- 追加料金(ついかりょうきん)がかかります。 추가 요금이 듭니다.
- 駐輪場(ちゅうりんじょう)に止(と)めてください。 자전거 주차장에 세워 주세요.
- タイヤがパンクしました。 타이어가 펑크 났어요.
- ブレーキが効(き)かないです。 브레이크가 안 들어요.
- ブレーキの効(き)きが悪(わる)いです。 브레이크가 잘 안 돼요.

警備員(けいびいん)	경비원	電動(でんどう)キックボード	전동 킥보드
自転車(じてんしゃ)	자전거	タイヤ	타이어
サイクル	자전거	大人用(おとなよう)	어른용
利用者(りようしゃ)	이용자	子供用(こどもよう)	아이용
駐輪場(ちゅうりんじょう)	자전거 주차장	サドル	안장
有料(ゆうりょう)	유료	ブレーキ	브레이크
無料(むりょう)	무료	カギ	열쇠, 키
追加料金(ついかりょうきん)	추가 요금	鍵穴(かぎあな)	열쇠 구멍
なくす	잃어버리다	付(つ)ける	붙이다, 부착하다
効(き)く	효과가 있다, 듣다	選(えら)ぶ	선택하다

11

居酒屋に行ったら
いろんな飲み物を頼んでみよう！

이자카야에 가면 여러 음료를 시켜 보자!

이자카야에 가면 전부 일본어로 쓰여 있는 메뉴나 스마트폰, 태블릿 등을 사용한 셀프 주문 시스템에 당황하는 상황이 발생할 수 있어요.
회화문에서는 음료 무한리필 등의 시스템이나 주문할 때의 상황을 상세하게 구성하였습니다.
이자카야를 충분히 즐길 수 있도록 실전 능력 강화 파트에선 실제 이자카야에서 주로 파는 술과 안주 등의 메뉴판을 보며 주문 연습을 해 볼 수 있답니다!

MP3 051

私 予約はしていないんですけど、入れますか。

店員 申し訳ございませんが、只今満席でございます。
少々お時間がかかると思いますが、よろしいでしょうか。

私 待ち時間はどれくらいですか。

店員 30分くらいだと思います。よろしければこちらにお名前をご記入ください。順番にご案内いたします。

… 30分後 …

店員 キム様。お席にご案内します。
こちらおしぼりとお通しです。

私 すみません、とりあえず生ビール１つください。
おつまみはチーズお好み焼きと枝豆をください。

店員 お客様、お飲み物は単品で頼まれますか。
こちら飲み放題プランもございますが。

단어 □ 予約 예약 □ 入る 들어가다 □ 只今 지금 □ 満席 만석 □ 待ち時間 대기 시간 □ くらい 정도 □ 記入 기입 □ 順番に 순서대로 □ 案内 안내 □ お通し 기본 안주 □ 生ビール 생맥주 □ おつまみ 안주 □ お好み焼き 오코노미야키 □ 枝豆 삶은 풋콩(풋콩을 껍질째 삶은 것) □ 単品 단품 □ 頼む 시키다 □ 飲み放題 술(음료) 무한리필 □ プラン 플랜, 계획, 안, 요금제

해석

이자카야에서

나 예약은 안 했는데요, 들어갈 수 있나요?

점원 죄송합니다만, 지금 만석입니다.
조금 시간이 걸릴 것 같은데, 괜찮으시겠습니까?

나 대기 시간은 어느 정도인가요?

점원 30분 정도일 것 같습니다. 괜찮으시면 여기에 성함을 기입해 주세요.
순서대로 안내해 드리겠습니다.

… 30분 후 …

점원 김OO 님, 자리를 안내해 드리겠습니다. 여기 물수건과 기본 안주입니다.

나 저기요, 일단 생맥주 하나 주세요.
안주는 치즈 오코노미야키와 삶은 풋콩을 주세요.

점원 손님, 음료는 단품으로 주문하시나요?
여기 주류 무한리필 메뉴도 있습니다만.

私　そんなに飲まないと思うので単品で頼みます。
あと、ノンアルコールのメニューをもらえますか。

店員　はい、こちらです。
それから、こちらアンケートを実施させていただいて
おりますが、よろしければご回答いただけますか。

私　はい、いいですよ。

私　(pm９時)　おつまみのおすすめは何ですか。
(pm１０時)　ウィスキーのロックをください。
(pm１１時)　赤ワインと白ワインを１杯ずつお願いします。
(am１２時)　麦焼酎の水割りください。
(am１時)　芋焼酎のウーロン割りください。

……

店員　お客様、大変申し訳ございませんが、
そろそろラストオーダーになります。

私　え！ もうそんな時間！
じゃ、お茶漬けとジンジャーハイボールで！
こんなに飲むなら飲み放題で頼めばよかったな～。

단어
□ **単品** 단품　□ **ノンアルコール** 무알코올　□ **アンケート** 앙케이트　□ **実施する** 실시하다
□ **回答** 답변　□ **ロック** 온더락　□ **赤ワイン** 레드 와인　□ **白ワイン** 화이트 와인　□ **麦焼酎** 보리 소주
□ **水割り** (술을)물로 희석함　□ **芋焼酎** 고구마 소주　□ **ウーロン割り** (술을)우롱차로 희석함
□ **そろそろ** 슬슬　□ **ラストオーダー** 마지막 주문　□ **お茶漬け** 오차즈케(녹차에 밥을 말아 먹는 음식)
□ **ジンジャーハイボール** 진저 하이볼

해석

나 그렇게 안 마실 거 같아서 단품으로 주문할게요.
그리고 무알코올 메뉴를 주실 수 있나요?

점원 네, 여기요.
그리고, 여기 앙케이트를 실시하고 있는데, 괜찮으시다면 답변해 주실 수 있으실까요?

나 네, 좋아요.

나 (pm 9시) 추천하는 안주(안주 추천)는 뭔가요?
(pm 10시) 위스키 온더락을 주세요.
(pm 11시) 레드 와인과 화이트 와인을 한 잔씩 부탁드려요.
(am 12시) 보리 소주를 물에 타 주세요.
(am 1시) 고구마 소주를 우롱차에 타 주세요.

……

점원 손님, 정말 죄송합니다만, 슬슬 라스트 오더 시간이 됩니다.

나 어머! 벌써 시간이! 그럼, 오차즈케와 진저 하이볼로!
이렇게 마실 거면 주류 무한리필로 시킬 걸 그랬네~.

문법과 작문 마스터

MP3 052

1 ~て(い)ないんです ~안 했습니다

予約(よやく)はして(い)ないんです。 예약은 안 했습니다.

└ ~~する~~して (するの て형) + いない

☑ 일본어 문법은 '현재진행형의 부정'인데 우리말 해석은 '부정/과거'로 되었죠?
직역으로 '예약하고 있지 않습니다'라는 말이 어색하게 느껴지는 이유는 상황을 바라보는 시점이 다르기 때문입니다. 한국은 가게에 도착하여 예약하지 않은 사실은 벌써 과거가 되었고, 일본은 이 말을 하고 있는 지금 현재까지도 예약을 하고 있지 않은 상황에 포함하여 현재진행형으로 표현합니다.

한국 가게에 방문하여 예약을 안 한 사실은 '과거'

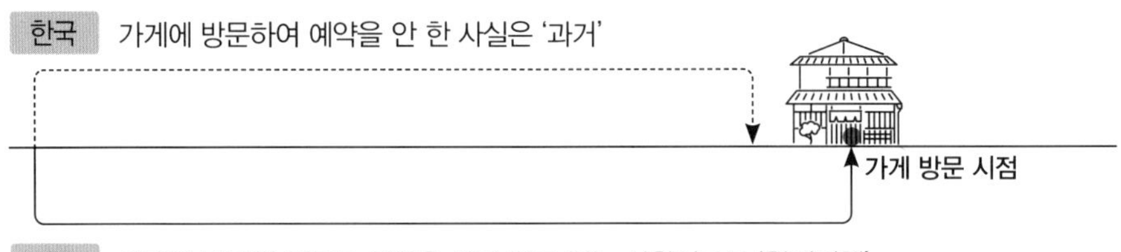

일본 가게에 방문한 지금도 예약을 하지 않고 있는 상황이므로 '현재진행'

☑ '예약 안 했어요'가 아닌 '예약을 하지 않은 상태'라고 생각하면 이해가 쉬워요.

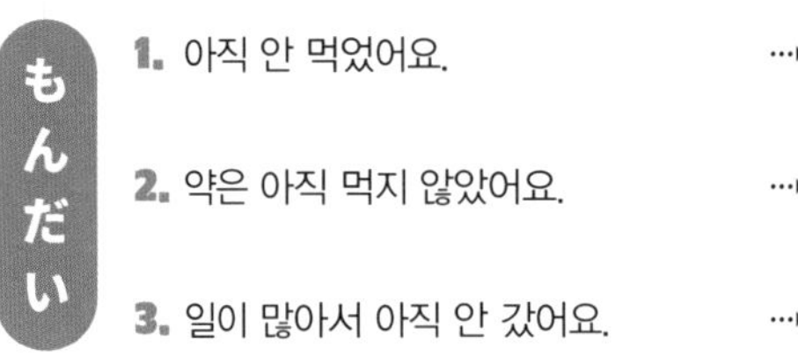

もんだい

1. 아직 안 먹었어요. ⋯›
2. 약은 아직 먹지 않았어요. ⋯›
3. 일이 많아서 아직 안 갔어요. ⋯›

2 ～と思(おも)う ~(라)고 생각하다 / ~(인)것 같다

時間(じかん)がかかると思(おも)います。 시간이 걸릴 거라고 생각합니다.

└ かかる (동사 기본형) + と思(おも)う

30分(さんじゅっぷん)くらいだと思(おも)います。 30분 정도라고 생각해요.

└ くらい (명사) だ + と思(おも)う

そんなに飲(の)まないと思(おも)う。 그렇게 안 마실 것 같다.

└ 飲(の)まない (동사 부정형) + と思(おも)う

☑ '~(라)고 생각하다'와 같은 딱딱한 표현뿐만 아니라, 본인의 생각이나 감상을 편하게 이야기할 때도 자주 사용되는 표현입니다. 예를 들어 어느 가게의 음식을 먹고 '맛있는 거 같아(おいしいと思(おも)う)!' 처럼요.

품사	기본 활용	~(라)고	思(おも)う의 4활용 (정중)	해석
休(やす)み 휴일 [명사]	だ	と	思(おも)います	휴일이라고 생각합니다
	じゃない		思(おも)いません	휴일이 아니라고 생각하지 않습니다
	だった		思(おも)いました	휴일이었다고 생각했습니다
	じゃなかった		思(おも)いませんでした	휴일이 아니었다고 생각하지 않았습니다
頻繁(ひんぱん)だ 빈번하다 [な형용사]	だ	と	思(おも)います	빈번하다고 생각합니다
	~~だ~~+じゃない		思(おも)いません	빈번하지 않다고 생각하지 않습니다
	だった		思(おも)いました	빈번했다고 생각했습니다
	~~だ~~+じゃなかった		思(おも)いませんでした	빈번하지 않았다고 생각하지 않았습니다

품사	기본 활용	~(라)고	思(おも)う의 4활용 (반말)	해석
細(こま)かい 자세하다 [い형용사]	い	と	思(おも)う	자세하다고 생각한다
	~~い~~+くない		思(おも)わない	자세하지 않다고 생각하지 않다
	~~い~~+かった		思(おも)った	자세했다고 생각했다
	~~い~~+くなかった		思(おも)わなかった	자세하지 않았다고 생각하지 않았다
行(い)く 가다 [동사]	く	と	思(おも)う	갈 거라고 생각한다
	~~く~~+かない		思(おも)わない	가지 않다고 생각하지 않다
	~~く~~+った		思(おも)った	갔다고 생각했다
	~~く~~+かなかった		思(おも)わなかった	가지 않았다고 생각하지 않았다

✦✦✦

TIP 「と」를 기준으로 앞에 오는 여러 품사의 기본 활용과 뒤의 「思(おも)う」를 상황별, 시제별로 다양하게 바꿔 말하기 연습을 해 주세요!

1. 아직 뜨거울 것 같으니까 조심히 먹어. ⋯›

2. 저 사람은 몇 살이라고 생각했어요? ⋯›

3. 이 음식은 몸에 좋지 않다고 생각하고 있었어요.

⋯›

3 待(ま)ち時間(じかん) 대기 시간, 기다리는 시간

待(ま)ち時間(じかん) 기다리는 시간

└ 待(ま)~~つ~~ち (어미 い단 변형 / 1그룹 동사 ます형) + 時間(じかん)

☑ 하나의 명사로 외우기! 음식점, 놀이공원, 병원 등 순서를 기다려야 하는 곳에서 잘 쓰입니다.

4 お通(とお)し vs おつまみ

	의미	특징
お通(とお)し	기본 안주	착석과 동시에 주문하지 않은 안주를 점원이 가져온다면 「お通(とお)し」입니다. 유료이며 자릿세 개념이지만, 자릿세가 별도로 있는 곳도 있어요.
おつまみ	안주	摘(つ)まむ 집어먹다 [동사] → 摘(つ)まみ 손가락으로 집어먹음 [명사]

- ☑ 둘 다 '안주'이지만, 가장 큰 차이는 '내가 시켰느냐'와 '시키지도 않았는데 나왔느냐'로 달라집니다. 「お通(とお)し」의 경우는 착석하면 시키지 않아도 가게 측에서 내주는 '기본 안주'이고, 「おつまみ」는 메뉴판을 보고 내가 시키는 '안주'라고 생각하면 됩니다.
- ☑ 이자카야 등에 갔는데 생각보다 금액이 많이 나왔다고 생각된다면, 영수증의 「お通(とお)し」 항목을 봐 주세요. 여기서 추가된 금액을 알 수 있어요.
- ☑ 「お通(とお)し」는 다도센세의 경험상 200엔 대부터 1,000엔까지 다양했어요. 아예 없는 곳도 더 비싼 곳도 있다고 합니다.

5 [명사]を＋もらえますか [명사]를 주실 수 있습니까? (직역 : 받을 수 있습니까?)

メニューをもらえますか。 메뉴를 주실 수 있습니까?

↑ もらうえ (어미 え단 변형 / 1그룹) + る

- ☑ 「명사＋ください [명사] 주세요」의 형태로도 요청은 할 수 있지만, 이는 '당연한 요청'의 느낌이 듭니다. 특정 메뉴나 앞치마 등은 없을 수도 있기 때문에 [가능형]을 사용하여 보다 정중히 묻는 뉘앙스로 이야기해 주세요!

もんだい

1. 물수건 하나 더 주실 수 있나요? ···›
2. 차가운 물 한 잔 주실 수 있나요? ···›
3. 그 지도, 저도 한 장 주실 수 있나요? ···›

6 사역형+ていただく ~하겠다 (직역: ~하게 해 받다)

実施(じっし)させていただいております。 실시하고 있습니다.

↑ 実施(じっし)~~する~~させ~~る~~て + いただ~~く~~いて + おります

실시하게 하게(사역) 해(て형) + 받고(て형) + 있습니다 (정중한 현재진행)

☑ 「사역형+ていただきます」는 '~하겠습니다'라는 뜻인데, 매우 정중한 표현이라고 익혀 두면 됩니다. '내가 무언가를 하는데 상대의 허락과 양보를 얻어 하겠다'라는 뉘앙스인데, 하고자 하는 그 행동은 꽤 명확하고 결정이 난 상태이므로 상대의 대답을 원하는 말투는 아닙니다.

☑ 「いただく」는 「もらう」와 같은 의미와 사용을 하지만, 보다 정중한 겸양 표현입니다. '남에게 무언가를 받는 행위를 낮춰서' 말하고 있는 것이죠.

実施(じっし)する 실시하다 → 実施(じっし)させる 실시하게 하다 (사역형 변형)

⬇

実施(じっし)させ~~る~~て 실시하게 해 + いただきます 받겠습니다 ···› 실시하겠습니다

実施(じっし)させていただ~~く~~いて 실시하게 해 받고 +おります 있습니다 ···› 실시하고 있습니다 (현재진행형)

단어 ☐ **おしぼり** 물수건 ☐ **お冷(ひや)** 냉수, 찬물 ☐ **1杯(いっぱい)** 한 잔 ☐ **地図(ちず)** 지도 ☐ **1枚(いちまい)** 한 장

사역형 만들기 (~하게 하다)

	사역형 변형	동사	사역형
1그룹	어미의 あ단 + せる 〈예외〉 う로 끝나는 동사 あ→わ	行く 가다	行か+せる 가게 하다
		選ぶ 고르다	選ば+せる 고르게 하다
		合う 맞다	合わ+せる 맞게 하다
2그룹	어미 る 탈락 + させる	見る 보다	見+させる 보게 하다
		起きる 일어나다	起き+させる 일어나게 하다
3그룹	불규칙이므로 그냥 외우기!	来る 가다 する 하다	来させる 가게 하다 させる 하게 하다

もんだい

1. 설명하겠습니다. ⋯›
2. 연락 드리겠습니다. ⋯›
3. 오늘 중으로 보내드리겠습니다. ⋯›

단어 □ 説明(せつめい) 설명 □ 連絡(れんらく) 연락 □ 今日中(きょうじゅう) 오늘 중

실전 능력 강화

MP3 053

問 메뉴판을 보며 여러 종류의 음료와 안주를 다양하게 주문해 보세요.

メニュー

❶ お酒(さけ) 술

日本酒(にほんしゅ) 일본주	焼酎(しょうちゅう) 소주		果実酒(かじつしゅ) 과실주			
純米大吟醸(じゅんまいだいぎんじょう) 쥰마이다이긴죠	芋焼酎(いもじょうちゅう) 고구마 소주	麦焼酎(むぎじょうちゅう) 보리 소주	梅酒(うめしゅ) 매실주	レモン酒(しゅ) 레몬주	あんず酒(しゅ) 살구주	みかん酒(しゅ) 귤주

ビール 맥주			ワイン 와인		ウィスキー 위스키
生(なま)ビール 생맥주	瓶(びん)ビール 병맥주	地(じ)ビール 지역 특산 맥주	赤(あか)ワイン 레드 와인	白(しろ)ワイン 화이트 와인	ハイボール 하이볼

❷ 飲(の)み方(かた) 마시는 방법

ストレート 스트레이트	ロック 온더락	水割(みずわ)り 물에 희석함	炭酸(水)割(たんさんすいわ)り 탄산수에 희석함
ウーロン割(わ)り 우롱차에 희석함	お茶割(ちゃわ)り 녹차에 희석함	コーラ割(わ)り 콜라에 희석함	ジンジャーエール割(わ)り 진저에일에 희석함

❸ おつまみ 안주

唐揚(からあ)げ 닭 튀김 요리	焼(や)きそば 야키소바	お好(この)み焼(や)き 오코노미야키	卵焼(たまごや)き 달걀말이	長崎(ながさき)ちゃんぽん 나가사키 짬뽕
焼(や)き餃子(ぎょうざ) 구운 만두	たこ焼(や)き 다코야키	おでん 어묵	コロッケ 크로켓	牛(ぎゅう)かつ 규카츠

❹ 串焼き 꼬치구이

もも 닭다리 살	砂肝 닭똥집	軟骨 닭 연골	手羽先 닭 날개	鶏皮 닭 껍질
牛タン 소 혀	レバー 간	ハツ 심장	鶏レバー 닭 간	玉ねぎ 양파

❺ ソフトドリンク 소프트드링크

メロンソーダ 메론 소다	コーラ 콜라	オレンジジュース 오렌지주스	ジンジャーエール 진저에일
カルピス 칼피스	ウーロン茶 우롱차	アイスコーヒー 아이스커피	ホットコーヒー 따뜻한 커피

주문하기

店員 お飲み物はどうなさいますか。

私 ❶ 술 の ❷ 마시는 방법 を１つください。

店員 ❶ 술 の ❷ 마시는 방법 が１つですね。

私 はい、❸ 안주 もお願いします。

店員 はい、❸ 안주 が１つ、以上でよろしいでしょうか。

私 あ！あと、追加で串焼きの ❹ 꼬치구이 と ❺ 소프트드링크 をください。

店員 はい、かしこまりました。少々お待ちください。

私 はい、お願いします。

단어 □ **～割り** ～에 희석, ～에 나눔 □ **カルピス** 칼피스(달고 신맛이 나는 유산균 음료) □ **以上** 이상
□ **追加** 추가 □ **かしこまりました** 알겠습니다 □ **少々** 조금, 잠시 (정중한 말투)

듣기 체크

MP3 054

問 **대화를 듣고 문제를 풀어 보세요.**

1 여자가 처음에 주문한 메뉴가 아닌 것은 무엇입니까?

① 生(なま)ビール　② 枝豆(えだまめ)　③ お通(とお)し

2 이 가게에 없는 음료는 무엇입니까?

①

②

③

3 여자가 점원에게 주문하지 않은 것은 무엇입니까?

①

②

③

4 마지막에 점원이 언급한 내용이 아닌 것은 무엇입니까?

① 閉店時間(へいてんじかん)
② ラストオーダーの時間(じかん)
③ 追加注文(ついかちゅうもん)があるかないか

스마트폰이나 태블릿으로 주문해 볼까요?

체인점 및 대형 이자카야에서는 각자의 자리에서 스마트폰이나 태블릿을 활용해 주문하는 시스템이 늘어나는 추세입니다. 아래 내용은 스마트폰 주문 시스템이니, 꼭 알아 두세요!

1. 착석 시 점원이 전달해 주는 종이나 자리에 있는 QR코트를 확인하세요!

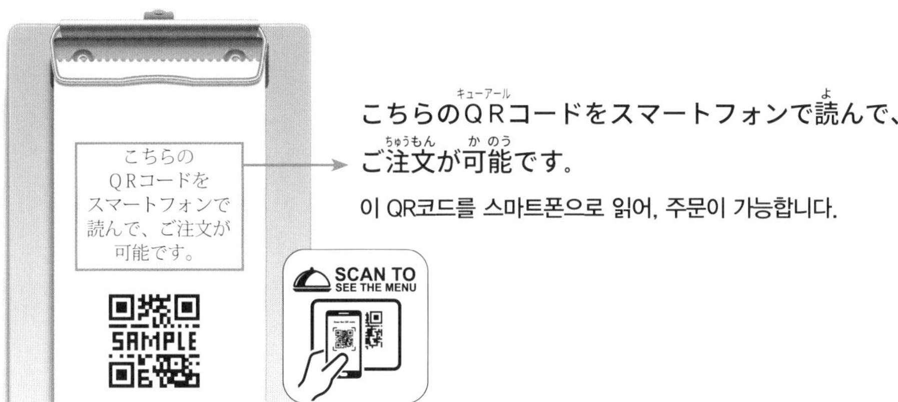

こちらのＱＲコードをスマートフォンで読んで、ご注文が可能です。

이 QR코드를 스마트폰으로 읽어, 주문이 가능합니다.

2. QR코드로 연결된 사이트에서 주문이 가능해요! 대개 사진으로 보여지니 어떤 요리인지 알기 쉬워요.

QR코드를 읽으면 위와 같이 메뉴판 화면으로 연결되는데, 그럼 「フード 푸드」나 「ドリンク 드링크」를 누른 후, 사진을 보면서 주문하고 싶은 음식을 선택하면 됩니다. 이 주문 방법은 점원과 일본어 소통이 거의 필요 없는 방식으로, 외국인 관광객이 급증함에 따라 많이 보편화되고 있다고 합니다.

✦✦✦ 단어+

MP3 055

伝票(でんぴょう)	전표, 주문서	単品(たんぴん)	단품
飲(の)み物(もの)	음료	もう一本(いっぽん)	한 병 더
飲(の)み放題(ほうだい)	음료 무한리필	取(と)り皿(ざら)	앞접시
食(た)べ放題(ほうだい)	음식 무한리필	灰皿(はいざら)	재떨이
おすすめ	추천 메뉴	おつまみ	안주
お会計(かいけい)	계산 (결제)	お通(とお)し	기본 안주
お勘定(かんじょう)	계산 (결제)	閉店(へいてん)	영업 마감 (폐점)
現金(げんきん)	현금	追加注文(ついかちゅうもん)	추가 주문
クレジットカード	신용카드	ボトルキープ	병째 구매하여 마시다 남은 술을 가게에 맡김

우리가 흔히 '일본 술 마시자'라고 할 때 '사케 마시자!'라고 하죠?
우리가 말하는 '사케'는 청주류의 '일본 술'을 말합니다. 하지만 「酒(さけ)」 본연의 뜻은 그냥 '술'입니다.
그래서 일본에서 「酒(さけ)」라고 하면, 청주도 와인도 소주도 모두 포함되는 거죠.
우리가 말하는 '사케'는 「日本酒(にほんしゅ) 일본 술」이고, 일본에서 말하는 「酒(さけ)」는 모든 '술'을 의미한다는 것.
꼭! 알아 두세요.

12

人数(にんずう)に合(あ)わせてチケットを購入(こうにゅう)してみよう。

사람 수에 맞게 티켓을 구입해 보자.

이번 학습에서는 관광지에서 표를 구입하는 상황과 입장한 후 관광 카트를 타거나 내 모습이 찍힌 사진을 구입하는 등의 상황에서, 여러 직원들과 나누게 되는 대화를 회화문으로 구성하였는데요.

실제 다도센세가 일본에 가서 경험한 내용을 기반으로 작성하여, 보다 생생한 상황을 느낄 수 있을 거예요.

실전 회화문

観光地(かんこうち)で

MP3 **056**

私(わたし)　すみません、大人(おとな)２人(ふたり)と子供(こども)１人(ひとり)です。

切符係員(きっぷかかりいん)　お子様(こさま)は何歳(なんさい)でしょうか。

私(わたし)　２歳(にさい)です。今月(こんげつ)で２歳(にさい)と９ヶ月(きゅうかげつ)になります。

切符係員(きっぷかかりいん)　そうしますとお子様(こさま)は無料(むりょう)でご入場(にゅうじょう)いただけます。

私(わたし)　ありがとうございます。
あと、ベビーカーって借(か)りることはできますか。

切符係員(きっぷかかりいん)　はい、もちろんです。
この券(けん)をお持(も)ちになってあちらの建物(たてもの)の中(なか)にお入(はい)りください。そちらで借(か)りられます。

단어　□ **観光地(かんこうち)** 관광지　□ **大人(おとな)** 어른　□ **子供(こども)** 아이, 어린이　□ **係員(かかりいん)** 담당자, 직원　□ **お子様(こさま)** 자녀분('아이'를 높여 부르는 말)　□ **何歳(なんさい)** 몇 살　□ **今月(こんげつ)** 이번 달　□ **～ヶ月(かげつ)** ～개월　□ **入場(にゅうじょう)** 입장　□ **ベビーカー** 유모차　□ **借(か)りる** 빌리다　□ **券(けん)** 권, 티켓　□ **建物(たてもの)** 건물

해석

관광지에서

나 저기요, 어른 두 명과 아이 한 명이요.

매표 직원 자녀분은 몇 살인가요?

나 두 살이에요. 이번 달로 두 살 9개월이 됩니다.

매표 직원 그렇다면 자녀분은 무료로 입장하실 수 있습니다.

나 감사합니다. 그리고 유모차를 빌릴 수는 있나요?

매표직원 네, 물론입니다.
이 티켓을 가지고 저쪽 건물 안으로 들어가 주세요. 거기서 빌릴 수 있습니다.

… 観光カートに乗る前 …

私 カートにベビーカーを乗せることってできますか。

カート係員 はい、ベビーカーは出発の前に係員が乗せます。
カートに乗っている間、左側から自動で写真が
撮られます。では、３名様お乗りください。

(写真が撮られる音声) さん、に、いち、はいチーズ！

… 観光カートから降りた後 …

写真係員 お客様、写真はいかがでしょうか。

私 あら、皆写りがいいですね。
すごくきれいに写ってる！ １枚ください。

写真係員 1,000円でございます。QRコードから１週間
ファイルのダウンロードも可能ですよ。

단어 □ 観光カート 관광 카트 □ 乗せる 태우다. 싣다 □ ～ている間 ~하는 동안 □ 左側 왼쪽
□ 自動で 자동으로 □ 写真 사진 □ 撮る 찍다 □ 降りる 내리다 □ 後 뒤, 후
□ 写りがいい 사진의 퀄리티가 좋다. 찍힌 모양새가 좋다 □ 1枚 한 장 □ QRコード QR코드
□ 1週間 일주일 동안 □ ダウンロード 다운로드 □ 可能 가능

해석

… 관광 카트를 타기 전 …

나 카트에 유모차를 싣는 건 가능한가요?

카트 직원 네, 유모차는 출발 전에 담당자가 실을 겁니다.
카트에 타고 있는 동안 왼쪽에서 자동으로 사진이 찍힐 거예요.
그럼, 세 분 타세요.

(사진이 찍히는 음성) 셋, 둘, 하나, 자, 치즈!

… 관광 카드에서 내린 후 …

사진 직원 손님, 사진은 어떠세요?

나 어머, 모두 잘 찍혔네요.
엄청 예쁘게 찍혔다! 한 장 주세요.

사진 직원 1,000엔입니다. QR코드로 일주일 동안 파일 다운로드도 가능합니다.

문법과 작문 마스터

MP3 057

1 ～になる ～가 되다

2歳と9ヶ月になります。 두 살 9개월이 됩니다.

9ヶ月(명사) + になる

☑ 동사, 형용사 또한 이 문법이 적용돼요!

	기본	부사 변형	되다	예
な형용사	きれいだ 예쁘다	きれいだに 예쁘게	＋なる	きれいになる 예뻐지다(예쁘게 되다)
い형용사	おいしい 맛있다	おいしいく 맛있게		おいしくなる 맛있어지다(맛있게 되다)
동사	食べる 먹다	食べる＋ように 먹게(먹도록)		食べるようになる 먹게 되다

もんだい

1. 벌써 봄이 됐네요. …›

2. 채소를 많이 먹어서 피부가 좋아졌어요. …›

3. 일본어로 술술 얘기할 수 있게 됐어요. …›

단어 □ 春 봄 □ 野菜 채소 □ 肌 피부 □ すらすら 술술

2 동사 사전형＋前(まえ)(に) / 동사 과거형＋後(あと)(で) ~하기 전(에) / ~한 후(에)

① 乗(の)る前(まえ)(に) 타기 전(에)

└乗(の)る (동사 사전형) ＋ 前(まえ)

② 降(お)りた後(あと)(で) 내린 후(에)

└降(お)り~~る~~た (동사 과거형) ＋ 後(あと)

もんだい

1. 이를 닦기 전에 밥을 먹습니다.

…›

2. 이를 닦은 후에 밥을 먹습니다.

…›

3. 이야기한 후에 메시지를 보냈습니다.

…›

4. 데이트하기 전에 아르바이트하러 갑니다.

…›

5. 샤워를 한 후에 자면 금방 잠들어요.

…›

6. 요리를 하기 전에는 손을 잘 씻어야 해요.

…›

단어 □ 歯(は) 이 □ 磨(みが)く 닦다 □ メッセージ 메시지 □ 送(おく)る 보내다 □ シャワーを浴(あ)びる 샤워를 하다 □ 寝(ね)る 자다 □ 眠(ねむ)る 잠들다 □ 洗(あら)う 씻다

3 동사 사전형+ことができる [동사]하는 것이 가능하다 (= [동사]할 수 있다)

借りることはできますか。 빌리는 것은 가능합니까(= 빌릴 수는 있습니까)?

└ 借りる (동사 사전형) + ことはできる

乗せることってできますか。 태우는 것은 가능합니까(= 태울 수는 있습니까)?

└ 乗せる (동사 사전형) └ って = は (~은/는)

☑ 「食べる+ことができる 먹는 것이 가능하다」에서 「が」 부분에 조사를 바꿔 말할 수 있어요.

예 食べることはできる 먹는 것은 가능하다 / 食べることもできる 먹는 것도 가능하다

☑ 「って」는 조사 「は」 대신에 회화체에서 사용됩니다.

☑ 2과에서 배운 동사의 가능형과 함께 비교하여 익혀 두세요! 〈p.34 참조〉

예 借りられる 빌릴 수 있다 = 借りることができる 빌리는 것이 가능하다

問 다음 동사의 두 가지 가능형을 써 보세요.

	동사	ことができる	가능형
1	飲む		
2	書く		
3	洗濯する		

もんだい

1. 3개월에 일본어를 말할 수 있었어요. ···›

2. 그 이야기를 듣고 이해할 수는 없었어요. ···›

3. 언제나 첫 번째로 입장할 수 있어요. ···›

단어 □ **洗濯する** 세탁하다 □ **理解する** 이해하다 □ **1番目** 첫 번째 □ **入場する** 입장하다

4 수동형 ~해지다, ~게 되다~, ~당하다

自動(じどう)で写真(しゃしん)が撮(と)られます。 자동으로 사진이 찍힙니다.

↑ 撮(と)~~る~~ら (어미 あ단 변형 / 1그룹) + れる

수동형 만들기

	수동형 변형	예
1그룹	盗(ぬす)む 훔치다 (어미의 あ단 변형 + れる)	盗(ぬす)ま + れる (누군가에 의해) 훔침을 당하다, 도둑맞다
2그룹	見(み)る 보다 (어미 る탈락 + られる)	見(み)~~る~~ + られる (내가 원치 않는데 누군가가) 보다
3그룹	来(く)る 오다 する 하다	来(こ)られる (누군가가 내쪽으로) 오다 される 당하다

もんだい

1. 내 이야기를 누군가가 들었다. ···›

2. 사장님은 사원들의 신뢰를 받고 있다. ···›

3. 전철 안에서 많은 사람들이 밀었다. ···›

4. 버스 안에서 발을 밟히고 말았다. ···›

☑ 일본어의 수동형은 우리말과 비교해 그 사용 범주가 훨씬 넓어요!
자의 없이 이루어진 상황을 이야기하거나, 더 나아가 기분이 나쁜 상황을 표현할 때에도 일본에서는 수동형이 쓰입니다. 회화 및 작문에선 '~에게', '~함을 당했다'로 만들면 이해가 더 쉬울 거예요.

남동생이 나의 과자를 먹었다 → '남동생에게' 나의 과자를 '먹음을 당했다'

- 弟(おとうと)が私(わたし)のお菓子(かし)を食(た)べた。(사실 전달)
- 弟(おとうと)に私(わたし)のお菓子(かし)を食(た)べられた。(기분이 좋지 않음 포함)

단어 □ 信頼(しんらい) 신뢰 □ 押(お)す 밀다 □ 足(あし) 발 □ 踏(ふ)む 밟다

실전 능력 강화

MP3 058

問 사람 수와 상황을 바꿔가며 다양한 회화 연습을 해 보세요.

チケット売り場 티켓 판매소

私	すみません、❶ 어른 및 아이 인원 です。
切符係員	お子様は何歳でしょうか。
私	❷ 아이 나이 혹은 소속 です。
切符係員	a: そうしますと、お子様は無料でご入場いただけます。 b: 中学生以上ですと大人の料金と一緒です。

記念写真販売コーナー 기념사진 판매 코너

写真係員	こちら、記念写真はいかがでしょうか。
私	a: ❸ 구입하기 。 b: ❹ 구입하지 않음 。
写真係員	a: ありがとうございます。❺ 가격 でございます。 b: ありがとうございました。

단어 □ **チケット** 티켓 □ **売り場** 판매소 □ **係員** 담당자 □ **何歳** 몇 살 □ **入場** 입장 □ **料金** 요금 □ **記念写真** 기념사진 □ **販売** 판매

【 ❶ ❷ 요금표 】

料金表(りょうきんひょう)	
大人(おとな) (中学生以上(ちゅうがくせいいじょう))	400円(よんひゃくえん)
子供(こども) (小学生以下(しょうがくせいいか))	無料(むりょう)

【 ❸ 구입하기 】

① 写(うつ)りがいいですね。1枚(いちまい)ください。

② いいですね。人数分(にんずうぶん)ください。

③ 2枚(にまい)お願(ねが)いします。

【 ❹ 구입하지 않음 】

① 大丈夫(だいじょうぶ)です。

② また今度(こんど)にします。

③ いえ、結構(けっこう)です。

【 ❺ 가격 】

① 800円(はっぴゃくえん)です。

② 1,200円(せんにひゃくえん)です。

③ 1,600円(せんろっぴゃくえん)です。

단어 □ **大人(おとな)** 어른 □ **中学生(ちゅうがくせい)** 중학생 □ **以上(いじょう)** 이상 □ **子供(こども)** 아이 □ **小学生(しょうがくせい)** 초등학생 □ **以下(いか)** 이하 □ **写(うつ)りがいい** 찍힌 모양새가 좋다 □ **人数分(にんずうぶん)** 사람 수분 □ **また今度(こんど)にします** 다음에 할게요

MP3 059

問 제시된 표현을 일본어로 어울리지 않게 말한 사람을 고르세요.

1 '사진을 찍어도 되는지' 묻기

①  ②  ③ 

2 '입장료에 대해' 묻기

①  ②  ③ 

3 '유모차 대여에 대해' 묻기

①  ②  ③ 

4 '영업이 끝나는 시간' 묻기

①  ②  ③ 

단어 □ 入場口(にゅうじょうぐち) 입구(입장하는 문) □ 貸(か)し出(だ)し 렌털(빌림) □ 営業(えいぎょう) 영업

표현+

MP3 060

チケットはどこで買(か)えますか。	티켓은 어디서 살 수 있습니까?
大人(おとな)1枚(いちまい)と子供(こども)2枚(にまい)ください。	어른 한 장과 아이 두 장 주세요.
韓国語(かんこくご)のパンフレットはありますか。	한국어 팸플릿은 있습니까?
何時(なんじ)から入(はい)れますか。	몇 시부터 들어갈 수 있나요?
何時(なんじ)までやってますか。	몇 시까지 하나요?
ショーは何時(なんじ)にありますか。	쇼는 몇 시에 있나요?
ここで写真(しゃしん)を撮(と)ってもいいですか。	여기서 사진을 찍어도 됩니까?
写真(しゃしん)をお願(ねが)いしてもいいですか。	사진을 부탁해도 됩니까?
写真(しゃしん)を撮(と)ってもらえますか。	사진을 찍어줄 수 있나요?
いえ、ここではだめです。	아니요, 여기서는 안 됩니다.
いえ、写真(しゃしん)を撮(と)ってはいけません。	아니요, 사진을 찍어서는 안 됩니다.
撮影(さつえい)はご遠慮(えんりょ)ください。	촬영은 삼가해 주세요.
このボタンを押(お)すだけです。	이 버튼을 누르기만 하면 됩니다.
近(ちか)くにコインロッカーはありますか。	근처에 코인 로커는 있나요?
入場料(にゅうじょうりょう)はいくらですか。	입장료는 얼마인가요?
入場口(にゅうじょうぐち)はどこですか。	입구는 어디인가요?

관광지에서 다도센세 경험담

오키나와에 가서 오션타워로 올라가는 길에 카트를 탔는데 마침 자동으로 사진을 찍어 주더라고요.
타워에 올라가니 실시간으로 사진을 판매하고 있었는데 바다 배경과 푸른 하늘, 사진이 너무 잘 나와서 바로 한 장 구입했죠!
그런데 3박 4일의 여행 중에 사진을 잃어버리고 맙니다. 😭
QR코드로 다운로드 가능하다는 한마디가 기억이 나서 구글을 통해 메시지를 보냈는데 5일 동안 답장이 없어, 사진은 마음속에 담아 두어야 하겠구나… 하던 찰나, 연락이 왔어요!
채팅을 통해 저는 드디어 사진 파일을 받을 수 있었답니다! 😊

> 当日に撮影した写真データを確認いたしますので、以下内容を教えていただけませんでしょうか。
> ・当日の服装の特徴
> ・記念写真の画像等、もしキャプチャーで記録が残っていれば画像をお送りください。
>
> お客様の写真を特定するために、写っていらっしゃる方のお顔がわかる当日の画像をいただけると確認が早くできるかもしれません。

실제 발송된 구글 메시지 캡쳐

当日に撮影した写真データを確認いたしますので、以下内容を教えていただけませんでしょうか。
당일에 촬영한 사진 데이터를 확인하겠으니, 이하 내용을 알려 주실 수 있을까요?

- **当日の服装の特徴** 당일의 복장 특징
- **記念写真の画像等、もしキャプチャーで記録が残っていれば画像をお送りください。**
  기념 사진의 이미지 등, 만약 캡쳐한 기록이 남아 있으면 사진을 보내 주세요.

お客様の写真を特定するために、写っていらっしゃる方のお顔がわかる当日の画像をいただけると確認が早くできるかもしれません。
고객님의 사진을 특정하기 위해, 찍히신 분의 얼굴을 알아볼 수 있는 당일의 사진을 받으면 빨리 확인할 수 있을지도 모릅니다.

13

日本(にほん)のカフェでも
細(こま)かい注文(ちゅうもん)をしてみよう。

일본 카페에서도 세세한 주문을 해 보자.

여행 중 몸과 마음이 피곤할 때 필요한 건, 역시 맛있는 음료 한 잔이죠?
여행 가면, 반드시 찾게 되는 카페! 스타벅스는 물론 일반 카페에서의 주문 방법을
실전 회화문을 통해 학습할 수 있어요.
음료의 사이즈나 휘핑크림 유무, 할인 조건, 케이크 등의 주문까지 다양한 상황에 대비한
실전 연습을 해 볼까요?

店員(てんいん)　店内(てんない)でお召(め)し上(あ)がりですか、お持(も)ち帰(かえ)りですか。

私(わたし)　ここで食(た)べます。
コーヒーフラペチーノありますか。

店員(てんいん)　はい、ございます。

私(わたし)　ホイップ抜(ぬ)きでお願(ねが)いします。

店員(てんいん)　はい、かしこまりました。サイズはいかがなさいますか。

私(わたし)　ミディアムサイズでお願(ねが)いします。
あと、おすすめのデザートってありますか。

店員(てんいん)　こちら焼(や)きたてのクロワッサンはいかがでしょうか。
只今(ただいま)、ワンコインでコーヒー１杯(いっぱい)にクロワッサンが付(つ)いてきます。

단어
□ **細(こま)かい** 세세하다, 자세하다　□ **店内(てんない)** 가게 안　□ **召(め)し上(あ)がる** 드시다　□ **持(も)ち帰(かえ)り** 포장
□ **ホイップ** 휘핑크림　□ **명사+抜(ぬ)き** [명사]뺌　□ **ミディアム** 미디엄　□ **焼(や)きたて** 갓 구움
□ **只今(ただいま)** 지금, 현재　□ **付(つ)く** 붙다, 딸리다

해석

카페에서

점원 가게 안에서 드시나요? 가지고 가시나요?

나 여기서 먹을게요.
커피 프라푸치노 있나요?

점원 네, 있습니다.

나 휘핑크림 빼고 부탁드려요.

점원 네, 알겠습니다. 사이즈는 어떻게 할까요?

나 미디엄 사이즈로 부탁드려요.
그리고 추천하는 디저트가 있나요?

점원 여기 갓 구운 크루아상은 어떠실까요?
지금 500엔(원 코인)으로 커피 한 잔에 크루아상이 딸려 옵니다.

私　お得ですね。クロワッサンもおいしそうだし。
じゃ、それでお願いします。
あと、ワイファイって使えますか。

店員　はい、パスワードはこちらに書いてあります。

……

私　(デザートがおいしい！ コーヒーもう１杯飲もう！)
すみません、このフラペチーノをもう１杯ください。

店員　同じメニューをお代わりされる場合、３割引きでご注文いただけます。

私　えっ、安い！ じゃ、もう１杯とキャロットケーキを持ち帰りでお願いします。
ワンホールでも買えますか。

店員　申し訳ございませんが、ワンホールの場合、予約が必要となります。

私　じゃ、２切れを持ち帰りでお願いします。

단어
□ お得 이득　□ ワイファイ 와이파이　□ 同じ 같은　□ お代わりする 리필하다　□ 割引き 할인
□ ワンホール 원 홀(본문에선 케이크 한 판)　□ 場合 경우　□ 必要 필요　□ ～切れ ～조각

해석

나 이득이네요. 크루아상도 맛있을 것 같고. 그럼, 그걸로 부탁드려요. 그리고 와이파이는 사용할 수 있나요?

점원 네, 비밀번호는 여기에 쓰여 있습니다.

……

나 (디저트가 맛있다! 커피 한 잔 더 마셔야지!) 저기요, 이 프라푸치노를 한 잔 더 주세요.

점원 같은 메뉴를 또 드실 경우 30% 할인해서 주문하실 수 있어요.

나 와, 싸다! 그럼, 한 잔 더랑 당근 케이크를 포장으로 부탁드려요. 원 홀로도 살 수 있나요?

점원 죄송합니다. 원 홀의 경우 예약이 필요합니다.

나 그럼, 두 조각을 포장으로 부탁드릴게요.

문법과 작문 마스터

MP3 062

1 명사+抜き [명사] 뺌, [명사] 없음

ホイップ抜き 휘핑크림 뺌

↑ 抜く き 뺌 (동사의 ます형 변형으로 명사가 됨)

☑ 「抜く」는 '빼다, 뽑다'의 뜻을 가진 동사입니다. ます형을 사용하면 동사에서 명사로의 변형이 가능하여 「抜き」는 '빼기, 뽑기'의 의미를 가진 명사가 됩니다.

☑ 각종 명사에 「抜き」를 접속하면, 기존에 들어 있던 '[명사]를 뺌(없음)'을 표현합니다.

예 氷抜き 얼음 뺌 (주스 등 주문할 때)

もんだい

1. 연어초밥은 고추냉이 뺀 걸로 부탁드려요. ···›

2. 감자튀김은 소금 뺀 걸로 부탁드려요. ···›

3. 설탕을 뺀 다이어트는 효과가 매우 좋아요. ···›

단어 □ サーモン 연어 □ ワサビ 고추냉이(와사비) □ 塩 소금 □ 砂糖 설탕 □ 効果 효과

2 커피 사이즈

	サイズ	
S	スモール	エス
M	ミディアム	エム
L	ラージ	エル

〈일반 카페〉

쇼트	ショート
톨	トール
그란데	グランデ
벤티	ベンティ

〈스타벅스〉

3 ます형+たて 갓 [동사]함

焼(や)きたてのクロワッサン 갓 구운 크루아상

└焼(や)~~く~~き (어미 い단 변형 / 1그룹 ます형) + たて

☑ 「焼(や)きたて」의 품사는 [명사]이므로 「の」를 넣어 명사를 수식합니다.

もんだい

1. 갓 딴 사과예요. ⋯›
2. 갓 짠 포도주스예요. ⋯›
3. 갓 태어난 아기의 귀여운 모습 ⋯›

단어 □ 採(と)る 수확하다, 따다 □ リンゴ 사과 □ 搾(しぼ)る (과즙 등을)짜다 □ ぶどう 포도 □ 生(う)まれる 태어나다 □ 姿(すがた) 모습

4 付く의 여러 사용

クロワッサンが付いてきます。 크루아상이 딸려 옵니다.

└付いてくる 딸려 오다

「付く 붙다, 매달리다, 달라붙다」에 여러 활용을 해서 다양한 표현을 할 수 있어요.

もんだい

1. 付いてくる (付く＋くる) : 딸려 오다

1) 크루아상이 딸려 옵니다. ⋯›

2) 조식이 딸려 옵니다. ⋯›

3) 이 잡지에는 무료 책자가 딸려 옵니다. ⋯›

2. 付いている (付く＋いる) : 딸려 있다

1) 크로와상이 딸려 있습니다. ⋯›

2) 조식이 딸려 있습니다. ⋯›

3) 이 잡지에 무료 책자가 딸려 있습니다. ⋯›

3. [명사]付きの＋[명사] : [명사] 딸린 [명사]

1) 크로와상(이 딸린 or 포함) 메뉴입니다. ⋯›

2) 조식(이 딸린 or 포함) 플랜입니다. ⋯›

3) 무료 책자가 딸린 잡지 ⋯›

단어 □ 朝食(ちょうしょく) 조식 □ 雑誌(ざっし) 잡지 □ 冊子(さっし) 책자 □ プラン 플랜(요금제, 예약 내용)

5 ～し ~(이)고, ~(인)데다가

クロワッサンもおいしそうだし 크루아상도 맛있을 것 같고(같은 데다가)

└おいしい(어미 탈락) + そうだ + し
~인 것 같다 ~(이)고, ~(인) 데다가

- 본래는 두 가지 이상의 항목을 열거할 때 사용하는 문법입니다.
- 본문처럼 한 번 사용되어 본인의 생각을 가볍게 말하는 말투로도 쓰일 수 있어요.
- 「～し」가 들어간 문장은 같은 성격의 항목으로 쌓아 올리면서 내용을 더욱 강조하게 됩니다.

긍정 この店(みせ)はおいしいし、おしゃれだし、家(いえ)から近(ちか)いし
이 가게는 맛있고, 세련된 데다가, 집에서 가깝고

부정 この店(みせ)はうるさいし、値段(ねだん)が高(たか)いし、接客(せっきゃく)も悪(わる)いし
이 가게는 시끄럽고, 가격도 비싼 데다가, 접객(태도)도 안 좋고

	접속 방법		예
명사	명사+だ	+ し	雨(あめ)だし休(やす)みだし 비인 데다가 휴일이고
な형용사	기본 활용		きれいだし真面目(まじめ)だし 예쁜 데다가 성실하고
い형용사	기본 활용		仕事(しごと)も多(おお)いし忙(いそが)しいし 일도 많고 바쁘고
동사	기본 활용		ちゃんと働(はたら)いたし給料(きゅうりょう)ももらったし 제대로 일했고 급여도 받았고

もんだい

1. 데이트도 안 하는 데다가 연락도 없고 그만 헤어져야겠다.

…›

2. 그녀는 예쁘고 키도 큰 데다가 머리가 좋아요.

…›

3. 차도 없는 데다가 눈도 내리고 있고 오늘은 집에 있어야지.

…›

단어 □ おしゃれだ 세련되다 □ 値段(ねだん) 가격 □ 接客(せっきゃく) 접객 □ 給料(きゅうりょう) 월급, 급여 □ 別(わか)れる 헤어지다
□ 背(せ)が高(たか)い 키가 크다 □ 頭(あたま) 머리 □ 雪(ゆき) 눈 □ 降(ふ)る 내리다

6-1 3割引き(さんわりび) 30% 할인 (할인 표기에 대해)

3割(さんわり) + 引(び)き = 30% 뺌

3할 = 30%　　빼기, 뺌 (「引(ひ)く」의 ます형 변형)

☑ 割引(わりびき)(=割引(わりび)き) 할인　　4割引(よんわりび)き =40% 할인　　8割引(はちわりび)き =80% 할인

이처럼 뒤에 [0]만 더 붙여 계산하면 퍼센트 계산이 된답니다!

☑ 일본에서도 「%」 기호가 사용되지만, 비교적 많이 사용되는 것이 바로 '할(割)'의 개념입니다.

6-2 割引(わりび)き VS 値引(ねび)き

정가에서 저렴해지는 것을 의미하는 것으로 아래 두 단어가 많이 사용됩니다.

☑ 割引(わりび)き

할인은 30%, 50%와 같이 비율로 가격이 인하되는 경우에 사용해요.

예 1000円(えん)から3割引(さんわりび)き　1000엔에서 30% 할인

→ 1000－300＝700円(えん)

☑ 値引(ねび)き

[値(ね)(값, 가격)＋引(び)き(뺌) = 값을 싸게 함, 값을 깎음]의 의미가 있어요.

즉, 실제로 얼마인지 엔(円)단위로 빠지는 실제 가격을 나타낼 때 사용해요.

예 1000円(えん)から300円値引(えんねび)き　1000엔에서 300엔 할인

→ 1000－300＝700円(えん)

단어 □ 割(わ)る 나누다　□ 引(ひ)く 빼다　□ 割引(わりびき) 할인　□ 割(わ)り引(び)く 할인하다

알고 있자! 일본 카페 일반 상식

1 시럽과 밀크(프레시) [シロップとミルク(フレッシュ)]

대부분의 카페에서 아이스커피나 홍차에 시럽(シロップ)과 밀크(ミルク)를 함께 주는데요.
처음 일본에서 접하고 '이게 뭐지?' 하는 분들도 있을 거예요.

- シロップ : 시럽으로 찬 음료에 잘 녹는 농축된 당분이에요.
- ミルク(혹은 フレッシュ) : 커피용 우유를 뜻하는데, 식물성 기름으로 우유의 맛을 내서 커피의 산미와 쓴 맛을 부드럽게 해 줍니다. 일반 블랙 커피에 넣으면 밀크 커피, 홍차에 넣으면 밀크티로 마실 수 있어요.

2 동전 한 개(ワンコイン)?
'동전 한 개로 살 수 있는 상품, 요리'를 뜻해요!
일본에서 동전 한 개면 1엔, 5엔, 10엔, 50엔, 100엔, 500엔이 있는데, 그중에서도 가장 큰 단위인 500엔을 칭할 때가 대부분입니다.

예 **ワンコインランチ** 500엔 런치
ワンコインコンサート 500엔 콘서트

3 무작정 충전은 금물!
일본에서는 콘센트 사용 금지 카페가 꽤 많습니다.
음식점 등에서도 손님의 휴대폰은 기본적으로 충전해 주지 않기 때문에 주의하세요.
충전 금지 문구나 마크가 없다면 아래와 같이 물어본 후에 사용하세요!

- ここで充電(じゅうでん)できますか。 여기서 충전할 수 있나요?

실전 능력 강화

MP3 063

問 우측의 메뉴판을 보며 빈칸을 채워 회화 연습을 하고, ❶, ❷, ❸은 제시된 문장을 다양하게 넣어 보세요.

店員(てんいん) 店内(てんない)でお召(め)し上(あ)がりですか、お持(も)ち帰(かえ)りですか。

私(わたし) 먹고 갈게요 or 포장으로 부탁드려요 。

店員(てんいん) はい、お飲(の)み物(もの)は何(なに)になさいますか。

私(わたし) 음료 이름 の 사이즈 サイズを 개수 と

디저트 を 개수 ください。

店員(てんいん) はい、かしこまりました。ご注文(ちゅうもん)は以上(いじょう)でよろしいでしょうか。

私(わたし) すみません、あと、❶ 추천하는 디저트 요청

❷ 와이파이 패스워드 요청

❸ 카페인 없는 커피 요청

店員(てんいん) はい、もちろんです。

【 ❶ 추천하는 디저트 요청 】

・おすすめのデザートってありますか。

・デザートは何(なに)がおいしいですか。

・デザートのおすすめは何(なん)ですか。

【 ❷ 와이파이 패스워드 요청 】

・ワイファイのパスワードを教(おし)えてください。

・ワイファイのパスワードを教(おし)えてもらえますか。

・ちょっとワイファイを使(つか)いたいんですけど…。

【 ❸ 카페인 없는 커피 요청 】

・カフェインが少(すく)ないコーヒーはありますか。

・カフェインレスコーヒーもありますか。

・デカフェコーヒーもありますか。

メニュー 메뉴판

ホット 핫

ホットコーヒー 뜨거운 커피	アメリカーノ 아메리카노	カフェラテ 카페라떼
カフェモカ 카페모카	エスプレッソ 에스프레소	カプチーノ 카푸치노
抹茶(まっちゃ)ラテ 말차(녹차) 라떼	ほうじ茶(ちゃ)ラテ 호지차 라떼	ミルクティー 밀크티

アイス 아이스

アイスコーヒー 아이스커피	アイスカフェラテ 아이스 카페라떼	アイスティー 아이스티
アイス抹茶(まっちゃ)ラテ 아이스 말차(녹차) 라떼	アイスココア 아이스 코코아	ジンジャーエール 진저에일
オレンジジュース 오렌지 주스	スムージー 스무디	メロンソーダ 메론 소다

サイズ 사이즈

S	M	L
エス	エム	エル

デザート 디저트

クレープ 크레이프	モンブラン 몽블랑	チーズケーキ 치즈 케이크
キャロットケーキ 당근 케이크	タルト 타르트	プリン 푸딩
ティラミス 티라미수	パフェ 파르페	フルーツサンド 과일 샌드

※コーヒーは＋５０円(ごじゅうえん)でデカフェに変更可能(へんこうかのう)

커피는 +50엔으로 디카페인으로 변경 가능

듣기 체크

MP3 **064**

問 대화를 듣고 문제를 풀어 보세요.

1 여자가 처음에 주문한 메뉴가 아닌 것은 무엇입니까?

① 
② 
③ 

2 여자가 주문한 음료로 맞는 것은 무엇입니까?

① 

② 

③ 

3 여자가 포장한 메뉴는 무엇입니까?

① 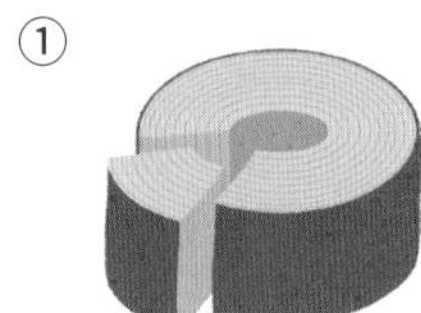
② 
③ 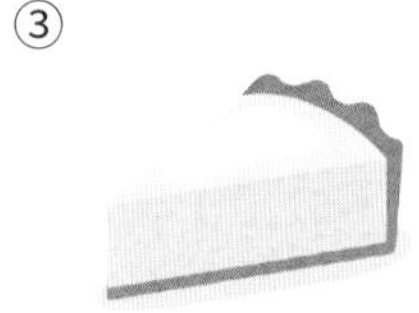

단어+

MP3 065

生(なま)クリーム	생크림	サイズアップ	사이즈 업	いっぱい	한 잔
ホイップクリーム	휘핑크림	コンセント	콘센트	にはい	두 잔
一切(ひとき)れ	한 조각	ストロー	빨대	さんばい	세 잔
二切(ふたき)れ	두 조각	ミルク	밀크	いっこ	한 개
熱(あつ)い	뜨겁다	シロップ	시럽	にこ	두 개
温(あたた)かい	따뜻하다	マドラー	머들러	さんこ	세 개
冷(つめ)たい	차갑다	ティッシュ	티슈	ひとつ	한 개
ぬるい	미지근하다	紙(かみ)コップ	종이컵	ふたつ	두 개
デカフェ	디카페인	マグカップ	머그컵	みっつ	세 개
カフェインレス	카페인레스	カップホルダー	컵 홀더 (포장 캐리어)	よっつ	네 개
ノンカフェイン	논 카페인	呼(よ)び出(だ)しベル	진동벨	いつつ	다섯 개

['디카페인'과 관련된 표현]

- デカフェ : 본래 카페인이 포함된 음료이지만 카페인을 제거한 것
- カフェインレス : 카페인이 포함되어 있지만 카페인 함유량이 적은 것
- ノンカフェイン : 본래 카페인이 전혀 포함되어 있지 않은 것

☑ 우리나라에서 말하는 카페인이 적거나 없는 '디카페인 커피'는 「デカフェコーヒー」 또는 「カフェインレスコーヒー」라고 말해요. 카페인에 약한 분들은 꼭 기억해 주세요!

☑ 일반적으로 「デカフェ」로 불리지만, 스타벅스에서는 「ディカフェ」라고 합니다.

14

症状を話してそれに合った薬と化粧品をおすすめしてもらおう！

증상을 이야기하고 그에 맞는 약과 화장품을 추천받자!

일본 여행의 재미 중 하나는 바로 쇼핑이죠!
쇼핑 중에 꼭 한 번쯤은 가게 되는 곳, 바로 '드러그 스토어'인데요.
의약품과 화장품, 그리고 잡화까지 팔고 있어 일상생활에서 필요로 하는 질 좋은 일본 제품을 한 곳에서 살 수 있다는 장점이 있죠.
이번 학습에서는 드러그 스토어에서의 실전 회화문을 준비해 봤습니다.
의약품 코너와 화장품 코너에서의 상황으로 나누어 설정하여 실전에서 바로 사용할 수 있도록 하였습니다.

私(わたし) すみません、目薬(めぐすり)が欲(ほ)しいんですけど…。

店員(てんいん) お薬(くすり)でしたら奥(おく)の方(ほう)の薬剤師(やくざいし)にお聞(き)きください。

〈医薬品(いやくひん)コーナーで〉

私(わたし) すみません、普段(ふだん)コンタクトを付(つ)けてるんですけど、目(め)がかゆくて、充血(じゅうけつ)してるんです。

薬剤師(やくざいし) ハードレンズとソフトレンズ、どちらをお使(つか)いですか。

私(わたし) 今(いま)、付(つ)けているのはソフトレンズで、使(つか)い捨(す)てです。

薬剤師(やくざいし) それならソフトレンズをつけたまま使(つか)える目薬(めぐすり)をお使(つか)いになった方(ほう)がいいですね。

私(わたし) はい、どれがおすすめですか。

薬剤師(やくざいし) 今(いま)の季節(きせつ)に目(め)のかゆみや充血(じゅうけつ)は花粉(かふん)の影響(えいきょう)も大(おお)きいですから、アレルギー専用(せんよう)のこちらの商品(しょうひん)がいいと思(おも)います。

私(わたし) じゃ、それください。

단어 □ **目薬(めぐすり)** 안약 □ **薬(くすり)** 약 □ **薬剤師(やくざいし)** 약사 □ **医薬品(いやくひん)** 의약품 □ **コンタクト** 콘택트렌즈 □ **付(つ)ける** 끼다 □ **かゆい** 가렵다 □ **充血(じゅうけつ)する** 충혈되다 □ **ハードレンズ** 하드렌즈 □ **ソフトレンズ** 소프트렌즈 □ **使(つか)い捨(す)て** 일회용(사용하고 버림) □ **お使(つか)いになる** 사용하시다 □ **季節(きせつ)** 계절 □ **かゆみ** 가려움 □ **花粉(かふん)** 꽃가루 □ **影響(えいきょう)** 영향 □ **アレルギー** 알레르기 □ **専用(せんよう)** 전용 □ **商品(しょうひん)** 상품

해석

드러그스토어에서

나 저기요, 안약을 사고 싶은데요.

점원 약이라면 안쪽의 약사에게 물어보세요.

〈의약품 코너에서〉

나 저기요, 평소에 콘택트(렌즈)를 끼고 있는데, 눈이 가렵고 충혈됐어요.

약사 하드렌즈와 소프트렌즈 어느 쪽을 사용하시나요?

나 지금 끼고 있는 건 소프트렌즈이고 일회용이에요.

약사 그렇다면 소프트렌즈를 낀 채로 사용할 수 있는 안약을 사용하시는 편이 좋아요.

나 네, 어느 것을 추천하나요?

약사 지금 계절에 눈의 가려움이나 충혈은 꽃가루의 영향도 크니까 알레르기 전용인 이 상품이 좋다고 생각해요.

나 그럼, 그거 주세요.

〈化粧品コーナーで〉

私　すみません、いいスキンケア商品を探しているんですけど。

美容部員　お客様はどんな肌質でしょうか。

私　う～ん、どっちかと言うと乾燥肌ですね。

美容部員　そうしますと、お肌に水分を補うために化粧水からしっとり系を使ってみてください。

私　化粧水って全部さらさらしてると思っていました。

美容部員　いろんな種類がございますよ。こちら試してみてください。

私　いいですね。
最近、特に洗顔した後は、肌の乾燥が感じられます。

美容部員　でも、化粧した日はダブル洗顔が大事です。
肌の汚れをきれいにとる一番の方法ですから。

私　はい、欠かさずにやってみます。

美容部員　化粧水の後はこういう乳液とか美容液を使って
油分と水分を一緒に閉じ込めた方がいいです。

私　なるほど。じゃ、１つずつください。

단어 □ スキンケア 스킨케어 □ 探す 찾다 □ 肌質 피부 타입 □ 乾燥肌 건조 피부 □ 水分 수분 □ 補う 보충하다 □ 化粧水 스킨(화장수) □ しっとり系 촉촉한 계열 □ さらさら 습기나 끈적함이 없이 가벼운 모양 □ 種類 종류 □ お試し 테스트 □ 洗顔 세안 □ 乾燥 건조 □ 感じられる 느껴지다 □ ダブル洗顔 이중세안 □ 汚れ 오염, 노폐물 □ 欠かす 빠뜨리다 □ 乳液 로션(유액) □ 美容液 에센스(미용액) □ 油分 유분 □ 閉じ込める 가두다

해석

〈화장품 코너에서〉

나 저기요, 좋은 스킨케어 상품을 찾고 있는데요.

미용부원 손님은 어떤 피부 타입이신가요?

나 음…, 어느 쪽이냐고 한다면 건조 피부예요.

미용부원 그렇다면 피부에 수분을 보충하기 위해 스킨부터 촉촉한 계열을 써 보세요.

나 스킨은 전부 가벼운 느낌이라고 생각하고 있었어요.

미용부원 여러 종류가 있답니다. 이거 테스트해 보세요.

나 좋네요. 요즘 특히 세안한 후에는 피부의 건조함이 느껴져요.

미용부원 그래도 화장한 날은 이중세안이 중요해요. 피부의 노폐물을 깨끗하게 빼는 첫 번째 방법이니까요.

나 네, 빠뜨리지 않고 해 볼게요.

미용부원 스킨 후에는 이런 로션이라든지 에센스를 발라서 유분과 수분을 함께 가두는 게 좋아요.

나 그렇구나. 그럼, 한 개씩 주세요.

문법과 작문 마스터

MP3 067

1 使い捨て 사용하고 버림 (= 일회용)

使い捨てる 사용하고 버리다

└ 使う→い (어미 い단 변형 / 1그룹 ます형) + 捨てる

使い捨て 사용하고 버림

└ 捨てる→ (어미 탈락 / 2그룹 ます형) [명사]형태로 변형

✦✦✦

TIP 함께 알아 두면 좋은 표현

乗り捨て 타고 버림

렌터카나 전동 킥보드를 원위치로의 반납이 아닌 타다가 자유롭게 세워 두는 것을 말합니다.

렌터카의 경우, 렌털과 반납을 서로 다른 지점에 하는 것을 의미해요.

예 空港乗り捨て 다른 장소에서 빌려 타고 공항에서 반납하는 경우

단어 □ 捨てる 버리다

2-1 동사 た형+まま [동사]한 채로

ソフトレンズを付(つ)けたまま 소프트렌즈를 낀 채로

└付(つ)けるた (2그룹 た형) + まま

☑ 「付(つ)ける」는 '끼다, 붙이다, 부착하다' 등 여러 해석이 있는데, 여기선 '렌즈'가 목적어가 되므로 '끼다'로 해석해요.

もんだい

1. 신발을 신은 채로 집 안에 들어갔다. ⋯▸

2. 에어컨을 켜 둔 채로 나와 버렸다. ⋯▸

2-2 동사 ない형+まま [동사]하지 않은 채(로)

電気(でんき)を消(け)さないまま外出(がいしゅつ)した。 전기를 끄지 않은 채(로) 외출했다.

└消(け)すさない (1그룹 ない형) + まま

☑ '어떤 동작을 하지 않은 채 그대로 방치해 둔다'는 뉘앙스의 문장입니다.

☑ 긍정의 경우 「た형」 접속, 부정의 경우 「ない형」 접속인 점을 기억하세요!

もんだい

1. 화장을 지우지 않은 채 자 버렸다. ⋯▸

2. 선풍기를 켜지 않은 채 계속 참았다 . ⋯▸

단어 □ 履(は)く 신다 □ 付(つ)ける 켜다 □ 出(で)る 나오다 □ 化粧(けしょう)を落(お)とす 화장을 지우다 □ 寝(ね)る 자다 □ 扇風機(せんぷうき) 선풍기 □ 我慢(がまん)する 참다

3 どっちかと言(い)うと 둘 중 하나를 고르자면 / 어느 쪽이냐고 한다면

どっちかと言(い)うと乾燥肌(かんそうはだ)ですね。 어느 쪽이냐 한다면 건조 피부예요.

☑ 확실히 기울어지지 않은 상황에 있어서 그나마 확률적으로 기울어진 쪽을 이야기할 때 사용해요.

☑ 「どっち」와 「どちら」 둘 다 잘 사용됩니다.

예 どちらかと言(い)うと

☑ 「いうと(言(い)うと)」는 히라가나로 표기하는 경우도 많아요!

もんだい

1. 고기와 생선 둘 다 좋지만 하나를 고르자면 고기예요.

…›

2. 굳이 고르자면 버스가 편해요.

…›

3. (비등비등하지만) 굳이 말하자면 자주 마시는 편이에요.

…›

~かと言(い)うと	해석	직역
何(なに)かと言(い)うと	뭐냐면	무엇인가 라고 말한다면
誰(だれ)かと言(い)うと	누구냐면	누구인가 라고 말한다면
いつかと言(い)うと	언제냐면	언제인가 라고 말한다면
なぜかと言(い)うと	왜냐면	왜인가 라고 말한다면

단어 □ お肉(にく) 고기 □ お魚(さかな) 생선

4 동사 ない형+ずに(=ないで) [동사]하지 않고

欠かさずに 빠뜨리지 않고

↑ 欠かすさ (어미 あ단 변형 / 1그룹) + ずに

- ☑ 「ずに」는 동사 부정형에 접속할 것!
- ☑ 예외: 「する」는 「しずに」가 아닌, 「せずに」로 외워야 합니다.
- ☑ 「ない형+で」와 해석이 동일한데 「ないで」는 구어체, 「ずに」는 문어체 정도의 차이가 있어요.

예 欠かさ+ないで = 欠かさ+ずに

もんだい

1. 아무것도 사지 않고 보고 있었어요.

 ないで …›

 ずに …›

2. 휴대폰을 보지 않고는 있을 수 없다.

 ないで …›

 ずに …›

3. 돈을 내지 않고 먹는 행위는 불법입니다.

 ないで …›

 ずに …›

4. 어른인데도 일하지 않고 쉬는 사람

 ないで …›

 ずに …›

5. 먹지도 않고 싫어함 (혹은 그런 사람) …›

□ 欠かす 빠뜨리다 □ 払う 지불하다, 돈을 내다 □ 行為 행위 □ 不法 불법 □ 働く 일하다
□ 食う 먹다 □ 嫌い 싫음

5-1 동사た형+方(ほう)がいいです [동사]하는 편이 좋습니다(것이 좋습니다)

目薬(めぐすり)をお使(つか)いになった方(ほう)がいいです。 안약을 사용하시는 편이 좋아요.

└ お使(つか)いになるった (1그룹 た형) + 方(ほう)がいい

☑ 「お使(つか)いになる」는 '사용하시다'라는 뜻으로, 「使(つか)う」의 존경 표현이니 하나의 동사로 외워 주세요.

閉(と)じ込(こ)めた方(ほう)がいいです。 가두는 게 좋아요.

└ 閉(と)じ込(こ)めるた (2그룹 た형) + 方(ほう)がいい

✦✦✦

TIP 이 문법의 우리말 해석에는 과거의 의미가 없지만, 일본어는 た형(과거형)으로 접속되는 것에 유의해 주세요!

もんだい

1. 감기약을 먹고 푹 자는 게 좋아요. ⋯›
2. 해 보고 나서 후회하는 게 좋아요. ⋯›
3. 감기일 때는 따뜻한 물을 마시는 게 좋습니다.

⋯›

단어 □ 使(つか)う 사용하다 □ 閉(と)じ込(こ)める 가두다 □ 風邪薬(かぜぐすり) 감기약 □ ぐっすり 푹 □ 後悔(こうかい)する 후회하다 □ 白湯(さゆ) 따뜻한 물(한번 끓인 물)

5-2 동사ない형+方(ほう)がいいです [동사]하지 않는 편이 좋습니다(것이 좋습니다)

そのことは言(い)わない方(ほう)がいいです。 그 일은 말하지 않는 게 좋아요.

言(い)う → わない (1그룹 ない형) + 方(ほう)がいい

☑ 부정에 접속하여 '~하지 않는 편이 좋다'라는 표현도 만들 수 있어요.

もんだい

1. 벌레를 싫어하시는 분은 보지 않는 게 좋아요. ⋯▸

2. 도시에선 택시를 타지 않는 게 좋아요. ⋯▸

3. 당분간 연락 안 하는 게 좋다고 생각해요. ⋯▸

	동사 형태	문법	활용
行(い)く	行(い)った (과거형)	＋方(ほう)がいいです ~편이 좋습니다	行(い)った方(ほう)がいいです。 가는 편이 좋습니다.
	行(い)かない (부정형)		行(い)かない方(ほう)がいいです。 가지 않는 편이 좋습니다.

TIP 긍정은 과거형에 접속하지만, 부정은 현재 부정형에 접속되는 것이 포인트!

단어 □ 虫(むし) 벌레, 곤충 □ 嫌(きら)いだ 싫어하다 □ 都会(とかい) 도시 □ 当分(とうぶん) 당분간 □ 連絡(れんらく) 연락

실전 능력 강화

MP3 068

問 메시지 내용을 보고 각 상황에 맞는 상품과 놓인 코너명을 알려 주세요.

코너명	상품
医薬品コーナー	便秘薬　風邪薬　胃腸薬　絆創膏　湿布
化粧品コーナー	洗顔フォーム　化粧落とし　日焼け止め
日用品コーナー	ウェットティッシュ　食器洗剤　スポンジ　マスク

1

キムちゃん

風邪を引いてしまいました。咳とくしゃみが止まりません…(涙)
薬ってどこで買えますか？

ありゃ…かわいそうに…

アドバイザー

ドラッグストアの＿코너명＿コーナーに＿＿상품＿＿がありますから、
飲んでゆっくり休んでくださいね。
あと、咳とくしゃみもあるなら＿코너명＿コーナーで＿＿상품＿＿も
買った方がいいですね。

2

なおちゃん

最近、消化不良で食欲がないんです。

どうしたんですか？!
＿코너명＿コーナーで＿＿상품＿＿を買って飲んだ方がいいですよ！

アドバイザー

3

ゆきちゃん

夏になったから紫外線をしっかり予防したいんです。

それ大事ですよ！
코너명 コーナーに 상품 があるからぜひ使ってください。

アドバイザー

4

しょうた

ずっとお通じがなくてお腹が張ってつらいです。

それはつらいですね。코너명 コーナーで 상품 を買って飲んでください。

アドバイザー

5

たくみ

これからダブル洗顔をしてみようと思ってるの！

코너명 コーナーで 상품 と 상품 を買って使ってみて！

アドバイザー

6

ゆうたくん

今日から一人暮らしなんだよね。
とりあえず、皿洗いに必要な商品が欲しい!

まずは 코너명 コーナーで 상품 と 상품 を買ってね！

アドバイザー

단어
□ 医薬品 의약품 □ 便秘薬 변비약 □ 風邪薬 감기약 □ 胃腸薬 위장약 □ 絆創膏 반창고
□ 湿布 파스 □ 洗顔フォーム 폼 클렌징 □ 化粧落とし 클렌징(마스카라 등을 지우는 오일류의 세정 제품)
□ 日焼け止め 자외선 차단제 □ 日用品 일용품 □ ウェットティッシュ 물티슈 □ 食器洗剤 식기 세제
□ スポンジ 스펀지 □ 咳 기침 □ くしゃみ 재채기 □ 消化不良 소화불량 □ 食欲 식욕
□ 紫外線 자외선 □ 予防 예방 □ お通じがない 배변을 보지 못하다 □ お腹が張る 배가 부풀다
□ ダブル洗顔 이중세안 □ 一人暮らし 자취, 혼자 삼 □ 皿洗い 설거지 □ 商品 상품

듣기 체크

MP3 069

問 **대화를 듣고 문제를 풀어 보세요.**

1 여자는 눈이 충혈된 이유를 무엇이라고 생각하고 있습니까?

① pc(ピーシー)作業(さぎょう)をしたから
② ハードレンズを付(つ)けたから
③ ソフトレンズを付(つ)けたから

2 약사가 말한 눈에 끼치는 악영향이 아닌 것은 무엇입니까?

① pc(ピーシー)作業(さぎょう)
② コンタクトを毎日(まいにち)付(つ)けること
③ 季節(きせつ)の影響(えいきょう)

3 약사가 추천하는 안약은 무엇입니까?

① アレルギー専用(せんよう)の目薬(めぐすり)
② ソフトレンズとアレルギー専用(せんよう)の目薬(めぐすり)
③ ソフトレンズ専用(せんよう)とアレルギー専用(せんよう)を１(ひと)つずつ

단어+

MP3 070

医薬品(いやくひん)コーナー 의약품 코너		化粧品(けしょうひん)コーナー 화장품 코너		日用品(にちようひん)コーナー 일용품 코너	
絆創膏(ばんそうこう)	반창고	ファンデーション	파운데이션	石鹸(せっけん)	비누
栄養(えいよう)ドリンク剤(ざい)	영양 강장제(드링크제)	コンシーラー	컨실러	除湿剤(じょしつざい)	제습제
胃腸薬(いちょうやく)	위장약	チーク	볼터치	食器洗剤(しょっきせんざい)	식기 세제
コンタクトレンズ保存液(ほぞんえき)	콘택트렌즈 보존액	アイブロウ	아이브로우	おむつ	기저귀
湿布(しっぷ)	파스	アイライナー	아이라이너	綿棒(めんぼう)	면봉
ビタミン剤(ざい)	비타민제	マスカラ	마스카라	スポンジ	수세미
便秘薬(べんぴやく)	변비약	涙(なみだ)ぶくろ	애굣살	トイレットペーパー	화장실 휴지(두루마리 휴지)
漢方薬(かんぽうやく)	한방약	つけまつげ	붙이는 속눈썹	入浴剤(にゅうよくざい)	입욕제
サプリメント	건강 보조제	リップ	립스틱	トイレ洗浄剤(せんじょうざい)	화장실 세정제
皮膚炎(ひふえん)	피부염	洗顔(せんがん)フォーム	클렌징 폼	マスク	마스크
湿疹(しっしん)	습진	アクネケア	여드름 케어	殺虫(さっちゅう)スプレー	살충 스프레이
風邪薬(かぜぐすり)	감기약	毛穴(けあな)パック	모공팩	ウェットティッシュ	물티슈
ダイエット	다이어트	日焼(ひや)け止(ど)め	자외선 차단제(선크림)	防虫剤(ぼうちゅうざい)	방충제

15

自分の好みとサイズに合ったものを探そう。(洋服・靴)

자신의 취향과 사이즈에 맞는 것을 찾자. (옷 · 신발)

일본 여행 중에 옷이나 신발을 구매하는 분도 정말 많을 텐데요!
실전 회화문에서는 옷 쇼핑과 신발 쇼핑으로 나누어 상황을 설정해 보았어요.
옷 쇼핑에서는 옷의 사이즈, 색상, 시착 등에 관해,
신발 쇼핑에서는 구두의 굽과 사이즈, 선물 포장 등과 관련된 회화문으로 구성했어요.
한국과 가까운 일본이지만, 사이즈 표현 등에 있어 달라지는 부분이 있으니
꼭 집중해서 학습해 주시길 바랄게요!
점원과 소통하여 나에게 꼭 맞는 상품을 샀을 때의 기쁨은 배가 되겠죠?

실전 회화문

ショッピングモールで

MP3 071

〈洋服(ようふく)のショッピング〉

私(わたし)　すみません、このワンピースの色違(いろちが)いもありますか。

店員(てんいん)　はい、ございます。
ホワイトとブルーの２色(にしょく)を販売(はんばい)しております。

私(わたし)　じゃ、どっちも着(き)てみていいですか。

店員(てんいん)　もちろんです。では試着室(しちゃくしつ)へどうぞ。

…試着後(しちゃくご)…

私(わたし)　ちょっと脇(わき)の方(ほう)がきついです。
もうちょっと大(おお)きいのがいいかもしれません。

店員(てんいん)　かしこまりました。では、１つ(ひと)上(うえ)のサイズをお持(も)ちいたします。両方(りょうほう)試着(しちゃく)されますか。

私(わたし)　いや、ブルーだけお願(ねが)いします。
ホワイトはちょっと透(す)けちゃいますね。
……
(このサイズでちょうどだ！とりあえずこれは決定(けってい)！)

단어　□ 色違(いろちが)い 다른 색상　□ 販売(はんばい) 판매　□ 試着室(しちゃくしつ) 시착실, 탈의실　□ 脇(わき) 겨드랑이　□ きつい 꽉 끼다
□ 両方(りょうほう) 양쪽, 두 개 다　□ 試着(しちゃく) 시착, 입어 봄　□ 透(す)ける 비치다　□ 決定(けってい) 결정

해석

쇼핑몰에서

〈옷 쇼핑〉

나 저기요, 이 원피스 다른 색상도 있나요?

직원 네, 있습니다. 흰색과 파랑 두 가지 색을 판매하고 있습니다.

나 그럼, 둘 다 입어 봐도 되나요?

직원 물론입니다. 그럼 탈의실로 가실까요?

… 시착 후 …

나 조금 겨드랑이 부분이 껴요. 좀 더 큰 게 좋을지도 모르겠어요.

직원 알겠습니다. 그럼 하나 위 사이즈를 가져다드릴게요. 둘 다 입어 보시겠습니까?

나 아뇨, 파란색만 부탁드릴게요. 흰색은 조금 비치네요.

……

(이 사이즈로 딱이다! 일단 이건 결정!)

〈靴のショッピング〉

私　すみません、これのヒールの低いデザインもありますか。

店員　少し違うデザインになりますが、
こちらはいかがでしょうか。ヒールも低い方です。

私　これもかわいいですね。素材もよさそうだし。

店員　そうなんです。今週、入ったばかりで大変人気の商品ですよ。

私　いいですね。これの２４が欲しいです。
あと、靴のラッピングってできますか。

店員　はい、贈り物でしょうか。

私　そうです。姉の誕生日プレゼントにあげようと思って。

店員　このように箱状のラッピングをいたしております。
リボンの色もこちらからお選びいただけます。

私　素敵ですね。じゃ、リボンは赤にしてください。

단어　□ **ヒール** (구두의)굽, 힐　□ **素材** 소재　□ **大変** 매우　□ **商品** 상품　□ **ラッピング** 포장, 래핑
□ **贈り物** 선물　□ **姉** 언니, 누나　□ **箱状** 박스 상태　□ **選ぶ** 선택하다　□ **素敵だ** 근사하다, 멋지다
□ **赤** 빨강

해석

〈신발 쇼핑〉

나 저기요, 이거 힐이 낮은 디자인도 있나요?

직원 조금 다른 디자인인데, 이건 어떠실까요? 힐도 낮은 편이고요.

나 이것도 귀엽네요. 소재도 좋은 것 같고요.

직원 그렇습니다. 이번 주 막 들어왔고 매우 인기 상품이에요.

나 좋네요. 이거 24사이즈를 원해요(240사이즈 주세요).
그리고 신발 포장도 되나요?

직원 네, 선물이신가요?

나 맞아요. 언니 생일 선물로 주려고 생각해서요.

직원 이렇게 상자 포장을 해 드리고 있습니다.
리본 색도 여기에서 선택하실 수 있어요.

나 멋지네요. 그럼, 리본은 빨강으로 해 주세요.

문법과 작문 마스터

MP3 072

1 동사 て형+おります [동사]하고 있습니다 (겸양, 정중)

販売(はんばい)しております。 판매하고 있습니다.

販売(はんばい)~~する~~して(「する」의 て형) + おる(「いる」의 겸양)

☑ 현재진행형인 「~ている ~하고 있다」의 '겸양적 표현'이에요.
본인 혹은 본인을 포함한 구성원이 무언가를 하고 있는 상황을 정중히 낮춰서 이야기하는 표현입니다.

もんだい

1. 손님을 안내하고 있습니다. ⋯›
2. 3년 전 일본에서 살았습니다. ⋯›
3. 신세를 지고 있습니다. ⋯›

TIP 「~に住(す)む」는 현재진행형

~に住(す)む ~에 살다

☑ 「住(す)む」는 진행형인 「~ている」의 형태로 표현해야 합니다.
[현재] 서울에서 살아요. → ソウルに住(す)んでいます。(현재진행형)
[과거] 도쿄에서 살았어요. → 東京(とうきょう)に住(す)んでいました。(과거진행형)

☑ 또한 우리말은 '살다' 동사를 이야기할 때 '에/에서' 조사가 자유롭게 나오는데 일본어에서는 「~に住(す)む」로만 이야기해야 합니다.

☑ 그 밖에 항상 진행형을 사용하는 동사
結婚(けっこん)する 결혼하다(결혼 시점을 말할 때는 과거로) • 知(し)る 알다 • 痩(や)せる 마르다 •
太(ふと)る 살찌다 • 似(に)る 닮다 등

2 ～かもしれない ～일(할) 지도 모른다

いいかもしれません。 좋을지도 몰라요.

└ いい (기본 활용) + かもしれない

☑ い형용사 외에도 명사, な형용사, 동사의 기본활용 접속이 가능해요!

	접속 방법	문법	예
명사	彼(かれ)	＋かもしれない 일지도 모른다	彼(かれ)かもしれない。그일지도 모른다.
な형용사	真面目(まじめ)~~だ~~		真面目(まじめ)かもしれない。성실할지도 모른다.
い형용사	いい		いいかもしれない。좋을지도 모른다.
동사	行(い)く		行(い)くかもしれない。갈지도 모른다.

もんだい

1. 그 옷은 안 맞을지도 모르겠네요. ⋯›

2. 일단 제출해 두는 게 좋을지도 몰라요. ⋯›

3. 예전에는 사이가 좋았을지도 몰라요. ⋯›

4. 만일을 위해 여기에 써 두는 게 좋을지도 몰라요.

⋯›

5. 여기까지 온 건 이야기하고 싶은 게 있어서였을지도 몰라.

⋯›

6. 바빠 보여도 그렇게 힘들지 않을지도 몰라.

⋯›

단어 □ 案内(あんない)する 안내하다 □ お世話(せわ)になる 신세를 지다 □ 合(あ)う 맞다 □ とりあえず 일단, 우선
□ 提出(ていしゅつ)する 제출하다 □ 仲(なか)がいい 사이가 좋다 □ 万(まん)が一(いち) 만일 □ ～ために ～위해(서)

3 동사て형+ちゃう(じゃう) ~해 버리다 / ~하고 말다

透(す)けちゃいます。 비쳐 버립니다.

透(す)け~~る~~ (2그룹 て형) + ちゃう

☑ 「~てしまう」 문법의 [회화체 + 축약형]이라고 생각하면 됩니다.

	~てしまう ~해 버리다/~하고 말다	~ちゃう ~해 버리다/~하고 말다
1그룹	言(い)ってしまう 말해 버리다	言(い)っちゃう 말해 버리다
	書(か)いてしまう 써 버리다	書(か)いちゃう 써 버리다
	遊(あそ)んでしまう 놀아 버리다	遊(あそ)んじゃう 놀아 버리다
2그룹	食(た)べてしまう 먹어 버리다	食(た)べちゃう 먹어 버리다
3그룹	来(き)てしまう 와 버리다	来(き)ちゃう 와 버리다

☑ て형 앞 단까지 동일하게 바꾸고 「~てしまう → ~ちゃう」를 「~でしまう → ~じゃう」를 붙여 주면 돼요!

☑ 「~ちゃう」 또한 「う」로 끝나는 1그룹 동사이기에 동사의 문법 활용을 따릅니다.

もんだい

1. 너무 많이 마셔 버렸어요. ···›
2. 엄마가 준 용돈은 벌써 써 버렸어요. ···›
3. 기뻐서 울어 버렸어. ···›

단어 ☐ 透(す)ける 비치다 ☐ お小遣(こづか)い 용돈 ☐ 泣(な)く 울다

4 수식절 안의「の」 ~이/가

ヒールの低(ひく)いデザインもありますか。 힐이 낮은 디자인도 있나요?

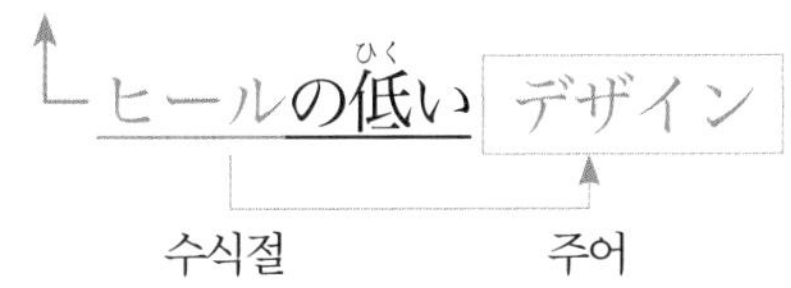

☑ '디자인'은 디자인인데 '힐이 낮은' 디자인이죠. '힐이 낮은'은 '디자인'을 수식하는 [수식절]입니다.

☑ 이때에 '힐이 낮은'의 '힐'는 진짜 주어가 아닌 [수식절]에서의 주어이기 때문에 조사를「の」로 바꿔, 나중에 나올 진짜 주어를 확실히 해 줍니다.

もんだい

1. 그가 없는 학교는 상상할 수 없다. ⋯›
2. 운이 좋은 사람은 자주 당첨돼요. ⋯›
3. 비가 오는 날은 꼭 우울해져요. ⋯›
4. 엄마가 좋아하는 요리는 한국의 '닭 한 마리'입니다.
   ⋯›
5. 다나카 씨가 만든 케이크는 꼭 한번 먹어 보세요.
   ⋯›
6. 속도가 느린 컴퓨터는 누구든 사용하고 싶지 않다.
   ⋯›

단어 □ **想像**(そうぞう) 상상 □ **運**(うん) 운 □ **当**(あ)**たる** 당첨되다 □ **どうしても** 아무래도, 꼭 □ **鬱**(うつ)**になる** 우울해지다
□ **タッカンマリ** 닭 한 마리('닭백숙'을 뜻함) □ **速度**(そくど) 속도 □ **誰**(だれ)**も** 누구든

5 동사 た형+ばかりだ 막 [동사]했다 / [동사]한 지 얼마 안 됐다

今週(こんしゅう)、入(はい)ったばかりで 이번 주 막 들어왔고(막 들어와서)

└ 入(はい)~~る~~った (1그룹 た형) + ばかりだ

- ☑ 우리말의 해석이 두 가지 나올 수 있는 문법인데요. 본문처럼 「今週(こんしゅう) 이번 주」와 같은 구체적인 '시간의 개념'이 나온다면 '이번 주 막 [동사]했다'의 해석이 적당합니다.
- ☑ 뒤에 붙은 「ばかりだ」는 이렇게 활용할 수 있어요!

	入(はい)ったばかりだ	막 들어왔다
연결	入(はい)ったばかりで	막 들어와서 / 막 들어왔고
이유	入(はい)ったばかりだから	막 들어왔으니까 / 막 들어왔기 때문에
역접	入(はい)ったばかりだけど	막 들어왔지만 / 막 들어왔는데
명사 접속	入(はい)ったばかりの商品(しょうひん)	막 들어온 상품

もんだい

1. 회사에 들어간지 얼마 안 됐으니까 일을 전혀 모른다.

…→

2. 아직 배운 지 얼마 안 돼서 잘 못해요.

…→

3. 1개월 전에 막 구입해서 소중히 다루고 있어요.

…→

단어 □ 習(なら)う 배우다 □ うまくない 잘 못하다 □ 1ヶ月(いっかげつ) 1개월 □ 大事(だいじ)に 소중히 □ 扱(あつか)う 다루다

표현+

MP3 073

ちょっと見(み)てもいいですか。	좀 봐도 되나요?
これはいくらですか。	이건 얼마인가요?
何(なに)かお探(さが)しですか。	뭔가 찾으시나요?
どうぞご覧(らん)ください。	자 보세요.
着(き)てみてもいいですか。	입어 봐도 되나요?
試着(しちゃく)してもいいですか。	입어 봐도 되나요?
かぶってみてもいいですか。	써 봐도 되나요? (모자)
かけてみてもいいですか。	써(걸어) 봐도 되나요? (안경)
履(は)いてみてもいいですか。	신어 봐도 되나요? / 입어 봐도 되나요? (하의)
これの赤(あか)いのもありますか。	이거 빨간색도 있나요?
これの色違(いろちが)いもありますか。	이거 다른 색도 있나요?
ちょうどいいです。	딱 좋아요.
ぴったりです。	딱 맞아요.
もっと大(おお)きいサイズはありますか。	더 큰 사이즈는 있나요?
もっと小(ちい)さいサイズはありますか。	더 작은 사이즈는 있나요?
もっと安(やす)いのはありますか。	더 저렴한 건 있나요?
何(なに)が流行(はや)りですか。	뭐가 유행이에요?
どっちが人気(にんき)ですか。	어느 것이 인기예요?
ラッピングお願(ねが)いします。	포장 부탁드려요.
プレゼント用(よう)に包(つつ)んでください。	선물용으로 포장해 주세요.

실전 능력 강화

MP3 074

問 표를 참고하여 점원과의 회화를 연습하고 다양한 쇼핑을 해 보세요.

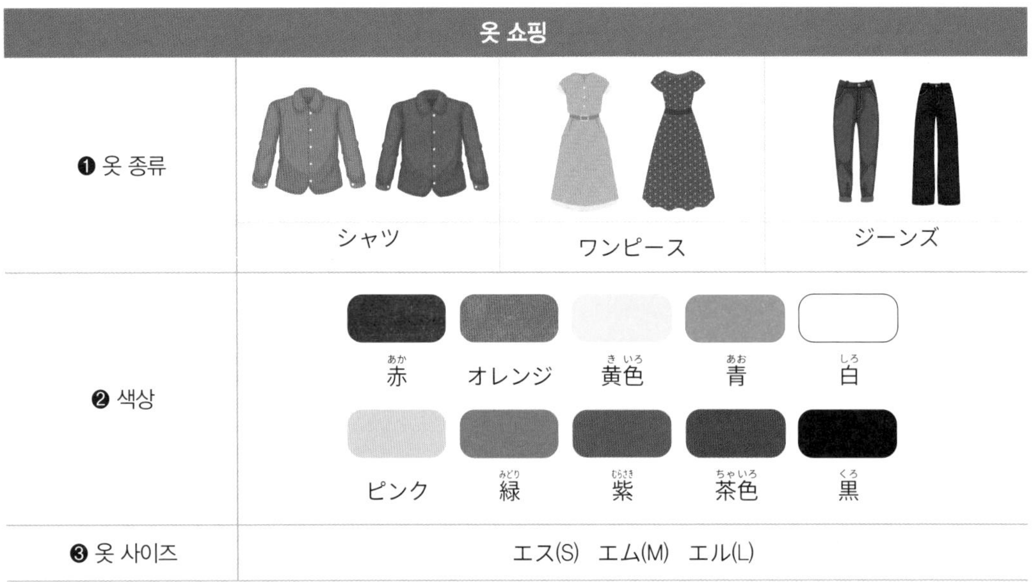

옷 쇼핑					
❶ 옷 종류	シャツ	ワンピース	ジーンズ		
❷ 색상	赤(あか)	オレンジ	黄色(きいろ)	青(あお)	白(しろ)
	ピンク	緑(みどり)	紫(むらさき)	茶色(ちゃいろ)	黒(くろ)
❸ 옷 사이즈	エス(S)　エム(M)　エル(L)				

옷 쇼핑

私(わたし)　すみません。この ❶ 옷 종류 の 다른 색상 もありますか。

店員(てんいん)　❷ 색상 と ❷ 색상 がございます。

私(わたし)　둘 다 입어 봐도 되나요?

店員(てんいん)　もちろんです。こちらへどうぞ。

私(わたし)　この ❷ 색상 の ❸ 사이즈 をください。

신발 쇼핑		
❹ 신발 종류		スニーカー　ブーツ　パンプス
❺ 신발 사이즈		23　23.5　24　24.5　25　25.5 26　26.5　27　27.5　28　28.5
❻	큰 사이즈로 변경	① もうちょっと大きいサイズってありますか。 ② もっと大きいのが欲しいです。 ③ １つ上のサイズを見せてもらえますか。
	작은 사이즈로 변경	① もうちょっと小さいサイズってありますか。 ② 小さいのが欲しいです。 ③ １つ下のサイズを見せてもらえますか。

신발 쇼핑

私　すみません。この ❹ 신발 종류 の ❺ 신발 사이즈 ってありますか。

店員　はい、少々お待ちください。お持ちいたします。

私　あれ…、 ❻ 사이즈 변경 요청 。

店員　はい、すぐにお持ちいたします。

단어 □ **赤** 빨강 □ **オレンジ** 오렌지(주황) □ **黄色** 노랑 □ **青** 파랑 □ **白** 흰색 □ **ピンク** 핑크(분홍) □ **緑** 초록 □ **紫** 보라 □ **茶色** 갈색 □ **黒** 검정 □ **スニーカー** 운동화 □ **ブーツ** 부츠 □ **パンプス** 힐이 있는 여성 구두

MP3 075

問 대화를 듣고 문제를 풀어 보세요.

1 남자가 입어 본 셔츠의 색은 무엇입니까?

① 赤と緑
② 青と赤
③ 緑と青

2 남자는 왜 사이즈를 바꿨습니까?

① シャツがきつかったから
② シャツが短かったから
③ シャツが大きかったから

3 남자가 셔츠의 포장을 부탁한 이유는 무엇입니까?

① 家族のプレゼントに
② 私へのプレゼントに
③ 恋人へのプレゼントに

단어 □ ご褒美 포상, 선물

단어+

MP3 076

ご褒美	포상(자신에게 주는 선물)	値札	가격표	층수	
着る	입다	袋	봉투	何階	몇 층
販売	판매	手提げ袋 / ショッパー	손잡이가 있는 봉투	一階	1층
試着室	시착실, 탈의실	交換	교환	二階	2층
サイズ	사이즈	返品	반품	三階	3층
ワンピース	원피스	レシート	영수증	四階	4층
靴	신발	領収書	영수증	五階	5층
ブーツ	부츠	ズボン	바지	六階	6층
デザイン	디자인	靴下	양말	七階	7층
大きい	크다	ジーンズ	진	八階	8층
小さい	작다	デニム	데님	九階	9층
高い	비싸다	パンツ	바지	十階	10층
安い	싸다	ベルト	벨트	色 색깔	
透ける	비치다	プレゼント用	선물용	赤	빨강
値段	가격	お土産	특산품, 선물	黄色	노랑
値引き	가격 인하	割引	할인	青	파랑
ラッピング	포장, 래핑	セール	세일	緑	초록
リボン	리본	キャンペーン	캠페인	白	하양
選ぶ	고르다	実施中	실시 중	黒	검정
箱	상자	おもちゃ	장난감	ピンク	핑크
品切れ	품절	化粧品	화장품	茶色	갈색
売りきれ	매진	フードコート	푸드코트	ベージュ	베이지

16

病院(びょういん)での流(なが)れ

병원에서의 흐름

일본 여행에서 혹여나 병원에 가야 하는 상황이 생겼을 때나 실제 일본 생활을 앞두고 있는 학습자들을 위한 '병원에서의 흐름'을 알고 가는 과입니다. 외국인으로서 병원에 가게 되었을 경우의 절차라든가, 실제 일본의 병원에서 작성하는 문진표를 함께 써 봄으로써 실전에 대비할 수 있게 구성하였습니다.

MP3 077

〈受付(うけつけ)〉

看護師(かんごし) こちらは初(はじ)めてですか。

私(わたし) はい、私外国人(わたしがいこくじん)なんですけど…。

看護師(かんごし) そうなんですね。
初診(しょしん)ですと、こちら問診票(もんしんひょう)を記入(きにゅう)していただくんですが、
英語(えいご)と日本語(にほんご)、どちらをお渡(わた)ししましょうか。

私(わたし) 日本語(にほんご)でお願(ねが)いします。
(… 作成中(さくせいちゅう) …) こちら、書(か)き終(お)えました。

看護師(かんごし) お預(あず)かりいたします。
あちらにおかけになって少々(しょうしょう)お待(ま)ちください。

看護師(かんごし) (… ３分後(さんぷんご) …) キムさん、キムさん。
１番(いちばん)の診察室(しんさつしつ)にお入(はい)りください。

〈診察室(しんさつしつ)〉

医者(いしゃ) どうしましたか。

私(わたし) とにかく体(からだ)がだるくて、喉(のど)が痛(いた)いんです。

医者(いしゃ) 熱(ねつ)もありますね。

단어 □ 受付(うけつけ) 접수 □ 初診(しょしん) 초진 □ 問診票(もんしんひょう) 문진표 □ 記入(きにゅう) 기입 □ 渡(わた)す 전달하다, 건네다
□ 書(か)き終(お)える 다 쓰다 □ おかけになる 앉으시다 □ 診察室(しんさつしつ) 진찰실 □ だるい 나른하다, 노곤하다
□ 喉(のど) 목(인후) □ 熱(ねつ) 열

해석

병원에서

〈접수〉

간호사 여기는 처음이신가요?

나 네, 저 외국인인데요.

간호사 그러시군요.
초진이시면 여기 문진표를 기입해 주셔야 하는데,
영어와 일본어 어느 것을 드릴까요?

나 일본어로 부탁드립니다.
(… 작성 중 …) 여기 다 썼습니다.

간호사 가져가겠습니다.
저쪽에 앉아서 잠시 기다려 주세요.
(… 3분 후 …) 김oo 님, 김oo 님. 1번 진찰실로 들어오세요.

〈진찰실〉

의사 무슨 일이시죠?

나 일단 몸이 늘어지고 목이 아파요.

의사 열도 있네요.

私　はい、こんなに体調が悪いのは初めてです。風邪気味ですかね。

医者　じゃ、ちょっとみてみます。喉がかなり腫れていますね。
鼻水はどうですか。

私　鼻水はあまりないんですけど、鼻が詰まっているせいか
息苦しいのはあります。

医者　咳とか痰はどうですか。

私　咳は結構出ます。痰はまだないです。

医者　念のためレントゲンを撮っておきましょう。
(… 確認後 …) 幸い、肺炎までは至っていないんですが、
ひどい風邪ですね。３日分の風邪薬を出しておきます。
痛み止めも一緒に出しますから、つらい時は一緒に飲んで
ください。

〈受付〉

看護師　キムさん、こちら処方箋になります。
近くの薬局でこの紙を出してください。

私　ありがとうございます。

看護師　お大事に。

단어　□ 体調 몸의 상태, 컨디션　□ 風邪 감기　□ ～気味 ～기운　□ 腫れる 붓다　□ 鼻水 콧물
□ 詰まる 막히다　□ ～せいか ～탓인지　□ 息苦しい 숨쉬기 힘들다　□ 咳 기침　□ 痰 가래
□ 結構 꽤　□ 念のため 만일을 위해　□ レントゲン 엑스레이　□ 幸い 다행히　□ 肺炎 폐렴
□ 至る 이르다　□ 風邪薬 감기약　□ 痛み止め 진통제　□ 処方箋 처방전　□ 薬局 약국
□ 紙 종이　□ 出す 내다　□ お大事に 몸 조심하세요

해석

나 네, 이렇게 컨디션이 나쁜 건 처음이에요. 감기 기운일까요?

의사 그럼, 조금 봐 볼게요. 목이 꽤 부어 있네요.
콧물은 어떤가요?

나 콧물은 별로 없는데요, 코가 막혀 있어서인지 숨쉬기 힘든 건 있어요.

의사 기침이나 가래는 어때요?

나 기침은 꽤 나와요. 가래는 아직 없어요.

의사 만일을 위해 엑스레이를 찍어 둡시다.
(… 확인 후 …) 다행히 폐렴까지는 가지 않았는데, 심한 감기네요.
3일분 감기약을 처방해 둘게요.
진통제도 함께 처방할테니, 심할 때는 함께 드세요.

〈접수〉

간호사 김oo 님, 여기 처방전입니다.
가까운 약국에서 이 종이를 내 주세요.

나 감사합니다.

간호사 몸 조심하세요.

문법과 작문 마스터

MP3 **078**

1 ます형+終(お)える 다 ~하다

書(か)き終(お)えました。 다 썼어요.

└ 書~~く~~き (어미 い단 변형 / 1그룹 ます형) + 終(お)える

☑ 「동사 ます형+終(お)わる」 또한 '다 썼다'라는 의미로 해석은 동일하지만, 내포하는 의미가 달라져요.

	동사 뜻	구분	성격	해석
終(お)える	끝내다	타동사	의지를 가지고 끝냄	書(か)き終(お)える 다 썼다 (쓰려고 의지를 갖고 다 씀)
終(お)わる	끝나다	자동사	자연스럽게 끝남	書(か)き終(お)わった 다 썼다 (쓰다 보니 다 씀)

もんだい

1. 이렇게 두꺼운 책을 (간신히) 다 읽어냈다. ⋯›

2. 리포트를 다 쓸 때까지 잘 수 없다. ⋯›

3. (노력해서) 다 먹었다. ⋯›

4. (자연스레) 다 먹었다. ⋯›

단어 □ **分厚(ぶあつ)い** 두껍다, 두툼하다 □ **ようやく** 간신히, 겨우

2 体調(たいちょう)が悪(わる)い 몸 상태가 안 좋다

体(からだ) 몸 + 調子(ちょうし) 상태, 컨디션 + 悪(わる)い 나쁘다

'몸 상태가 안 좋다'를 표현하려면?

① 体(からだ)の調子(ちょうし)が悪(わる)い 몸 상태가 나쁘다 (사람에게만 사용 가능)

② 体調(たいちょう)が悪(わる)い 몸 상태가 나쁘다 (体(からだ)の調子(ちょうし) → 体調(たいちょう)로 표현)

③ 具合(ぐあい)が悪(わる)い 상태가 나쁘다 (사람, 사물 모두에 사용 가능)

④ 体調(たいちょう)を崩(くず)した 몸 상태가 안 좋다 (직역 : 컨디션이 무너졌다)

3 명사+気味(ぎみ) (접속되는 [명사]의 성질이) 약간 있는 느낌

風邪気味(かぜぎみ) 감기 기운

└ 風邪(かぜ) (명사) + 気味(ぎみ)

☑ 주로 부정적인 표현에 사용됩니다.

☑ 동사에 접속될 시 ます형 변형을 통해 명사형으로 만든 후 접속합니다.

もんだい

1. (평소보다) 살 찐 느낌 ⋯›
2. 지친 기색, 지친 느낌 ⋯›
3. 초조해하는 기색 ⋯›

단어 □ **太(ふと)る** 살찌다 □ **疲(つか)れる** 지치다 □ **焦(あせ)る** 초조해하다, 안달하다

4 ～せいか ~인 탓인지 / ~한 탓인지

鼻(はな)が詰(つ)まっているせいか 코가 막혀 있는 탓인지

└ 詰(つ)まるって (1그룹 て형) いる (기본 활용) + せいか

☑ '~탓'은 부정적인 결과에 대한 원인과 이유이므로 부정적인 문장에 사용돼요. (⇔お蔭(かげ)で 덕분에)

☑ 의문의 활용만큼 잘 사용되는 형태

활용		문장
せいだ (기본)	탓이다	鼻(はな)が詰(つ)まっているせいです。 코가 막혀 있는 탓입니다.
せいか (의문)	탓인지	鼻(はな)が詰(つ)まっているせいか、匂(にお)いを嗅(か)ぐことができなかった。 코가 막혀 있는 탓인지 냄새를 맡을 수가 없었다.
せいで (연결)	탓으로	鼻(はな)が詰(つ)まっているせいで、味見(あじみ)はできません。 코가 막혀 있는 탓에 간을 볼 수 없어요.

☑ 동사 외에 다른 품사들의 접속을 살펴볼게요.

「せいだ」의 「せい」가 명사라고 생각하고 각 품사에 접속하면 이해하기 쉬워요!

각 품사별 「せいだ」 접속

	접속	문법	활용
명사	あなた＋の	＋せいだ 탓이다	全部(ぜんぶ)あなたのせいだよ。전부 너 때문이야.
な형용사	不便(ふべん)だ＋な		ベッドが不便(ふべん)なせいですね。 침대가 불편한 탓이네요.
い형용사	忙(いそが)しい		お互(たが)い忙(いそが)しいせいで会(あ)えなかったね。 서로 바쁜 탓에 못 만났네.
동사	食(た)べてしまう		つい食(た)べてしまうせいで太(ふと)りました。 나도 모르게 먹어 버리는 탓에 살쪘어요.

단어 □ 鼻(はな) 코 □ 詰(つ)まる 막히다 □ 匂(にお)い 냄새 □ 嗅(か)ぐ 맡다 □ 味見(あじみ)する 간 보다 □ つい 나도 모르게

もんだい

1. 에어컨이 낡은 탓에 시원하지 않다. ⋯›

2. 제대로 공부 안 한 탓인지 시험에 떨어졌다. ⋯›

3. 바빴던 탓에 여자친구에게 연락 못 했다. ⋯›

5 타동사 て형+おく [타동사]해 두다 / 해 놓다

レントゲンを撮(と)っておきましょう。 엑스레이를 찍어 둡시다.

└ 撮(と)~~る~~って (1그룹 て형) + おく

風邪薬(かぜぐすり)を出(だ)しておきます。 감기약을 내 둘게요(지어 둘게요).

└ 出(だ)~~す~~して (1그룹 て형) + おく

☑ 「～ておく」는 회화 시 「～とく」로 줄여서 자주 사용됩니다.

예 食(た)べておく → 食(た)べとく 먹어 두다

もんだい

1. 건강검진 전에 먹어 둘게요. ⋯›

2. 젓가락은 함께 넣어 둘게요. ⋯›

3. 짐을 싸 두는 게 좋겠어요. ⋯›

단어 □ **涼(すず)しい** 시원하다 □ **落(お)ちる** 떨어지다 □ **健康診断(けんこうしんだん)** 건강검진 □ **お箸(はし)** 젓가락
□ **荷造(にづく)りをする** 짐을 싸다

실전 능력 강화

問 실제 일본의 내과 문진표입니다. 내용을 읽고 알맞게 기입해 볼까요?

<table>
<tr><td colspan="3">問診票</td></tr>
<tr><td>フリガナ</td><td rowspan="2">男・女</td><td rowspan="2">生年月日
年　　月　　日</td></tr>
<tr><td>氏名</td></tr>
<tr><td colspan="3">本日はどうなさいましたか？当てはまるものに○をつけてください。
痛い（頭・喉・胸・おなか・背中・その他）
熱　鼻水　鼻づまり　吐き気
胃が痛い・胃がもたれる・便秘・下痢・食欲低下
健康診断希望</td></tr>
<tr><td colspan="3">症状はいつ頃からありましたか？</td></tr>
<tr><td colspan="3">特に調べてほしいこと、検査、治療がありましたらご記入ください。</td></tr>
</table>

단어 □ **胸** 가슴 □ **背中** 등 □ **その他** 그 외 □ **鼻づまり** 코막힘 □ **吐き気** 구역질 □ **胃** 위
□ **もたれる** 거북하다, 체하다 □ **下痢** 설사 □ **食欲低下** 식욕저하 □ **健康診断** 건강진단
□ **症状** 증상 □ **特に** 특별히 □ **検査** 검사 □ **治療** 치료 □ **記入** 기입

過去に大きな病気で治療や手術を受けたことがありますか？ なし　　　　あり(　　　　　　　　　　)
現在、飲んでいる薬はありますか？ なし　　　　あり(　　　　　　　　　　)
喫煙、飲酒について教えてください。 喫煙：吸わない・吸う(_____本/日　_____年目) 飲酒：飲まない・飲む(週_____日)　種類・量(　　　・　　　ml)
お薬、食べ物のアレルギーはありますか？ なし　　　　あり(　　　　　　　　　　)

단어 □ **病気** 병 □ **手術** 수술 □ **受ける** 받다 □ **なし** 없음 □ **あり** 있음 □ **喫煙** 흡연 □ **飲酒** 음주 □ **吸う** 피우나 □ **種類** 종류 □ **量** 양 □ **アレルギー** 알레르기

듣기 체크

MP3 079

問 **대화를 듣고 문제를 풀어 보세요.**

1 박 씨가 들어가 진료실은 어디입니까?

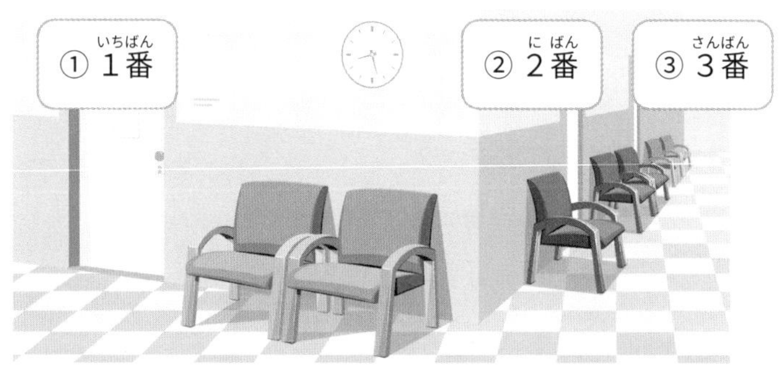

2 현재 박 씨에게 있는 증상은 무엇입니까?

3 의사는 약을 어떻게 처방했습니까?

① 飲まなくてもいいので処方は出していない。
② 風邪がひどくなるかもしれないので３日分処方した。
③ 今はひどくないが、今後のため２日分処方した。

표현+

MP3 080

体温を測る	체온을 재다	お腹が痛い	배가 아프다
体重を測る	체중을 재다	頭が痛い	머리가 아프다
血圧を測る	혈압을 재다	目が痛い	눈이 아프다
めまいがする	현기증이 나다	耳が痛い	귀가 아프다
寒気がする	한기가 들다	歯が痛い	이가 아프다
鼻水が出る	콧물이 나오다	手が痛い	손이 아프다
食中毒になる	식중독에 걸리다	腕が痛い	팔이 아프다
吐き気がする	토할 것 같다	足が痛い	다리가 아프다
下痢をする	설사를 하다	症状はいつからですか。	증상은 언제부터입니까?
体中が痛い	온몸이 아프다	横になってください。	누우세요.
鼻をかむ	코를 풀다	あーしてみてください。	아, 해 보세요.

「ちょっと痛い…」는 やめましょう！

한국에서는 몸살감기 등으로 평소와 달리 컨디션이 안 좋을 때 '나 좀 아파'라고 이야기하죠?
이 말을 직역으로 「私ちょっと痛い…」 이렇게 표현해 볼게요.
그럼 일본 사람들의 대답은 「どこが痛い? 어디가 아파?」일 거예요.
「痛い」의 경우 통증을 나타내기에 「頭 머리·手 손·目 눈」 등 구체적인 부위와 함께 사용해야 '~가 아프다'의 형태로 말할 수 있답니다. 「足が痛い 발이 아프다」, 「目が痛い 눈이 아프다」처럼 말이죠.
그래서 '몸 상태가 좋지 않다'를 표현할 때에는 「体の調子が悪い·体調悪い」 등을 사용해 주세요.
단, 책상에 발을 부딪히거나 누가 때렸을 때 즉흥적으로 느끼는 아픔에 대해서 「痛い! 아야! 」와 같은 감탄의 형태로 사용할 수 있습니다.
또 하나, 우리말로는 직역이 어울리지 않는 상황에서도 사용되는데요. 마음이 상하거나 큰 손해를 보거나 해서 뼈아픈 가슴 저림 등에 「痛い」를 사용하기도 합니다.

A : 株価が急落してマイナスになっちゃったよ。 주가가 급락해 마이너스가 돼 버렸네.
B : それは痛いね。 그건 아프다(가슴이 저리다).

17

リーズナブルで失敗(しっぱい)のないレストランならここ！

합리적이고 실패 없는 레스토랑이라면 여기!

가족 단위 혹은 아이와 함께 하는 여행이라면 식사 장소를 정하기 너무 어렵죠? 일본에는 '패밀리 레스토랑'이라는 곳이 있어요. 합리적인 가격은 물론 남녀노소 모두 다 즐길 수 있는 다양한 메뉴가 있어 모두가 만족할 수 있는 레스토랑이랍니다. 특히 음료 무한리필이라든가 정식 메뉴 주문 방법 등에서 우리나라와 다른 부분에 포커스를 두어 실전 회화문, 실전 능력 강화 연습을 구성해 보았어요.

MP3 081

店員(てんいん)　いらっしゃいませ。お客様(きゃくさま)何名様(なんめいさま)でしょうか。

私(わたし)　大人(おとな)２人(ふたり)と子供(こども)１人(ひとり)です。

店員(てんいん)　お好(す)きな席(せき)にどうぞ。お子様用(こさまよう)の椅子(いす)はご利用(りよう)でしょうか。

私(わたし)　はい、お願(ねが)いします。

… 着席後(ちゃくせきご) …

私(わたし)　すみません、チキン定食(ていしょく)を１つ(ひと)。鶏肉(とりにく)は増量(ぞうりょう)にしてください。
それと、とんかつ定食(ていしょく)１つ(ひと)お願(ねが)いします。

店員(てんいん)　かしこまりました。定食(ていしょく)にはスープとサラダが付(つ)きます。
ご飯(はん)は白米(はくまい)と五穀米(ごこくまい)からお選(えら)びいただけます。

私(わたし)　どっちも五穀米(ごこくまい)でお願(ねが)いします。あ! １個(いっこ)だけ大盛(おおも)りで！

店員(てんいん)　では、五穀米(ごこくまい)の普通(ふつう)サイズと大盛(おおも)りが１つ(ひと)ずつですね。

단어
□ リーズナブルだ 합리적이다, 가격이 적당하다　□ 失敗(しっぱい) 실패
□ ファミレス 패밀리 레스토랑 (「ファミリーレストラン」의 줄임말)　□ 利用(りよう) 이용　□ 着席(ちゃくせき) 착석
□ 鶏肉(とりにく) 닭고기　□ 増量(ぞうりょう) 증량　□ 定食(ていしょく) 정식　□ 付(つ)く 붙다, 딸리다　□ 白米(はくまい) 백미　□ 五穀米(ごこくまい) 오곡미
□ 大盛(おおも)り 곱빼기　□ ～ずつ ～씩

해석

패밀리 레스토랑에서

점원 어서 오세요. 손님 몇 분이신가요?

나 어른 두 명과 아이 한 명입니다.

점원 마음에 드는 자리에 앉으세요. 아이용 의자는 이용하시나요?

나 네, 부탁드립니다.

… 착석 후 …

나 저기요, 치킨 정식을 하나. 닭고기는 증량으로 해 주세요(양 많은 걸로 주세요). 그거랑 돈가스 정식 하나 부탁합니다.

점원 알겠습니다. 정식에는 수프와 샐러드가 포함됩니다. 밥은 백미와 오곡미에서 선택하실 수 있습니다.

나 둘 다 오곡미로 부탁드려요. 아, 한 개만 곱빼기로!

점원 그럼, 오곡미 보통 사이즈와 곱빼기 한 개씩이네요.

私 追加で和風のきのこパスタもお願いします。
これって子供が食べるのに向いていますか。

店員 はい、醤油ベースなのでお子様用によく頼まれます。

私 じゃ、それ１つと、ドリンクメニューは何がありますか。

店員 こちらです。プラス２９０円でドリンクバーのご利用ができますが、いかがでしょうか。

私 これ、いいですね。
小さい子供の料金はどうなっていますか。

店員 ５歳未満のお子様でしたら無料でご利用できます。

私 ドリンク１杯で１９０円するのに、これは何杯も飲めて２９０円はお得だね！

家族 本当だね。これは安すぎる！

… 食事中 …

店員 お済みのお皿はお下げしてもよろしいでしょうか。

私 はい、お願いします。(デザートは別腹だから頼もう！)
すみません、メニューください。

단어 □ 追加 추가 □ 和風 일본풍 □ きのこ 버섯 □ 向いている 적합하다 □ 醤油ベース 간장 베이스 □ お子様用 어린이 손님용 □ 頼む 주문하다, 부탁하다 □ 料金 요금 □ 未満 미만 □ 何杯も 몇 잔이나 □ お得 이득 □ 済む 끝나다 □ 下げる 내리다, 치우다 □ 別腹 다른 배, 별도의 배가 있음

해석

나 추가로 일본식 버섯 파스타도 부탁합니다.
이건 아이가 먹는데 적합한가요?(괜찮을까요?)

점원 네, 간장 베이스라서 어린이 손님용으로 많이 주문하십니다.

나 그럼, 그거 하나랑 드링크 메뉴는 뭐가 있어요?

점원 여기입니다. 플러스 290엔으로 드링크바 이용이 가능하신데, 어떠세요?

나 이거 좋네요. 어린 아이 요금은 어떻게 되어 있죠?

점원 다섯 살 미만 어린이면 무료로 이용하실 수 있어요.

나 음료 한 잔에 190엔 하는데, 이건 몇 잔이나 마실 수 있고 290엔은 이득이네!

가족 정말이야. 이건 너무 저렴해!

… 식사 중 …

점원 다 드신 접시는 치워도 될까요?

나 네, 부탁드려요. (디저트는 배가 따로 있으니 시키자!)
저기요, 메뉴 주세요!

문법과 작문 마스터

MP3 082

1 お/ご + ます형 + いただけます ~하실 수 있습니다

お選(えら)びいただけます。 선택하실 수 있습니다.

└ お + 選(えら)ぶび (어미 い단 변형 / 1그룹 ます형) + いただける

☑ 점원의 입장에서 손님에게 정중히 '~하실 수 있다'라고 표현할 때 많이 사용합니다.

☑ 여행 중이라면 여러 선택지 가운데 선택권이 있음을 설명하는 상황에서 많이 들리겠죠?

もんだい

1. 조식은 양식과 일본식 식사에서 고르실 수 있습니다.

…›

2. 한 분당 한 개 고르실 수 있습니다.

…›

3. 취향껏 선택하실 수 있습니다.

…›

단어 □ 朝食(ちょうしょく) 조식 □ 洋食(ようしょく) 양식 □ 和食(わしょく) 일본식 식사 □ ~につき ~당 □ お好(この)みで 취향껏, 취향대로

2 和風(わふう) 일본식, 일본풍, 일본 느낌

和風(わふう)のキノコパスタ 일본식 버섯 파스타

└「和」: '평화 화'는 일본에서 '일본'을 칭하는 한자로 사용됩니다.

☑ 일상 단어들 속에서도 「和」를 사용하여 '일본'을 나타내는 단어를 많이 찾아 볼 수 있어요!

和室(わしつ) 타타미 방	和食(わしょく) 일본 음식
和牛(わぎゅう) 일본 소(와규)	和洋(わよう) 일본(식)과 서양(식)

3 동사 기본형 + のに ~하는 데에(있어)

子供(こども)が食(た)べるのに向(む)いていますか。 아이가 먹는 데에(있어) 적합한가요?

└ 食(た)べる (동사 기본형) + のに

☑ 이 표현은 [동사의 기본형]에만 접속하는 문법이에요.

もんだい

1. 여기서 서울까지 가는 데 몇 시간 걸려요? ···›
2. 그 회사에서 일하는 데에 필요한 게 뭐죠? ···›
3. 도서관에서 책을 빌리는 데 뭘 가져가면 돼요? ···›

단어 □ 働(はたら)く 일하다 □ 必要(ひつよう)だ 필요하다 □ 図書館(としょかん) 도서관 □ 借(か)りる 빌리다 □ 持(も)つ 가지다

4 ～のに ～하는데도, ～(인)데도

ドリンク1杯(いっぱい)で190円(ひゃくきゅうじゅうえん)するのに 음료 한 잔에 190엔 하는데도

└ する (기본 활용) + のに

☑ 예문에서는 동사의 현재형(기본형)이 접속되었지만, 기본 활용이 가능하기에 부정, 과거 또한 접속할 수 있어요.

예 190円(ひゃくきゅうじゅうえん)しないのに 190엔 안 하는데도
190円(ひゃくきゅうじゅうえん)したのに 190엔 했는데도
190円(ひゃくきゅうじゅうえん)しなかったのに 190엔 안 했는데도

☑ 동사 외에도 다른 품사들도 접속 가능해요!
우리말로 명사, 형용사, 동사를 넣어 보아 '말이 된다!' 하면 대부분 일본어로도 가능합니다.
예 아이(명사)인데도, 예쁜(な형용사)데도, 바쁜(い형용사)데도

명사, 형용사, 동사 접속 방법

	접속 방법	문법	예
명사	子供(こども)+な	＋のに ～하는데도, ～인데도	子供(こども)なのに 아이인데도
な형용사	大変(たいへん)~~だ~~+な		大変(たいへん)なのに 힘든데도
い형용사	忙(いそが)しい		忙(いそが)しいのに 바쁜데도
동사	頑張(がんば)っている		頑張(がんば)っているのに 열심히 하는데도

☑ 6과에서 배운 「ので」 문법과 접속 방법이 같으니 함께 다시 한번 학습해 주세요. 〈p.95 참조〉

1. 공부하고 있는데도 성적이 오르지 않아요. ⋯›

2. 바쁜데 여기까지 와 줘서 고마워. ⋯›

3. 메시지를 보냈는데도 답장이 안 와요. ⋯›

단어 □ 成績(せいせき) 성적 □ 上(あ)がる 오르다 □ メッセージ 메시지 □ 返事(へんじ) 답장

5 형용사/동사 + すぎる 지나치게 [형용사/동사]하다

安(やす)すぎる 너무 저렴하다

安(やす)~~い~~ (어미 い 탈락) + すぎる

☑ い형용사 외에도 な형용사, 동사에 접속이 가능합니다.
명사는 적용될 수 없는데 '너무 선생님하다'처럼 명사를 넣는 표현은 우리말에도 없죠?

☑ 이 문법은 뒤에 있는「すぎる」를 '너무'로 먼저 해석하고, 앞에 접속된 품사를 나중에 해석해야 해요.

	접속 방법	문법	예
い형용사	高(たか)~~い~~ (어미 い 탈락)	+ すぎる 지나치게 ~하다	高(たか) すぎる 지나치게 비싸다
な형용사	真面目(まじめ)~~だ~~ (어미 だ 탈락)		真面目(まじめ) すぎる 지나치게 성실하다
동사	飲(の)~~む~~み (ます형 변형)		飲(の)み すぎる 지나치게 마시다

もんだい

1. 키가 너무 작아서 닿지 않는 곳이 많다. ⋯›
2. 새로운 일이 너무 힘들어서 견딜 수 없다. ⋯›
3. 이야기를 너무 많이 해서 목이 말랐다. ⋯›

TIP 부정적인 표현에 많이 쓰이지만, 일상 회화에서는 "너무 맛있다"처럼 긍정의 의미로도 사용됩니다.
예 おいしすぎる 너무 맛있다

단어 □ 背(せ)が小(ちい)さい 키가 작다 □ 届(とど)く 닿다 □ 耐(た)える 버티다, 견디다 □ 喉(のど)が渇(かわ)く 목이 마르다, 갈증이 나다

실전 능력 강화

問 메뉴를 보고 사람 수와 상황을 바꿔 가며 다양한 회화 연습을 해 보세요.

요리 메뉴

음료 메뉴

おかわり自由！

Drink Bar

ドリンクバー

ドリンクバー	価格
セットドリンクバー	290円
キッズ	100円
単品	390円

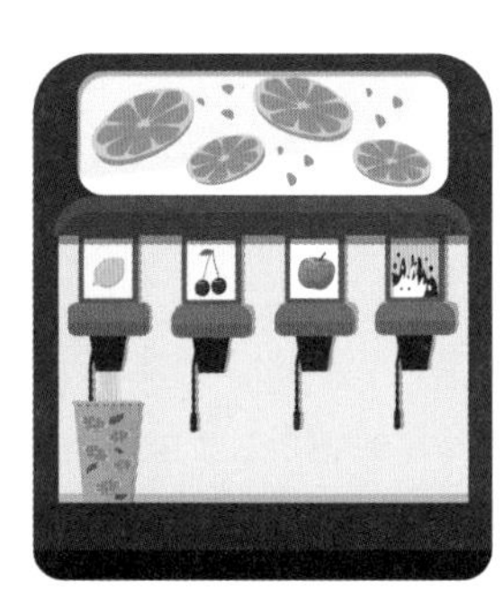

私(わたし)　すみません、＿요리1＿と＿요리2＿ください。

店員(てんいん)　はい、＿요리 1＿が1(ひと)つ、それと＿요리 2＿が1(ひと)つですね。

ドリンクはいかがなさいますか。

私(わたし)　ドリンクバーって、1人(ひとり)いくらですか。

店員(てんいん)　料理(りょうり)とセットでしたら＿세트 드링크바 가격＿円(えん)でご利用(りよう)できます。

私(わたし)　子供(こども)のドリンクバーはいくらですか。

店員(てんいん)　＿❶ 5세 미만의 아이라면 무료＿でご利用(りよう)できます。

＿❷ 5세 이상의 아이라면 100엔＿でご利用(りよう)できます。

私(わたし)　ドリンクバーは単品(たんぴん)でも頼(たの)めますか。

店員(てんいん)　もちろんです。＿가격＿円(えん)でご注文(ちゅうもん)いただけます。

私(わたし)　じゃ、＿❸ 전원의 세트 드링크바 주문하기＿。

＿❹ 아이의 드링크바 주문하기＿。

店員(てんいん)　はい、かしこまりました。

ドリンクバーはあちらですのでご自由(じゆう)にご利用(りよう)ください。

단어 □ **ドリア** 도리아　□ **マルゲリータピザ** 마르게리따 피자　□ **カルボナーラ** 카르보나라
□ **ハンバーグ** 햄버그(스테이크)　□ **ペペロンチーノ** 페페론치노　□ **サラダ** 샐러드
□ **おかわり自由(じゆう)** 자유롭게 리필 가능함　□ **キッズ** 어린이, 키즈　□ **単品(たんぴん)** 단품　□ **価格(かかく)** 가격
□ **利用(りよう)** 이용　□ **未満(みまん)** 미만　□ **無料(むりょう)** 무료　□ **以上(いじょう)** 이상　□ **頼(たの)む** 주문하다　□ **注文(ちゅうもん)** 주문
□ **ご自由(じゆう)に** 자유롭게

MP3 **084**

問 대화를 듣고 문제를 풀어 보세요.

1 남자가 주문하지 않은 요리는 무엇입니까?

①

豚カツ定食

②

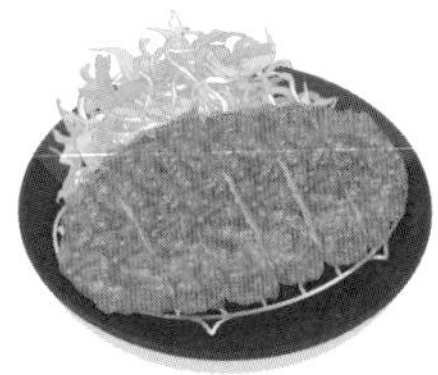

豚カツ単品

③

子供向けの定食

2 이번 식사에서 드링크바의 계산 총액은 얼마입니까?

① 200円　② 400円　③ 500円

3 남자가 마지막으로 바꾼 주문은 무엇입니까?

① お子様ランチのご飯を大盛りにした。
② 定食のご飯を全部大盛りにした。
③ 豚カツ定食のご飯を１つだけ大盛りにした。

단어⁺

MP3 085

定食(ていしょく)	정식	一杯(いっぱい)	한 잔	頼(たの)む	시키다
鶏肉(とりにく)	닭고기	二杯(にはい)	두 잔	ベース	베이스
利用(りよう)	이용	三杯(さんばい)	세 잔	お得(とく)	이득
増量(ぞうりょう)	증량	何杯(なんばい)	몇 잔	無(な)し	없음
大盛(おおも)り	곱빼기	お皿(さら)	접시	満席(まんせき)	만석
チキン	치킨	別腹(べつばら)	다른 배, 따로 배	定休日(ていきゅうび)	정기 휴일
ご飯(はん)	밥	追加(ついか)	추가	休(やす)み	쉬는 날
五穀米(ごこくまい)	오곡미	済(す)む	끝나다	ランチタイム	런치타임
白米(はくまい)	백미	さげる	내리다, 치우다	レストラン	레스토랑
~ずつ	~씩	辛(から)い	맵다	食堂(しょくどう)	식당
ドリンクバー	드링크바	苦(にが)い	쓰다	食券(しょっけん)	식권
単品(たんぴん)	단품	甘(あま)い	달다	本日(ほんじつ)	오늘
パスタ	파스타	しょっぱい	짜다	おすすめ	추천(메뉴)

재미있는 표현

「デザートは別腹(べつばら)！」

「別(べつ) 별도」+「腹(はら) 배」= 배가 별도로 있다(따로 있다)

우리나라에서도 '디저트 배는 따로 있다'라는 표현이 있죠?

일본에서도 비슷하게 사용되고 있어요. 아래 예문처럼요!

예 ケーキは別腹(べつばら)だよね！ 케이크 배는 따로 있지!

アイスは別腹(べつばら)だよ！ 아이스크림 배는 따로 있어!

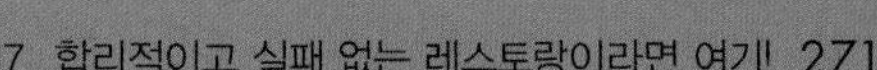

패밀리 레스토랑이란?

일본의 패밀리 레스토랑은 고객층을 가족으로 설정하여 만든 레스토랑이에요. 일본에서 유래한 영어(和製英語) 중 하나죠. 줄여서 「ファミレス」라고 불립니다. 일본 레스토랑의 형식에 미국의 커피숍을 벤치마킹하여 만들어, 드링크바가 놓여 있는 것이 특징입니다. 저도 일본에 가면 패밀리 레스토랑에 자주 가는데요, 대형 체인점들이라 맛에 실패가 없고 가격도 매우 합리적이랍니다. 대학 때 많이 갔던 기억도 새록새록 나서 추억에 잠겨 가는 곳입니다. 여러분도 일본에 가면 패밀리 레스토랑에서 한 번 정도는 식사해 보면 어떨까요?

[드링크바]

모든 패밀리 레스토랑엔 드링크바가 있다고 보시면 됩니다. 커피, 차와 같은 따뜻한 음료부터 소프트드링크까지 수많은 음료를 맛볼 수 있는 곳. 식사는 하지 않고 드링크바를 단품으로 시킬 수도 있어요.
(당연히 식사와 함께 시킬 때보다 단품이 비쌉니다.)

[일본 음식점의 특징]

お済みのお皿はおさげしてもよろしいでしょうか? 다 드신 접시는 치워도 될까요?

이런 멘트를 하며 다 먹은 접시를 치우러 오는 점원! 그때는 당황하지 말고 대답으로 대처해 봅시다.

◎ 다 먹었다면, はい、お願いします。 네, 부탁드려요.

⊗ 아직이라면, まだ大丈夫です。 아직 괜찮아요.

일본의 패밀리 레스토랑은 합리적인 가격과 다양한 메뉴를 한 번에 즐길 수 있는 장점이 있어 저 또한 많이 이용했었는데요. 대부분 전국 체인점으로 운영되고 있기 때문에 여러분이 어떤 지역으로 여행을 가도 쉽게 만날 수 있을 거예요.
식사는 해야 하는데 시간도 없고 정보가 별로 없다! 할 때는 실패 없는 패밀리 레스토랑으로 한번 가 보세요. 「ガスト 가스토」, 「サイゼリヤ 사이제리야」, 「びっくりドンキー 빅쿠리 동키－」, 「ココス 코코스」, 「ジョイフル 조이후르」, 「デニーズ 데니즈」 등 인기 있는 패밀리 레스토랑이 있고, 메뉴는 파스타, 피자 등의 이탈리안, 중화요리, 햄버그스테이크 등 다양합니다.

TOP7 안에 랭크된 패밀리 레스토랑의 특징

- サイゼリヤ

  원 코인(500엔) 런치 메뉴라든가 500엔 이하의 요리들이 많은 곳이에요. 패밀리 레스토랑 중에서 가장 저렴하면서도 제대로 된 이탈리안 요리를 즐길 수 있어요. 치즈 추가 등의 메뉴도 있어 젊은 층에게 인기랍니다.

- ガスト

  메뉴의 종류가 많고 쿠폰까지 사용하면 가성비 최고인 패밀리 레스토랑. 아침에도 영업하기 때문에 '모닝 메뉴'를 즐기는 것도 추천해요! 모닝 메뉴에는 매일 달라지는 스프와 드링크바가 포함되어 있어 가성비가 좋답니다.

- びっくりドンキー

  메인 메뉴가 스테이크인 패밀리 레스토랑이에요. 두툼하고 육즙 가득한 함박스테이크는 매우 인기랍니다! 그리고 가게의 분위기가 마치 미국의 레스토랑에 들어온 느낌이 들었어요. 다른 스테이크집에 비하면 가격도 매우 합리적입니다.

- ココス

  위에 소개한 패밀리 레스토랑에 비해 조금 고급미가 느껴지는 곳입니다. 가격대가 비교적 높은 편이긴 하지만 그만큼 음식의 퀄리티나 맛에 실패가 없는 곳이에요. 저는 무엇보다 「ココス」의 아침 뷔페를 애용하는데요. 갓 구운 다양한 빵과 디저트가 정말 맛있답니다.

Travel JAPAN

18

お得な感じ！ 必ず受けよう免税！

이득 본 느낌! 꼭 받자 면세!

일본 여행 중에 쇼핑도 중요하지만, 그만큼 면세를 제대로 받았는지도 중요하죠.
한국에서의 구매 금액과 일본에서 면세 후의 금액을 비교하여, 일본에서 쇼핑을 하는
여행객들도 정말 많더라고요. 그래서 면세는 꼭 받아야 하는 항목입니다.
한편, 일본에서는 면세가 되는 상품과 되지 않는 상품, 그리고 세액이 다른 상품들이
있어요. 그 상세 내용을 이번 학습에 실었으니 제대로 학습하여 똑똑한 소비를 해 볼까요?

실전 회화문

免税カウンターで

MP3 086

私 あの、お会計したいんですけど、免税カウンターはどこですか。

店員 どうぞ。こちらで対応しております。

私 このクーポンって使えますか。

店員 はい、但しお買い上げ総額が1万円以上の場合お使いになれます。

私 そうなんですか。(1万円は超えてほしいな…。)
お願いします。

店員 あと、ここに免税対象の商品とそうでない商品がございますね。
免税対象外の商品に対しては免税ができませんので…。

私 えっ、それは知りませんでした。全て免税かと思いました。

단어 □ 必ず 반드시 □ 受ける 받다 □ 免税 면세 □ カウンター 카운터 □ 対応する 대응하다 □ クーポン 쿠폰 □ 但し 단 □ 買い上げ 구입 □ 総額 총액 □ 以上 이상 □ 場合 경우 □ お使いになる 사용하시다 □ 超える 넘다 □ 対象 대상 □ 商品 상품 □ 対象外 대상 외 □ ~に対して ~에 대해서

해석

면세 카운터에서

나 저기, 계산하고 싶은데요, 면세 카운터는 어디인가요?

점원 (이쪽으로)오세요. 여기에서 (대응)하고 있습니다.

나 이 쿠폰은 사용할 수 있나요?

점원 네, 단 구입 총액이 만 엔 이상인 경우 사용하실 수 있습니다.

나 그래요? (만 엔은 넘었으면 좋겠네….)
부탁드려요.

점원 그리고 여기에 면세 대상 상품과 그렇지 않은 상품이 있네요.
면세 대상 외 상품에 대해서는 면세가 안 돼서요.

나 어머, 그건 몰랐어요. 모두 면세인 줄 알았어요.

店員 そうなんです。
生鮮食品やお酒、たばこなどがその対象ですね。

私 じゃ、このお酒と…あと、納豆もですかね。

店員 はい、それ以外は大丈夫そうですね。

… お会計中 …

店員 計18点でお客様のお会計12,400円でございます。
パスポートをお願いします。

私 はい。すみません、これは税込みの値段ですよね。

店員 はい、お先に税込みの金額をお支払いいただいてから
払い戻しとなります。

私 分かりました。お願いします。

단어 □ 生鮮食品 신선 식품 □ たばこ 담배 □ など 등, 같은 것 □ 納豆 낫토 □ 以外 이외
□ 税込み 세금 포함 □ 値段 가격 □ 金額 금액 □ 支払い 지불 □ 払い戻し 지불을 돌려줌, 환불

해석

점원 그렇습니다.
신선식품이나 술, 담배 등이 그 대상이네요.

나 그럼, 이 술과 그리고 낫토도 일까요?

점원 네, 그 이외는 괜찮을 것 같네요.

… 계산 중 …

점원 총 18점으로 손님의 계산하실 금액은 12,400엔입니다.
여권을 부탁드립니다.

나 네. 저기 이건 세금 포함 가격인 거죠?

점원 네, 먼저 세금 포함 가격을 지불하신 후에 환불됩니다.

나 알겠습니다. 부탁드립니다.

문법과 작문 마스터

MP3 087

1 お使(つか)いになれます 사용하실 수 있습니다

お使(つか)いになれます。 사용하실 수 있습니다.

↑お使(つか)いになるれ (어미 え단 변형 / 1그룹) + る

☑ 「お使(つか)いになる」는 '사용하시다'라는 뜻으로 「使(つか)う」의 정중한(존경) 표현으로 외워 주세요.

일본인도 많이 틀리는 二重敬語(2중 경어)

「お使(つか)いになる」를 사용하는 데에 있어서 주의해야 하는 점이 있어요!
'사용하실 수 있습니다'의 의미로 「お使(つか)いになられます」를 사용하는 사람이 많습니다.
하지만 이건 NG! 여기서 「なられる」는 존경의 조동사를 접속한 것인데요. 「お使(つか)いになる」 자체에 '사용하시다'라는 존경의 뜻이 들어 있는데 거기에 존경의 조동사인 「られる」를 한 번 더 사용함으로써 2중 경어가 된 잘못된 표현입니다.

☑ 생소할 수 있는 동사의 [존경형 변형]을 한 번 짚어 볼게요.
(존경형 변형은 수동형과 형태 동일)

	존경형 변형	동사	예
1그룹	어미의 あ단 변형+れる	行(い)く 가다	行(い)か+れる 가시다
		飲(の)む 마시다	飲(の)ま+れる 마시시다
2그룹	어미 る 탈락+られる	別(わか)れる 헤어지다	別(わか)れ+られる 헤어지시다
		起(お)きる 일어나다	起(お)き+られる 일어나시다
3그룹	불규칙 변형이므로 그냥 외우기!	来(く)る 오다	来(こ)られる 오시다
		する 하다	される 하시다

단어 □ 使(つか)う 사용하다

もんだい

1. 오늘 선생님은 쉬십니다. ⋯›

2. 어제는 평소보다 빨리 일어나셨네요. ⋯›

3. 학교에 오셔서 여러 이야기를 들려 주셨어요. ⋯›

2 동사 て형 + ほしい ~해 주길 원한다 / ~해 줬으면 좋겠다 (= ~했으면 좋겠다)

超(こ)えてほしい。 넘길 원하다. / 넘었으면 좋겠다.

↑ 超(こ)え~~る~~ (2그룹 변형) て + ほしい

접속 방법	해석
[명사] が + ほしい	[명사]를 원하다 / 필요하다 / 가지고 싶다
[동사] て형 + ほしい	[동사]해 주길 원한다 / [동사]해 줬으면 좋겠다

☑ '~해 주길 원하다'의 문장을 만들 때 우리는 「くれる 주다」가 와야 한다고 생각하기 마련인데 그렇지 않습니다. '상대가 해 줬으면 좋겠는 행위'의 「동사 て형 + ほしい」를 붙여 주면 완성됩니다.

もんだい

1. 새로운 휴대폰을 갖고 싶습니다. ⋯›

2. 새 휴대폰을 사 줬으면 좋겠다. ⋯›

3. 그는 좋은 사람이 아니니까 헤어졌으면 좋겠다. ⋯›

4. 시끄러우니까 빨리 공사가 끝났으면 좋겠다. ⋯›

5. 맞았는지 틀렸는지 봐 줬으면 좋겠어요. ⋯›

단어 □ 普段(ふだん) 평소 □ いろんな 여러가지 □ 超(こ)える 넘다 □ うるさい 시끄럽다 □ 工事(こうじ) 공사 □ 合(あ)う 맞다 □ 間違(まちが)う 틀리다

3-1 명사+に対(たい)して [명사]에 대해서

免税対象外(めんぜいたいしょうがい)の商品(しょうひん)に対(たい)しては 면세 대상 외 상품에 대해서는

商品(しょうひん)(명사) + に対(たい)して

☑ 어떠한 대상에 대한 서술을 중점으로 할 때에 사용됩니다.

もんだい

1. 저 선생님은 여자애들에 대해서 상냥하다. ⋯›
2. 손윗사람에 대해서 예의바르게 하자. ⋯›
3. 그 발언에 대해서 나는 찬성이야. ⋯›

3-2 명사+に関(かん)して [명사]에 관해서(관련해서)

その件(けん)に関(かん)して話(はな)し合(あ)いがあります。 그 건에 관해서 논의가 있습니다.

その件(けん)(명사) + に関(かん)して

~に対(たい)する ~에 대하다	기본형	~に関(かん)する ~에 관하다
その発言(はつげん)に対(たい)して 그 발언에 대해서	て형	その発言(はつげん)に関(かん)して 그 발언에 관해서
その発言(はつげん)に対(たい)してはどう考(かんが)えますか。 그 발언에 대해서는 어떻게 생각합니까?	ては형	その発言(はつげん)に関(かん)してはどう考(かんが)えますか。 그 발언에 관해서는 어떻게 생각합니까?
その発言(はつげん)に対(たい)しての意見(いけん) 그 발언에 대한 의견	ての+명사	その発言(はつげん)に関(かん)しての意見(いけん) 그 발언에 관한 의견

단어 □ 女子(じょし) 여자애들 □ 目上(めうえ)の人(ひと) 손윗사람 □ 礼儀正(れいぎただ)しい 예의바르다 □ 話(はな)し合(あ)い 의논, 논의 □ 発言(はつげん) 발언 □ 賛成(さんせい) 찬성

4 ~かと思(おも)いました ~(인) 줄 알았습니다

全(すべ)て免税(めんぜい)かと思(おも)いました。 전부 면세인 줄 알았습니다.

└ 免税(めんぜい)(명사) + かと思(おも)いました

☑ 본문에서는 명사에 접속되었지만 형용사, 동사의 접속도 가능합니다.

품사	접속 방법	의미 (직역)
명사	ケータイかと思(おも)いました。	휴대폰인 줄 알았습니다. (직: 휴대폰인가 라고 생각했습니다.)
な형용사	真面目(まじめ)~~だ~~かと思(おも)いました。	성실한 줄 알았습니다. (직:성실한가 라고 생각했습니다.)
い형용사	寒(さむ)いかと思(おも)いました。	추운 줄 알았습니다. (직: 추운가 라고 생각했습니다.)
동사	できるかと思(おも)いました。	가능한 줄 알았습니다. (직: 가능한가 라고 생각했습니다.)

もんだい

1. 오늘 저녁, 저녁 식사를 같이 먹는 줄 알았어요. ···›

2. 선생님이 말해 주는 줄 알았어요. ···›

3. 두 사람이 사귀고 있는 줄 알았어요. ···›

단어 □ 今晩(こんばん) 오늘 저녁 □ 付(つ)き合(あ)う 사귀다

일본의 소비세에 대해

년도	1989년	1997년	2014년	2019년
소비세 (%)	3%	5%	8%	8% / 10%

소비세 10%는 국민들에게 부담이 커, 음료와 식품을 중심으로 일부 상품의 소비세를 8%로 하는 경감세율(軽減(けいげん)税率(ぜいりつ))을 실시했어요(2019년 10월 시작). 그래서 여러분들이 일본에서 영수증을 보면, 8%와 10%의 소비세 항목을 볼 수 있을 거예요.

	소비세 8% 품목	소비세 10% 품목
대상	• 슈퍼, 편의점 등의 음료와 식품 • 무알콜, 알콜이 적은 음료 • 음식점의 테이크아웃 • 상비약 • 신문	• 음료와 식품, 신문 이외 • 외식(イートイン) • 술, 담배 (필수품이 아닌 기호품)

실전 능력 강화

1 카페의 실제 영수증을 보고 내용을 파악해 보세요.

ケーキ屋さん

07月 13日

チーズケーキ（イートイン）	550円
アイスコーヒー（イートイン）	330円
ショートケーキ（テイクアウト）※	700円
合計	1,580円
内消費税	136円
(10%対象内消費税	80円)
(8%対象内消費税	56円)
合計点数	3点
お預かり金額	1,580円
お釣り	0円

✦✦✦ Tip! ✦✦✦

☑ **イートイン**(eat in) : 가게 안에서 먹음, 외식 (세금 10% 대상)

☑ **テイクアウト**(take out) : 포장, 테이크 아웃 (세금 8% 대상)

☑ 영수증에서 「※」는 세금 8%인 경감세율(軽減税率(けいげんぜいりつ)) 대상 상품

□ **合計**(ごうけい) 합계 □ **内消費税**(ないしょうひぜい) 내소비세, 소비세 포함 □ **対象**(たいしょう) 대상
□ **合計点数**(ごうけいてんすう) 합계 점수(여기서는 구입한 물건의 총 개수) □ **お預かり金額**(あずかりきんがく) 받은 금액 □ **お釣り**(つり) 거스름돈

2 면세 가능 여부를 확인하고 [미션]을 수행해 보세요.

	면세 대상	면세 대상 외	면세 금액 조건
일반 상품	• 家電製品 가전제품 • ブランド品 명품 • 時計・宝飾品 시계· 귀금속	신선식품 담배 술 등	1人1日1店舗の 一般物品＋消耗品の購入額(税抜)合計が 5,000円以上500,000円以下の場合 한 사람이 하루 한 점포에서 일반상품 + 소모품 구입액(세금 제외)의 합계가 5,000엔 이상 500,000엔 이하인 경우
소모품	• 食料品 식료품 • 飲料品 음료품 • 医療品 의료품 • 化粧品 화장품 • その他消耗品 그외 소모품		

【 구입 상품 】

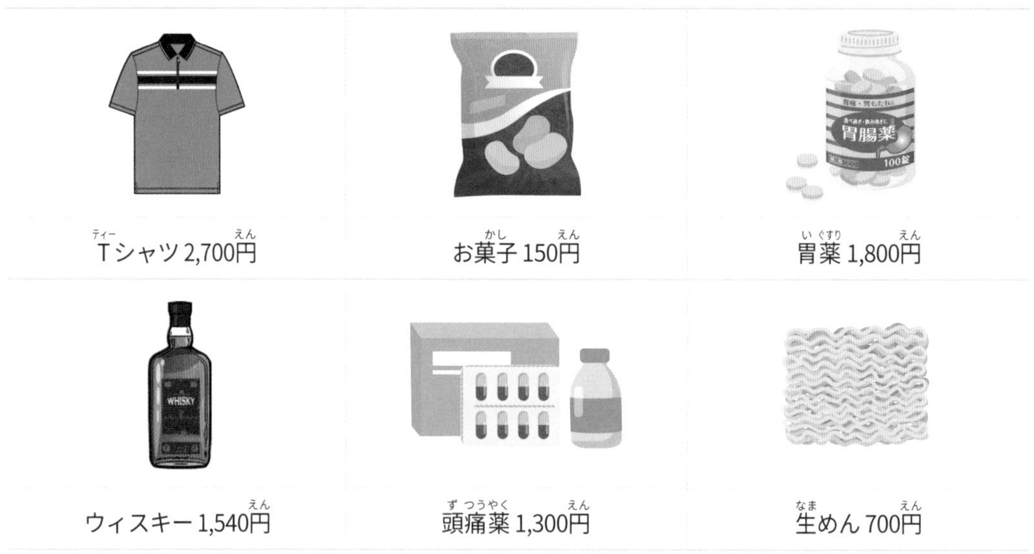

Tシャツ 2,700円

お菓子 150円

胃薬 1,800円

ウィスキー 1,540円

頭痛薬 1,300円

生めん 700円

※ 위 금액은 세금 포함 가격(税込み)입니다.

【 미션! 】

왼쪽 하단의 [구입 상품]을 보고 아래 빈칸을 채워 주세요.

❶ 소비세를 분류해 보세요.

	소비세 8%	소비세 10%
상품		

❷ 면세 가능한 상품을 분류해 보세요.

	가능	불가
상품		

❸ 면세 가능 상품의 면세액을 계산하여 면세 합산 금액을 구하세요.

상품	세금 포함 가격	면세비율 (8% or 10%)	면세 금액	합계
①				
②				
③				
④				

듣기 체크

MP3 **088**

問 **대화를 듣고 문제를 풀어 보세요.**

1 남자가 가지고 있는 쿠폰은 총액 얼마 이상의 경우 사용할 수 있습니까?

① ② ③

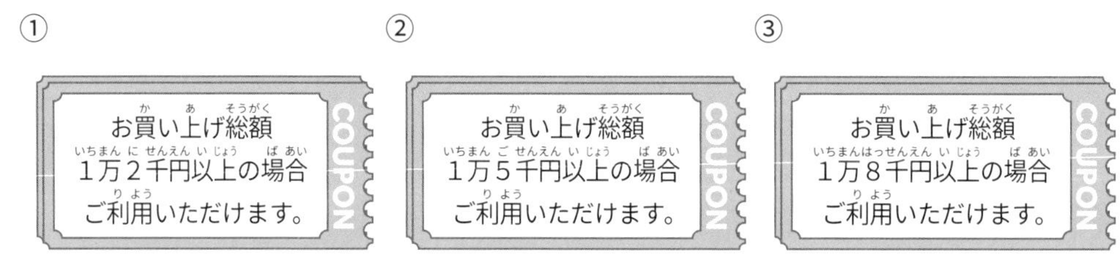
お買い上げ総額
1万2千円以上の場合
ご利用いただけます。
COUPON
お買い上げ総額
1万5千円以上の場合
ご利用いただけます。
COUPON
お買い上げ総額
1万8千円以上の場合
ご利用いただけます。
COUPON

2 남자가 산 품목 중에서 면세 가능한 것은 무엇입니까?

① ② ③

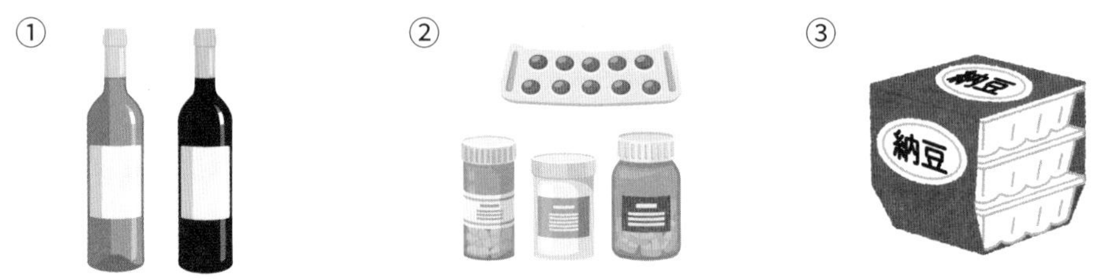
納豆
納豆

3 남자의 계산 총액은 얼마입니까?

① 17,370円　② 17,250円　③17,340円

단어+

免税(めんぜい)	면세	税込(ぜいこ)み	세금 포함	イートイン	가게에서 먹음
カウンター	카운터	税抜(ぜいぬ)き	세금 불포함	化粧品(けしょうひん)	화장품
お会計(かいけい)	계산	内税(うちぜい)	소비세 포함	家電製品(かでんせいひん)	가전제품
総額(そうがく)	총액	外税(そとぜい)	소비세 불포함	ブランド品(ひん)	명품
お買(か)い上(あ)げ	구입	商品(しょうひん)	상품	医薬品(いやくひん)	의약품
レシート	영수증	生鮮食品(せいせんしょくひん)	신선식품	胃腸薬(いちょうやく)	위장약
対象(たいしょう)	대상	お酒(さけ)	술	頭痛薬(ずつうやく)	두통약
パスポート	여권	お菓子(かし)	과자	合計(ごうけい)	합계
支払(しはら)う	지불하다	ウィスキー	위스키	お先(さき)に	우선
払(はら)い戻(もど)す	환불하다	生(なま)めん	생면	対象外(たいしょうがい)	대상 외

19

お腹いっぱいになるまで食べちゃおう、
焼肉食べ放題

배가 엄청 부를 때까지 먹자, 고기 무한리필

일본은 무한리필 시스템으로 운영되는 가게가 많습니다.
초밥이나 고깃집은 물론 케이크 등의 디저트만을 무한으로 즐길 수 있는 곳도 있는데요.
특히나 고깃집에 간다면 무한리필로 주문하는 것이 이득일 수 있어서 이번 과에서는
고기 무한리필 시스템을 실전 회화문을 통해 상세히 이해하고, 실전 능력 강화를 통해
직접 코스를 고르며 자유롭게 주문하는 방법에 대해 학습해 보겠습니다.

店員 お客様、ご来店は初めてでしょうか。

私 はい、ちょっと説明お願いしてもいいですか。

店員 はい、当店は計３つの食べ放題コースがございます。
コースをご選択の上、このタッチパネルでご注文していただければ、お肉をお持ちするというシステムです。

私 時間制限はありますか。

店員 はい、全てのコースは１００分間お召し上がりいただけます。
それと、ラストオーダーは２０分前になります。

私 分かりました。一番人気のコースは何ですか。

店員 当店の名物を思う存分楽しめるこちら五つ星コースですね。

私 じゃ、それを頼むしかないですね。
大人２人とあと子供１人なんですけど、値段は同じですか。

단어 □ 食べ放題 음식 무한리필 □ 来店 내점, 가게 방문 □ 説明 설명 □ コース 코스 □ 選択 선택 □ タッチパネル 터치 패널 □ 注文 주문 □ 時間制限 시간제한 □ 全ての 모든 □ 召し上がる 드시다 □ 名物 명물 □ 思う存分 마음껏 □ 楽しむ 즐기다 □ 五つ星 5성 □ 頼む 주문하다 □ 値段 가격 □ 同じだ 같다

해석

무한리필에서

점원 손님, 가게에 오신 건 처음이신가요?

나 네, 조금 설명을 부탁드려도 될까요?

점원 네, 저희 가게는 총 세 개의 무한리필 코스가 있습니다.
코스를 선택하신 후 이 터치패널로 주문해 주시면,
고기를 가져다드리는 시스템입니다.

나 시간제한은 있습니까?

점원 네, 모든 코스는 100분간 드실 수 있습니다.
그리고 라스트 오더는 20분 전입니다.

나 알겠습니다. 가장 인기 코스는 뭐예요?

점원 저희 가게 명물을 마음껏 즐길 수 있는 여기 5성 코스입니다.

나 그럼, 그걸 시킬 수밖에 없네요.
어른 두 명과 그리고 아이 한 명인데요, 금액은 같습니까?

店員(てんいん)　いえ、小学生(しょうがくせい)のお子様(こさま)の場合(ばあい)、各(かく)コースの半額(はんがく)になります。お客様(きゃくさま)、お飲(の)み物(もの)はどうなさいますか。

私(わたし)　このアルコール飲(の)み放題(ほうだい)を２つ(ふた)ください。

店員(てんいん)　恐(おそ)れ入(い)りますが、飲(の)み放題(ほうだい)はグループ全員(ぜんいん)ご注文(ちゅうもん)いただいた場合(ばあい)のみ承(うけたまわ)っております。

私(わたし)　アルコールとソフトドリンク飲(の)み放題(ほうだい)の組(く)み合(あ)わせもできますか。

店員(てんいん)　はい、お子様(こさま)がいらっしゃる場合(ばあい)のみ、ご注文(ちゅうもん)が可能(かのう)になります。

私(わたし)　じゃ、子供用(こどもよう)のソフトドリンク飲(の)み放題(ほうだい)もお願(ねが)いします。

店員(てんいん)　はい、かしこまりました。

단어　□ 各(かく) 각　□ 半額(はんがく) 반값　□ 飲(の)み放題(ほうだい) 음료 무한리필　□ 場合(ばあい) 경우　□ ～のみ ～만
□ 承(うけたまわ)る 받아들이다, 삼가 받다, 듣다　□ 組(く)み合(あ)わせ 조합　□ 子供用(こどもよう) 어린이용
□ ソフトドリンク 소프트드링크

해석

점원 아뇨, 초등학생 손님의 경우 각 코스의 반값이 됩니다.
손님, 음료는 어떻게 하시겠습니까?

나 이 알코올 무한리필을 두 개 주세요.

점원 죄송합니다만, 음료 무한리필은 일행 전원이 주문하셨을 경우만 가능합니다.

나 알코올과 소프트드링크 무한리필의 조합도 되나요?

점원 네, 어린이 손님이 계실 경우에만 주문이 가능합니다.

나 그럼, 어린이용 소프트드링크 무한리필도 부탁드립니다.

점원 네, 알겠습니다.

문법과 작문 마스터

MP3 **091**

1 동사 ます형 + 放題(ほうだい) 마음대로(마음껏) [동사]함

食(た)べ放題(ほうだい) 마음대로 먹음 = 음식 무한리필

└ 食(た)べ~~る~~ (어미 탈락 / 2그룹 ます형) + 放題(ほうだい)

飲(の)み放題(ほうだい) 마음대로 마심 = 음료 무한리필

└ 飲(の)~~む~~み (어미 い단 변형 / 1그룹 ます형) + 放題(ほうだい)

☑ 본래 이 문법은 「동사 ます형+たい+放題(ほうだい)」로, '[동사]하고 싶은 만큼 마음대로 한다'는 뜻입니다.

☑ 본문처럼 「たい」는 생략하여 많이 사용돼요.

もんだい

1. 사용하고 싶은 만큼 마음대로 사용함(재료, 기계 등) ⋯›

2. 걸고 싶은 만큼 마음대로 전화를 검(휴대폰 요금제) ⋯›

3. 보고 싶은 만큼 마음대로 봄(OTT 등) ⋯›

4. 이 요금제는 5,990엔에 데이터 무제한입니다.

   ⋯›

5. 얘기할 거 다 해 두고 지금에 와서 사과하는 거예요?

   ⋯›

6. 이 반에는 민폐를 엄청 끼치는 문제아가 있다.

   ⋯›

단어 □ **使(つか)う** 사용하다 □ **かける** (전화 등을)걸다 □ **プラン** 요금제 □ **データー** 데이터
□ **今更(いまさら)** 지금에 와서, 새삼스럽게 □ **迷惑(めいわく)をかける** 민폐를 끼치다 □ **問題児(もんだいじ)** 문제아

2 명사 + の上(うえ) [명사] 위에, [명사] 후에

ご選択(せんたく)の上(うえ) 선택하신 후에

└ ご選択(せんたく)(명사) + の上(うえ)

☑ 명사 앞에 「ご」나 「お」를 붙여 정중하게 표현하는 비즈니스 회화 표현입니다.

☑ 한자로 표기하는 「上」가 물리적인 '상하'의 의미로 받아들여질 수도 있어 이를 피하기 위해 히라가나 「うえ」라고 표현하는 경우도 많습니다.

예 ご選択(せんたく)のうえ 선택한 후에

もんだい

1. 확인하신 후에 써 주세요. ⋯›
2. 상의하신 후에 연락 주세요. ⋯›
3. 이해하신 후에 사인해 주세요. ⋯›

☑ 이번에는 동사에 접속한 「〜た上(うえ)で 〜한 후에」 표현과 그와 비슷한 의미인 「〜た後(あと)で 〜한 후에」 표현을 함께 짚어 볼게요.

문법	〜た上(うえ)で	〜た後(あと)で
해석	〜한 후에, 〜한 위에	〜한 후에
사용	앞에서 해야 하는 조건을 의미	행위의 순서를 의미
예문	先生(せんせい)と話(はな)した上(うえ)で進路(しんろ)を決(き)めましょう。 선생님과 이야기한 후에 진로를 정합시다.	先生(せんせい)と話(はな)した後(あと)でご飯(はん)を食(た)べに行(い)きましょう。 선생님과 이야기한 후에 밥을 먹으러 갑시다.
설명	선생님과 이야기하는 행동이 진로를 정하는 '조건'으로서 전제되어야 함	우선 선생님과 이야기하고 그 다음에 밥을 먹으러 가는 '시간의 흐름'을 표현

단어 □ 選択(せんたく) 선택 □ 確認(かくにん) 확인 □ 相談(そうだん) 상담 □ 連絡(れんらく) 연락 □ 理解(りかい) 이해 □ **サインする** 사인하다 □ 進路(しんろ) 진로

3 동사 기본형 + しかない [동사]하는 수밖에 없다

それを頼(たの)むしかないですね。 그걸 주문하는 수밖에 없네요.

頼(たの)む (동사 기본형) + しかない

☑ 「しか」 뒤에는 반드시 부정이 와야 해요.

☑ 「頼(たの)む」는 본래 '부탁하다'라는 뜻도 있지만 음식점 등 주문하는 상황에서는 '주문하다'로 사용됩니다.

☑ 명사에도 사용할 수 있어요!

① 명사 + しかないです / しかありません : [명사]밖에 없어요

예 1000円(せんえん)しかないです。 천 엔밖에 없어요.

2つ(ふた)しかありません。 두 개밖에 없어요.

② 명사 + しか 부정 문장 : [명사]밖에 ~지 않아요

예 バスしか乗(の)りません。 버스밖에 안 타요.

新商品(しんしょうひん)しか買(か)いません。 신상품밖에 안 사요.

もんだい

1. 무리하게 들어가는 수밖에 없어요. ⋯›

2. 그 문제는 외우는 수밖에 없어요. ⋯›

3. 화가 나도 참을 수밖에 없었다. ⋯›

단어 □ 無理(むり)やり 억지로, 무리하게 □ 腹(はら)が立(た)つ 화가 나다 □ 我慢(がまん)する 참다

4 명사 + のみ [명사]만 (= only)

ご注文(ちゅうもん)いただいた場合(ばあい)のみ 주문 받았을 경우만

場合(ばあい)(명사) + のみ

お子様(こさま)がいらっしゃる場合(ばあい)のみ 어린이 손님이 계실 경우만

場合(ばあい)(명사) + のみ

☑ 「だけ」의 문어체입니다.

もんだい

1. 예약하신 분만 들어갈 수 있어요. ⋯→
2. 지불은 현금만으로 정해져 있습니다. ⋯→
3. 그저 딸의 합격을 기도할 뿐입니다. ⋯→

단어 □ 場合(ばあい) 경우 □ 予約(よやく) 예약 □ 方(かた) 분 □ 入(はい)る 들어가다 □ お支払(しはら)い 지불 □ 現金(げんきん) 현금 □ ただ 그저 □ 娘(むすめ) 딸 □ 祈(いの)る 기도하다

실전 능력 강화

MP3 092

問 메뉴를 보고 각 요청 사항에 맞춰 자유롭게 주문해 보세요.

食べ放題コース

贅沢コース 2,980円	五つ星コース 3,580円	プレミアムコース 3,980円

食べ放題　100分（ラストオーダー20分前）

幼児無料　　小学生半額

飲み放題コース

アルコール飲み放題コース	ソフトドリンク飲み放題コース
お１人様 1,390円	お１人様 390円 幼児無料　小学生半額

＜ご注意＞

「アルコール飲み放題」と「ソフトドリンク飲み放題」を

組み合わせてご注文が可能です。

飲み放題はグループ全員がご注文いただいた場合のみ承ります。

1 〈사치 코스〉 어른 두 개와 초등학생 한 개를 주문하세요.

⋯▸

2 〈5성 코스〉 어른 한 개와 〈알코올 무한리필 코스〉를 한 개 주문하세요.

⋯▸

3 〈알코올 무한리필 코스〉와 〈소프트드링크 무한리필 코스〉를 함께 시켜도 되는지 물어 보세요.

⋯▸

4 〈프리미엄 코스〉 어른 세 개와 초등학생 두 개를 주문하고, 음료 코스에 대해 물어 보세요.

⋯▸

5 한 명이 무한리필 음료를 주문할 시 테이블 전원 주문해야 하는지 물어 보세요.

⋯▸

6 〈5성 코스〉 어른 두 개와 초등학생 한 개를 시키고 〈알콜 무한리필 코스〉 한 개와 〈소프트드링크 무한리필 코스〉 두 개를 주문하세요. (이때, 소프트드링크 하나는 초등학생임을 명시해 주세요.)

⋯▸

단어 □ **贅沢** 사치 □ **五つ星** 5성 □ **ラストオーダー** 라스트 오더 □ **幼児** 유아 □ **半額** 반값 □ **注意** 주의 □ **組み合わせ** 조합 □ **注文** 주문

듣기 체크

MP3 **093**

問 **대화를 듣고 문제를 풀어 보세요.**

メニュー

Aコース	Bコース	Cコース
2,000円	2,500円	3,000円
お子様半額(こさまはんがく)		

1 주문한 무한리필의 총액은 얼마입니까?

① 4,500円(よんせんごひゃくえん)　② 7,500円(ななせんごひゃくえん)　③ 9,000円(きゅうせんえん)

2 이번 무한리필의 제한시간은 몇 분입니까?

① 100分(ひゃっぷん)　② 130分(ひゃくさんじゅっぷん)　③ 150分(ひゃくごじゅっぷん)

3 주문한 음료는 무엇입니까?

① 飲み放題の日本酒とコーラハイボールとウーロン茶
② 単品の日本酒とコーラハイボールとウーロン茶
③ 単品の日本酒とハイボールとコーラ

단어+

MP3 094

고기 부위				사이드 메뉴			
カルビ	갈비	牛レバー	소 간	ビビンバ	비빔밥	せんまい刺し	천엽
骨付きカルビ	뼈붙은 갈비	豚トロ	항정살	石焼ビビンバ	돌솥 비빔밥	レバ刺し	간 회
上ロース	상급 등심	サムギョプサル	삼겹살	クッパ	국밥	わかめスープ	미역국
ハラミ	안창살	豚肩ロース	돼지 목심	韓国のり	한국 김	サンチュ	상추
中落ちカルビ	뼛쪽 안갈빗살	豚カルビ	돼지 갈비	ナムル盛り合わせ	나물 모둠	海鮮	해산물
ステーキ	스테이크	ホルモン	곱창	キムチ盛り合わせ	김치 모둠	エビ	새우
牛タン	소 혀	鶏軟骨	닭 연골	大根キムチ	무김치	イカ	오징어
厚切り牛タン	두껍게 썬 소 혀	鶏モモ	닭다리 살	きゅうりキムチ	오이김치	ホイル焼き	호일 구이

그 외					
割り勘	더치 페이	たれ	(고기 찍어 먹는) 소스	ごま油	참기름
甘だれ	단 소스	塩	소금	にんにく	마늘
おしぼり	물수건	トング	집게	はさみ	가위

20

レンタカーを借りる流れと店員とのやり取り

렌터카를 빌리는 흐름과 점원과의 소통

도심이 아닌 도심 근교 혹은 소도시로의 여행을 계획한 분이라면 반드시 필요한 렌터카. 공항에서 렌터카를 바로 인계받을 수도 있고, 셔틀버스를 이용해 영업점으로 이동하여 영업점에서 인계받을 수도 있는데요. 이때 반드시 계약 사항을 꼼꼼하게 확인해야 합니다. 실제 일본에서 겪게 되는 렌터카 대여 방법에 대해 실전 회화문을 통해 자세히 학습할 수 있도록 구성하였습니다. 한국에서 예약하고 갔다 하더라도 반드시 해야 하는 차량 확인이라든가 사고 서포트 설명에 대해서도 함께 알고 렌터카를 이용하면, 보다 편하고 안전한 여행이 되겠죠?

실전 회화문

レンタカーの借り方

MP3 **095**

〈空港で〉

私　すみません、光レンタカーの送迎バスで合っていますか。

案内係　はい、お客様のお名前をご確認いたします。

私　韓国から予約したキムです。

案内係　はい、確認しました。お荷物をバスにお乗せします。
５分後に出発しますのでお乗りください。

〈レンタカー営業店到着〉

店員　お客様のパスポートと国際運転免許証をお願いします。

私　はい、こちらです。

단어 □ **空港** 공항 □ **送迎バス** 셔틀버스 □ **お名前** 성함 □ **確認** 확인 □ **予約** 예약
□ **乗せる** 태우다, 싣다 □ **出発** 출발 □ **営業店** 영업점 □ **到着** 도착
□ **国際運転免許証** 국제 운전면허증

해석

렌터카 대여 방법

〈공항에서〉

나 저기요, 히카리 렌터카 셔틀버스가 맞나요?

안내원 네, 고객님의 성함을 확인하겠습니다.

나 한국에서 예약한 김입니다.

안내원 네, 확인했습니다. 짐을 버스에 싣겠습니다.
5분 후 출발하겠으니 승차해 주세요.

〈렌터카 영업점 도착〉

직원 손님의 여권과 국제 운전면허증을 부탁드립니다.

나 네, 여기요.

店員　現在、基本料金でご予約されていますが、安心コースに変更しますと何かあった場合、自己負担額がかなり減りますが、いかがでしょうか。

私　う〜ん…、そのままで大丈夫です。

店員　かしこまりました。
あと、安全のためにシートベルト数以上の人数のご乗車はできませんのでご了承ください。

私　分かりました。

店員　燃料は満タンでお貸ししておりますので、
満タンにして返却してください。

私　はい。この車の燃料はガソリンですか、軽油ですか。

店員　ガソリンでございます。
市内のガソリンスタンドならどこでも入れられます。
では、実際に車を見ながらキズのご確認と操作方法についてご説明いたします。

단어
□ **基本料金** 기본요금　□ **安心コース** 안심 코스　□ **変更** 변경　□ **場合** 경우, 때
□ **自己負担額** 자기부담액　□ **減る** 줄다　□ **安全** 안전　□ **シートベルト** 안전벨트　□ **〜数** 〜수
□ **以上** 이상　□ **人数** 인수, 인원　□ **乗車** 승차　□ **ご了承ください** 양해 부탁드립니다　□ **燃料** 연료
□ **満タン** 가득, 만땅　□ **貸す** 빌려주다　□ **返却** 반납　□ **ガソリン** 휘발유　□ **軽油** 경유　□ **市内** 시내
□ **ガソリンスタンド** 주유소　□ **入れる** 넣다　□ **実際** 실제　□ **キズ** 흠집(상처)　□ **操作方法** 조작 방법
□ **説明** 설명

해석

직원 현재 기본요금으로 예약하셨는데, 안심 코스로 변경하시면, 무슨 일이 생겼을 때 자기부담액이 꽤 줍니다만, 어떠신가요?

나 음…, 그대로로 괜찮습니다.

직원 알겠습니다.
그리고 안전을 위해서 안전벨트 개수 이상의 인원 승차는 불가하므로 양해 부탁드립니다.

나 알겠습니다.

직원 연료는 가득 채워서 빌려 드리고 있기 때문에, 가득 채워서 반환해 주세요.

나 네. 이 차의 연료는 휘발유인가요, 경유인가요?

직원 휘발유입니다.
시내 주유소라면 어디서든 넣을 수 있습니다.
그럼, 실제로 차를 보면서 흠집 확인과 조작 방법에 대해서 설명드리겠습니다.

문법과 작문 마스터

MP3 096

1 [명사]の + まま [명사]대로, [명사]채로

そのままで大丈夫(だいじょうぶ)です。 그대로로 괜찮습니다.

☑ 명사에는「の」를 붙여「まま」를 써 줍니다.

예 思(おも)い出(で)のまま 추억(그)대로

昔(むかし)のまま 옛날 그대로

☑「このまま 이대로・そのまま 그대로・あのまま 저대로」함께 외우기!

☑ 동사의 경우 이렇게 쓰여요! 〈p.219 참조〉

동사	접속 방법	문법	예
과거형	食(た)べた	＋まま	食(た)べたままにして片付(かたづ)けない。 먹은 채로 두고(하고) 치우지 않는다.
부정형	食(た)べない		食(た)べないまま家(いえ)を出(で)た。 먹지 않은 채 집을 나갔다.

1. 음식을 입에 넣은 채 말하지 않는다. ···›
2. 알지 못한 채로 (있어도) 괜찮아. ···›
3. 여기는 시간이 흘러도 옛날 그대로네. ···›

단어 □ 思(おも)い出(で) 추억 □ 昔(むかし) 옛날 □ 片付(かたづ)ける 정리하다 □ 喋(しゃべ)る 말하다, 떠들다
□ 経(た)つ (시간이)흐르다, 경과하다

2 ～にしてください ～로 해 주세요, ～로 하세요

満(まん)タンにしてください。 가득 채워 주세요. (직: 만땅으로 해 주세요.)

満(まん)タン (명사) + にしてください

- 본문에서는 기본 문법에서 '~해 주세요' 부분에 '반환하다'라는 동사를 넣은 문장이 쓰였어요.

  満(まん)タンにして返却(へんきゃく)してください。

  가득 채워서 (직: 만땅으로 해서) 반환해 주세요.

- 5과의 「～にする」에 「ください」가 더해진 문법이에요. 〈p.80 참조〉

もんだい

1. 참고하세요. …→
2. 저는 커피로 해 주세요. (일행에게 전달하는 상황) …→
3. 된장라멘은 곱빼기로 해 주세요. …→
4. 좋을 대로 하세요. …→
5. 몸조리 잘하세요. …→

단어 □ **参考(さんこう)** 참고 □ **味噌(みそ)ラーメン** 된장라멘 □ **大盛(おおも)り** 곱빼기
□ **お大事(だいじ)に** 몸조리 잘해(건강을 기원하는 인사말)

3 ～なら ～라면

ガソリンスタンドならどこでも 주유소라면 어디든

└ガソリンスタンド (명사) + なら

☑ 어떠한 상황을 두고, 말하는 사람의 판단과 의지, 조언 등을 나타냅니다.

☑ 명사, い형용사, 동사는 바로 붙여 사용하면 되고 な형용사는 어미 탈락 후 붙여 줍니다.

	접속 방법	문법	예
명사	あなた	+ なら ～라면	あなたならできる。너라면 할 수 있어.
な형용사	新鮮(しんせん)~~だ~~		新鮮(しんせん)なら買(か)います。신선하다면 살 거예요.
い형용사	痛(いた)い		それでも痛(いた)いならまた病院(びょういん)行(い)こう。 그래도 아프면 또 병원가자.
동사	行(い)く		先生(せんせい)が行(い)くなら私(わたし)も行(い)きます。선생님이 간다면 저도 가요.

もんだい

1. 싫다면 관둬도 좋아요. ⋯›
2. 한국 여행을 간다면 강남에 가 보세요. ⋯›
3. 뜨거우면 물을 더 넣어! ⋯›

단어 □ ガソリンスタンド 주유소 □ 嫌(いや)だ 싫다 □ 江南(カンナム) 강남

4 [명사] + について [명사]에 대해서

操作方法(そうさほうほう)について 조작 방법에 대해서

└ 操作方法(そうさほうほう) (명사) + について

☑ 명사가 갖고 있는 '세부적인 내용에 대해서'라는 의미예요!

☑ 18과에서 소개한 「~に対(たい)して ~에 대해서」, 「~に関(かん)して ~에 관해서」와 함께 학습해 주세요.

もんだい

1. 신형 바이러스에 대해서 설명하겠습니다. ⋯▸
2. 일본의 종교에 대해 알려 줄게요. ⋯▸
3. 이 상품에 대해 알고 싶어요. ⋯▸

て형	その発言(はつげん)について 그 발언에 대해서
は형	その発言(はつげん)についてはどう考(かんが)えますか。 그 발언에 대해서는 어떻게 생각합니까?
ての + 명사	その発言(はつげん)についての意見(いけん) 그 발언에 대한 의견

□ 操作方法(そうさほうほう) 조작 방법 □ 新型(しんがた)ウイルス 신형 바이러스 □ 説明(せつめい)する 설명하다 □ 宗教(しゅうきょう) 종교
□ 教(おし)える 가르치다

알아 두면 좋을 교통 관련 여행 TIP!

TIP 1 고속도로 진입 시 렌터카에 ETC가 부착되어 있다면 ETC 전용(보라색)으로, 없다면 일반(초록색)으로 가세요.

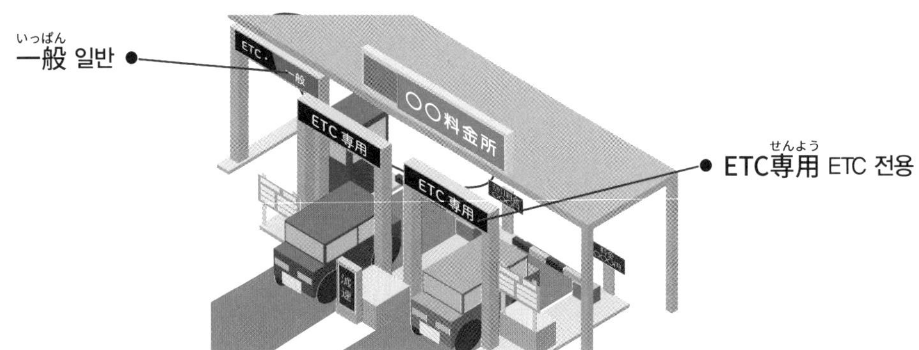

TIP 2 차에 이런 마크가 붙혀 있어요. 무슨 뜻일까요?

- 초보 운전자 표식(初心運転者標識(しょしんうんてんしゃひょうしき))
  「初心者(しょしんしゃ)マーク」라고 불립니다.
  보통자동차 면허 취득 후 1년 미만의 운전자에게 이 표식을 달 의무가 있다고 하네요. 우리나라의 '초보운전' 표시에 해당합니다.

- 고령 운전자 표식(高齢運転者標識(こうれいうんてんしゃひょうしき))
  2011년 2월에 등장한 새로운 표식입니다.
  표시의 의무나 벌칙은 없지만, 70세 이상이고 신체기능저하가 운전에 영향을 끼칠 위험이 있는 사람에게 표시를 권고합니다.

문장+

MP3 097

- 車を借りたいんですけど…。 차를 빌리고 싶은데요.
- 基本でお願いします。 기본으로 부탁드립니다.
- チャイルドシートを追加したいんですけど…。 어린이 카시트를 추가하고 싶은데요.
- ETCカードも付けてください。 ETC 카드도 부착해 주세요.
- ETCカードは要らないです。 ETC 카드는 필요 없습니다.
- 返却は何時までですか。 반환(시간)은 몇 시까지죠?
- 返却の時間に遅れたらどうなりますか。 반환 시간에 늦으면 어떻게 되나요?
- ここにキズがあります。 여기에 흠집이 있어요.
- トランクはどうやって開けますか。 트렁크는 어떻게 열어요?
- 給油口はどっちですか。 주유구는 어느 쪽인가요?
- 満タンにしてください。 가득 채워 주세요.
- ナビの韓国語設定のやり方を教えてください。
  내비게이션의 한국어 설정하는 방법을 가르쳐 주세요.
- 乗り捨てに変更できますか。
  다른 곳에 반납하는 걸로 변경할 수 있나요?

※「乗り捨て」란, 빌린 영업점이 아닌 다른 영업점에 반납하는 것을 말해요.
「乗る(타다)+捨てる(버리다)」의 합성동사의 명사형입니다.

실전 능력 강화

問 **실제 일본의 렌터카 업체에서 사고 발생 시, 이용자 서포트를 안내하는 문서입니다.**
내용을 확인한 후에, 다음 문제에 답해 보세요.

[光レンタカーの事故サポート]

事故の際、免責額のお支払いが発生 **お客様　ご負担額** 対物補償：5万円 車両補償：5万円	→	**車両・対物事故免責額補償制度** 車両・対物免責額のお支払いを免除 0円 加入料　税込み 1,100円/日
車両修理が発生した際、 営業補償として ノンオペレーションチャージ(NOC)の お支払いが発生	→	**NOC補償制度**(ECO) NCOのお支払いを免除 0円 加入料　税込み 550円/日

단어 □ **事故** 사고　□ **免責額** 면책액(면책금)　□ **お支払い** 지불, 지불 금액　□ **発生** 발생　□ **負担額** 부담액
□ **対物補償** 대물 보상　□ **車両補償** 차량 보상　□ **制度** 제도　□ **免除** 면제　□ **加入料** 가입료
□ **税込み** 세금 포함　□ **修理** 수리　□ **営業補償** 영업 보상

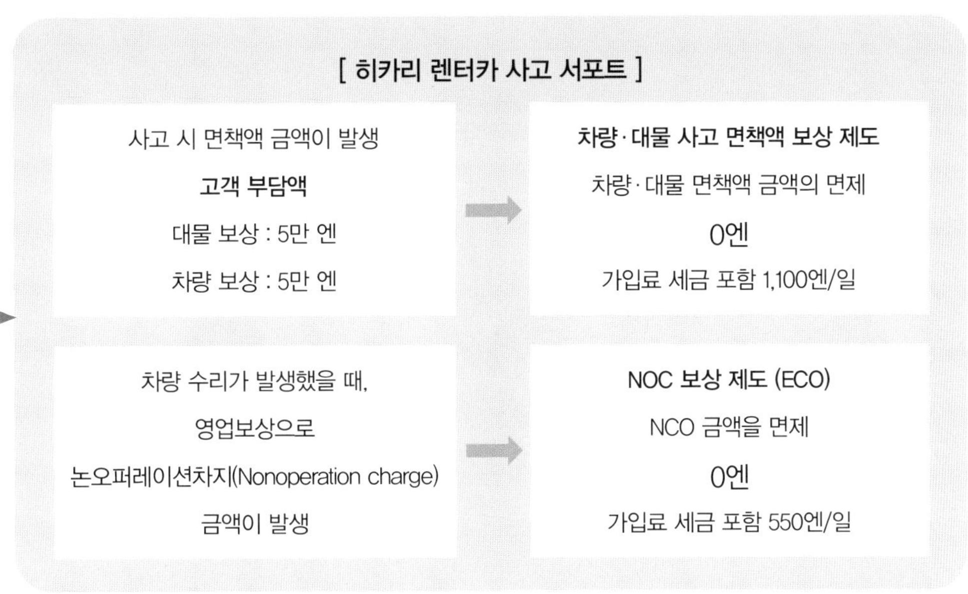

[히카리 렌터카 사고 서포트]
사고 시 면책액 금액이 발생
고객 부담액
대물 보상 : 5만 엔
차량 보상 : 5만 엔
차량·대물 사고 면책액 보상 제도
차량·대물 면책액 금액의 면제
0엔
가입료 세금 포함 1,100엔/일
차량 수리가 발생했을 때,
영업보상으로
논오퍼레이션차지(Nonoperation charge)
금액이 발생
NOC 보상 제도 (ECO)
NCO 금액을 면제
0엔
가입료 세금 포함 550엔/일

1 사고 발생 시 어떤 부담액이 발생하나요?

2 차량이나 물건에 대한 보상을 해야 할 때 어떤 보험을 들어 놓으면 좋을까요?

3 [차량 대물 사고 면책액 보상 제도] 보험을 2박 3일의 여행에서 가입한다고 할 때 얼마를 지불해야 하나요?

4 [NOC 보상 제도]를 3박 4일의 여행에서 가입한다고 할 때 얼마를 지불해야 할까요?

알아 두면 좋을 [NOC]

렌터카 이용 중 사고나 고장 등에 의해 차량의 수리를 하는 동안 렌터카 회사는 그 차량을 영업에 이용할 수 없게 되므로 영업보상의 일부로, 손님이 부담하는 금액을 「NOC(ノンオペレーションチャージ)」라고 합니다.

MP3 098

問 **제시된 표현을 일본어로 가장 올바르게 말한 사람을 고르세요.**

1 차를 빌리고 싶은데요.

① 
② 
③ 

2 이 차는 휘발유인가요?

① 
② 
③ 

3 내비게이션의 한국어 설정을 어떻게 하나요?

① 
② 
③ 

단어+

MP3 099

送迎(そうげい)バス	셔틀 버스	注意事項(ちゅういじこう)	주의사항	既(すで)に	이미
予約(よやく)	예약	伝(つた)える	전하다	チャイルドシート	어린이 카시트
荷物(にもつ)	짐	貸(か)し出(だ)し	빌려줌	キズ	흠집
出発(しゅっぱつ)	출발	期間(きかん)	기간	操作方法(そうさほうほう)	조작 방법
レンタカー	렌터카	必(かなら)ず	반드시	確認(かくにん)	확인
営業店(えいぎょうてん)	영업점	契約書(けいやくしょ)	계약서	説明(せつめい)	설명
国際(こくさい)運転免許証(うんてんめんきょしょう)	국제 운전면허증	携帯(けいたい)	휴대, 소지	止(と)まれ	일시 정지
		シートベルト	안전벨트	一方通行(いっぽうつうこう)	일방통행
基本料金(きほんりょうきん)	기본요금	数(かず)	개수	保険(ほけん)	보험
安心(あんしん)	안심	人数(にんずう)	인원	駐車(ちゅうしゃ)	주차
補償(ほしょう)	보상	燃料(ねんりょう)	연료	ガソリンスタンド	주유소
限度額(げんどがく)	한도액	満(まん)タン	가득	ナビ	내비게이션
自己(じこ)	자기	貸(か)す	빌려주다	給油口(きゅうゆこう)	주유구
負担金(ふたんきん)	부담금	ガソリン	휘발유	返却(へんきゃく)	반환
減(へ)る	줄다	軽油(けいゆ)	경유	トランク	트렁크

부록

정답

&

스크립트

정답 & 스크립트

01과

문법과 작문 마스터 p.18

1. 1. 日本語を教えてください。
   2. いつでも連絡してください。
   3. 私にも話してください。

2. 1. ご飯を食べながら映画を見る。
   2. 勉強しながら歌を聴く。
   3. 運動しながら単語を覚える。

문법과 작문 마스터 p.22

1. 1. カバンを開けてもよろしいですか。
   2. これを持っていってもよろしいですか。
   3. これでよろしいですか。
   4. もう、行ってもいいですか。
   5. 今週末に働いてもいいですか。
   6. 今、コーヒー飲んでもいいですか。

2. 1. 私は母にハンカチをあげました。
   2. 母は私にコーヒーをくれました。
   3. 田中さんは私に日本語の本をくれました。

실전 능력 강화 p.24

1. ① 初めてです。
   ② ３回目です。
   ③ ５回来ました。
   ④ １０回以上旅行しました。

2. ① 日帰りです。
② ３泊４日です。
③ １週間です。
④ １ヶ月滞在する予定です。

3. ① はい、どうぞ。
② いいですよ。
③ あ、大丈夫です。
④ かまいません。

4. ① 免税店で買った香水です。
② 韓国から持ってきたサングラスです。
③ ずっと使ってきたかばんです。
④ 友達にあげる韓国のお土産です。

듣기 체크 p.26

1. ③ **2.** ② **3.** ③

1. ① 여자의 여권
② 어른만의 여권
③ 가족 3인, 모두의 여권

2. ① 면세점에서 산 가방
② 한국에서 가져온 김치
③ 한국에서 사 온 담배

스크립트

職員：ご家族ですか。一緒にどうぞ。
女性：はい、３人です。
職員：皆さんのパスポートを見せてください。申告するものはありますか。
女性：ないです。
職員：かばんを開けて確認してもよろしいでしょうか。
女性：いいですよ。
職員：これは何ですか。

女性：韓国から持ってきたキムチです。
職員：これは何ですか。
女性：韓国で買ってきたたばこです。
職員：たばこは課税となります。あちらのカウンターで申告してください。

직원 : 가족이신가요? 함께 오세요.

여성 : 네, 세 명이요.

직원 : 모두의 여권을 보여 주세요. 신고할 물건이 있습니까?

여성 : 없어요.

직원 : 가방을 열어서 확인해도 괜찮으시겠습니까?

여성 : 괜찮아요.

직원 : 이건 뭔가요?

여성 : 한국에서 가져온 김치입니다.

직원 : 이건 뭔가요?

여성 : 한국에서 사 온 담배입니다.

직원 : 담배는 과세입니다. 저쪽 카운터에서 신고해 주세요.

02과

문법과 작문 마스터 p.32

1.
1. このまま使えばいいですか。
2. これを借りればいいですか。
3. どう(やって)話せばいいですか。

2.
1. お願いします。
2. お手伝いします。
3. お送りします。

3
1. ぜひ買いたいんですけど…。
2. 読んでみたいんですけど…。
3. 一番高いのを飲みたいんですけど…。

4. 1. 日本語で読めます。

2. 今日は早く寝られます。

3. 無料で借りられます。

5. 1. いちごは赤くて甘いです。

2. まつ毛が長くてきれいです。

3. 髪の毛が黒くて短いです。

실전 능력 강화 p.36

1. ① お聞きしたいことがありますけど…。

② お伺いします。

③ ちょっといいですか。

④ ちょっとすみません。

2. ① 東京から大阪まで行きたいんですけど…。

② レンタカーの送迎バスに乗りたいんですけど…。

③ 最寄りの駅まで行きたいんですけど…。

④ 次のバスはいつ来ますか。

⑤ 高くてもかまわないので一番速いのでお願いします。

3. ① バスで行きたいんですけど…。

② トイレに行きたいんですけど…。

③ 予約したいんですけど…。

④ 席に座りたいんですけど…。

⑤ 注文したいんですけど…。/ 頼みたいんですけど…。

4. ① どうやって飲めばいいですか。

② どうやって入ればいいですか。

③ どうやって乗ればいいですか。

④ どうやって書けばいいですか。

⑤ どうやって予約すればいいですか。

⑥ どうやって買えばいいですか。

⑦ どうやって行けばいいですか。

듣기 체크 p.38

1. ③　*2.* ①　*3.* ②

1. ① 전철
② 버스
③ 어느 쪽도 추천하지 않음

2. ① 싸다　빠르다
② 빠르다　싸다
③ 빠르다　느리다

3. ① 전철은 15분 걸리고, 버스는 6분 걸린다.
② 전철은 6분 걸리고, 버스는 15분 걸린다.
③ 어느 쪽도 15분 걸린다.

스크립트

女性：すみません、新宿駅まで行きたいんですが、どうやって行けばいいですか。
男性：ここから新宿駅までですと電車とバス、どちらでも行けますね。
女性：どっちがおすすめですか。
男性：そうですね。速いのは電車で、安いのはバスだから…。
女性：バスはいくらですか。
男性：１００円ですね。
女性：時間はどれくらいかかりますか。
男性：バスなら１５分で、電車は６分くらいですね。

여성 : 저기요, 신주쿠 역까지 가고 싶은데, 어떻게 가면 될까요?
남성 : 여기에서 신주쿠 역까지라면 전철이나 버스, 둘 다 갈 수 있어요.
여성 : 어느 쪽을 추천하시나요?
남성 : 글쎄요. 빠른 것은 전철이고, 저렴한 것은 버스니까요.
여성 : 버스는 얼마인가요?
남성 : 100엔입니다.
여성 : 시간은 어느 정도 걸리나요?
남성 : 버스라면 15분이고, 전철은 6분 정도입니다.

03과

문법과 작문 마스터 p.44

1. 1. グッズ付き
2. サービス付き
3. 露天風呂付き客室

2. 1. これで合っていますか。
2. 鈴木さんで合っていますか。
3. このレシートで合っていますか。

3. 1. PCの電源がつけてあります。
2. メモが貼ってあります。
3. 別れた理由はその手紙に書いてありました。

문법과 작문 마스터 p.48

1. 1. お伝えいたします。
2. ご説明いたします。
3. 大変お待たせいたしました。
4. ご案内いたします。

2. 1. タダで食べられますか。
2. ここ、入れますか。
3. 子供も乗れますか。

3. 1. 確認できたら電話してもらえますか。
2. たばこ臭いから部屋を変えてもらえますか。
3. 追加料金を教えてもらえますか。

실전 능력 강화 p.52

1. ① 和室に変えられますか。

② 洋室に変えられますか。

③ 禁煙室に変えられますか。

2. ① 洗濯はどこでできますか。

② 喫煙はどこでできますか。

③ キッズスペースはどこにありますか。

3. ① 荷物を預けられますか。

② 荷物を預かってもらえますか。

③ 荷物を預けたいんですけど…。

4. ① スーツケース１つです。

② リュック２つです。

③ ボストンバッグ１つと紙袋１つです。

5. ① 荷物を取りに来ました。

② こちら荷物のタグです。

③ 追加料金はないですか。/ 追加料金はかかりませんか。

듣기 체크 p.54

1. ② *2.* ③ *3.* ①

1. ① 1박 2일

② 2박 3일

③ 3박 4일

2. ① 방의 타입

② 금연실로의 변경

③ 흡연실로의 변경

3. ① 아침 6시부터 9시

② 아침 6시 반부터 8시 반

③ 아침 6시부터 8시 반

스크립트

男性　：チェックインお願いします。

従業員：パスポートとバウチャーをお願いします。
　　　　２泊３日のご宿泊ですね。

男性　：はい、部屋は禁煙室ですか。

従業員：はい、禁煙室でご予約されております。

男性　：すみませんが、喫煙室に変更できますか。

従業員：もちろん可能でございます。変更いたしますね。

男性　：あと、朝食付きで合っていますか。

従業員：はい、そうでございます。

男性　：朝食は何時から何時までですか。

従業員：朝６時から９時までですね。

男性　：８時半に行ってもいいですか。

従業員：大丈夫です。

남성　: 체크인 부탁합니다.

종업원 : 여권과 바우처 부탁합니다. 2박 3일 숙박하시네요.

남성　: 네, 방은 금연실입니까?

종업원 : 네, 금연실로 예약되어 있습니다.

남성　: 죄송합니다만, 흡연실로 변경할 수 있습니까?

종업원 : 물론 가능합니다. 변경하겠습니다.

남성　: 그리고 조식포함이 맞나요?

종업원 : 네, 그렇습니다.

남성　: 조식은 몇 시부터 몇 시까지입니까?

종업원 : 아침 6시부터 9시까지입니다.

남성　: 8시 반에 가도 됩니까?

종업원 : 괜찮습니다.

작문과 문법 마스터 p.62

1.
1. この本は字が大きくて読みやすいです。
2. ペンが短くて書きにくいです。
3. 音が小さくて聞き取りにくいです。

2.
1. 太ったから動かなければならない。
2. 毎日一生懸命勉強しなければならない。
3. 風邪だから薬を飲まなければならない。

3.
1. あれは先生の車だと思います。
2. 新商品は食べてみたいと思います。
3. 一度食べてみたんですけど、おいしいと思います。

4.
1. 明日は確か営業しないはずです。
2. そのことを知っているはずです。
3. 今日はきっと早く帰ってくるはずです。

5.
1. 今にも雨が降りそうですね。
2. 子供たちはとても楽しそうですね。
3. かわいいかばんはゆきちゃんが好きそうだね。

실전 능력 강화 p.68

1. Q. 백화점은 어디에 있습니까?

A. この横断歩道を渡って右側にデパートがあります。이 횡단보도를 건너 오른쪽에 백화점이 있습니다.

2. Q. 카페는 어디에 있습니까?

A. この道を渡ると左側にコンビニが見えるはずです。コンビニの前を通り過ぎたら右に曲がってください。まっすぐ行って突き当りがカフェです。

이 도로를 건너면 왼쪽에 편의점이 보일 거예요. 편의점 앞을 지나치면 오른쪽으로 꺾어 주세요.

곧장 가서 막다른 곳이 카페입니다.

3. Q. 여기서 가장 가까운 편의점은 어디에 있나요?

A. ここの角を右に曲がったところにすぐコンビニがあります。

이 모퉁이를 오른쪽으로 돈 곳에 바로 편의점이 있습니다.

4. Q. 우체국은 어디에 있나요?

A. この角を曲がるとコンビニがありますけど、その向かい側に郵便局があります。

이 모퉁이를 돌면 편의점이 있습니다만, 그 맞은편에 우체국이 있습니다.

5. Q. 서점은 어디에 있습니까?

A. 手前に十字路が見えますね。その通りの左側にある交番と美容室の間に本屋があります。

바로 앞에 사거리가 보이죠. 그 거리 왼쪽에 있는 파출소와 미용실 사이에 서점이 있어요.

6. Q. 이 주변에 맥도날드가 있나요?

A. この角を左に曲がるとすぐラーメン屋があります。その向かい側にマックが見えるはずです。

이 모퉁이를 왼쪽으로 돌면 바로 라멘집이 있어요. 그 맞은편에 맥도날드가 보일 거예요.

듣기 체크 p.70

1. ① *2.* ② *3.* ③

1. ① 맛있는 라멘집 ② 맛있는 우동집 ③ 백화점의 맛있는 가게

2. ① 맛있는 라멘집 ② 맛있는 우동집 ③ 된장 우동가게

3. ① 오른쪽으로 돌아서 직진

② 쭉 가서 백화점 바로 옆

③ 왼쪽으로 돌아 백화점 옆

스크립트

男性 : すみません、この辺におすすめのラーメン屋ってありますか。

女性 : ラーメン屋ですか。ラーメンじゃなくてうどん屋なら知っています。

男性 : そこでも大丈夫です！

女性 : この道をまっすぐに行って左に曲がってください。そうしたらデパートが見えるはずで、そのすぐ隣にあります。

男性 : 分かりました。左に曲がってデパートのすぐ隣ですね。

女性 : そうです。そこの味噌うどんをぜひ食べてみてください。とてもおいしいですよ。

男性 : 分かりました、ご親切にありがとうございました。

남성 : 실례합니다. 이 주변에 추천할 만한 라멘집이 있습니까?

여성 : 라멘집이요? 라멘이 아니라 우동집이라면 알고 있어요.

남성 : 거기라도 괜찮습니다.

여성 : 이 길을 쭉 가서 왼쪽으로 돌아 주세요. 그러면 백화점이 보일 거고, 그 바로 옆에 있습니다.

남성 : 알겠습니다. 왼쪽으로 돌아서 백화점 바로 옆이네요.

여성 : 그렇습니다. 거기의 된장 우동을 꼭 먹어 주세요. 매우 맛있어요.

남성 : 알겠습니다. 친절히 대해 주셔서 감사합니다.

05과

[문법과 작문 마스터] **p.78**

1. 1. お出かけですか。
2. 何をお探しですか。
3. お帰りですか。

2. 1. 新しい先生って優しいですか。
2. これって誰のですか。
3. 今回のテストっていつですか。

3. 1. 無料でご入場いただけます。
2. インターネットでご購入いただけます。
3. 生活パターンに合わせてご契約いただけます。

4-1. 1. そろそろご飯にしますか。
2. デザートはコーヒーとケーキにしました。
3. これからビニール袋は有料にします。

4-2. 1. 二度と会わないことにしました。
2. 一緒に日本旅行に行くことにしました。
3. その話は言わないことにしましょう。

실전 능력 강화 p.82

1. A：店内でお召し上がりですか、お持ち帰りですか。가게 안에서 드시나요? 포장하시나요?

B：食べていきます。ビックマックセットください。먹고 갈게요. 빅맥세트 주세요.

お持ち帰りでお願いします。ビックマックセットください。포장 할게요. 빅맥세트 주세요.

A：お飲み物は何になさいますか。음료는 뭘로 하시겠나요?

B：コーラでお願いします。콜라로 부탁합니다.

A：ご注文は以上でよろしいでしょうか。주문은 이상으로 괜찮으신가요?

B：追加でチキンナゲットもください。추가로 치킨 너깃도 주세요.

A：はい、かしこまりました。お客様のお会計ははっぴゃくよんじゅうえん(840円)でございます。

네, 알겠습니다. 손님의 결제하실 금액은 840엔입니다.

2. ① じゅうさんえん

② ひゃくごじゅういちえん

③ はっぴゃくさんじゅうろくえん

④ ろくせんななひゃくにじゅうはちえん

⑤ いちまんはっせんろっぴゃくきゅうじゅうよえん

⑥ よんせんひゃくはちじゅうきゅうえん

듣기 체크 p.84

1. ②　*2.* ②　*3.* ②

1. ① 여자는 테이크아웃으로 치즈버거 세트를 주문했다.

② 여자는 음료로 밀크티를 주문했다.

③ 여자의 결제 금액은 600엔 이상이다.

2. ① 밀크티를 레몬티로 변경

② 감자튀김을 샐러드로 변경

③ 감자튀김을 L사이즈로 변경

3. ① 530엔　② 600엔　③ 630엔

스크립트

店員：店内でお召し上がりですか。お持ち帰りですか。

女性：持ち帰りでお願いします。チーズバーガーセットください。

店員：セットにはポテトとお飲み物が付いています。お飲み物は何になさいますか。

女性：飲み物はアイスティーをください。

店員：レモンとミルク、どちらになさいますか。

女性：レモンでお願いします。

店員：はい、レモンティーがお１つ。以上でよろしいでしょうか。

女性：はい。

店員：お客様のお会計、５３０円でございます。

女性：ごめんなさい。やっぱりポテトはサラダに変更してもらえますか。

店員：かしこまりました。サラダに変更しますと追加７０円になります。

점원 : 가게 안에서 드시나요? 포장이신가요?

여성 : 포장으로 부탁합니다. 치즈버거 세트 주세요.

점원 : 세트에는 감자튀김과 음료가 포함되어 있습니다. 음료는 무엇으로 하시겠습니까?

여성 : 음료는 아이스티를 주세요.

점원 : 레몬과 밀크, 어느 쪽으로 하시겠습니까?

여성 : 레몬으로 부탁합니다.

점원 : 네, 레몬티 하나. 이상으로 괜찮으시겠습니까?

여성 : 네.

점원 : 손님 금액은 530엔입니다.

여성 : 죄송해요. 역시 감자튀김은 샐러드로 변경해 주실 수 있을까요?

점원 : 알겠습니다. 샐러드로 변경하면 70엔이 추가됩니다.

06과

문법과 작문 마스터 p.92

2. 1. 彼女は年をとって物忘れが激しくなったみたいです(ようです)。
2. 今日はなぜか機嫌が悪いようですね(みたいですね)。
3. 子供が人見知りをするみたいだ(ようだ)。

3. 1. 毎日一生懸命働こう！
2. ちょっとだけ行って来よう！
3. 今回の日本語の試験には合格しよう！

5. 1. 試合は雨が降ったので中止になりました。

2. 時間になったのでそろそろ帰ります。

3. ここは禁煙なのでたばこは外で吸ってください。

듣기 체크 p.100

1. ①　**2.** ①　**3.** ③

1. ① 전갱이　② 도미　③ 단새우

2. ① 발권번호　② 아이용 의자　③ 찬물

3. ① 남자는 발권번호 32번을 받았다.

② 점원은 찬물을 가져와 주지 않았다.

③ 남자는 아이용 의자를 직접 가지고 왔다.

스크립트

店員：いらっしゃいませ。発券番号３２番でお待ちのお客様。こちらへどうぞ。
男性：すみません、本日のおすすめメニューはどこにありますか。
店員：こちらタッチパネルの最初の画面ですね。本日はたいと甘エビがおすすめです。
男性：ありがとうございます。子供用の椅子ってありますか。
店員：はい、ございます。レジのそばにおいてあります。お持ちいたします。
男性：あと、お冷もらえますか。
店員：お冷はセルフサービスでございます。あちらの方においてありますのでどうぞ。
男性：あ、分かりました。

점원 : 어서 오세요. 발권번호 32번 대기 손님. 이쪽으로 오세요.

남성 : 저기요, 오늘 추천 메뉴는 어디에 있습니까?

점원 : 이쪽 터치패널의 처음 화면에 있습니다. 오늘은 도미와 단새우가 추천메뉴입니다.

남성 : 감사합니다. 아이용 의자는 있습니까?

점원 : 네, 있습니다. 계산대 옆에 놓여 있습니다. 가져다 드리겠습니다.

남성 : 그리고 찬물을 주실 수 있습니까?

점원 : 물을 셀프 서비스 입니다. 저쪽에 놓여 있으니 사용하세요.

남성 : 아, 알겠습니다.

07과

문법과 작문 마스터 p.110

1. 1. 親だから最善を尽くす。
2. レストランだから静かにしてください。
3. 別れたくないから言うのをやめた。

2. 1. 習えば簡単にできますよ。
2. このバスに乗れば間に合います。
3. デパートに行けば新商品が見られます。

3. 1. この際に
2. お出かけの際に
3. お降りの際に

4. 1. 今年は花柄が流行るらしいよ。
2. 今日の飲み会に社長も来るらしいです。
3. 恋愛には興味がないらしいです。

실전 능력 강화 p.114

1. 시나가와 역에 가고 싶습니다. 몇 번선을 타면 됩니까?
３番と４番線、どちらでも行けます。3번과 4번선 둘 다 갈 수 있습니다.

2. 아카바네 역에 가고 싶습니다. 몇 번선을 타면 됩니까?
５番と１４番線、どちらでも行けます。5번과 14번선 둘 다 갈 수 있습니다.

3. 요코하마 역에 가고 싶습니다. 몇 번선을 타면 됩니까?
４番線に乗ってください。4번선을 타세요.

4. 여기에서 도쿄 역까지 가고 싶습니다. 몇 번선을 타면 됩니까?
３番か４番線に乗ってください。3번이나 4번선을 타세요.

5. 우츠노미야 역에 가능한 빨리 가고 싶습니다. 몇 번선을 타면 됩니까?
１４番線に乗れば一番速く行けます。14번선을 타면 가장 빨리 갈 수 있습니다.

듣기 체크 p.116

1. ③　*2.* ④　*3.* ①

스크립트

1. ① 新宿駅まで行きたいです。
② 新宿駅にはどうやって行きますか。
③ 新宿駅からはどこに行けますか。
④ 新宿駅に行く方法を教えてください。
① 신주쿠 역까지 가고 싶습니다.
② 신주쿠 역에는 어떻게 갑니까?
③ 신주쿠 역에서는 어디에 갈 수 있습니까?
④ 신주쿠 역에 가는 방법을 가르쳐 주세요.

2. ① 上野駅まで行く電車は何分待ちますか。
② 上野駅まで行く次の電車は何分後ですか。
③ 上野駅まで行きたいんですが、何分待てばいいですか。
④ 上野駅まで行く電車は何本ありますか。
① 우에노 역까지 가는 전철은 몇 분 기다리나요?
② 우에노 역까지 가는 다음 전철은 몇 분 후입니까?
③ 우에노 역까지 가고 싶습니다만, 몇 분 기다리면 됩니까?
④ 우에노 역까지 가는 전철은 몇 대 있습니까?

3. ① ホームに戻るので改札を通ってもいいですか。
② すみません、ホームから一旦外に出たいです。
③ すみません、乗り換えの時間が結構あって、一旦出られますか。
④ ホームから出てまたここに戻れますか。
① 홈으로 돌아가려 하는데 개찰구를 지나가도 될까요?
② 죄송합니다, 홈에서 일단 밖으로 나가고 싶어요.
③ 죄송합니다, 환승 시간이 좀 있어서, 일단 나갈 수 있을까요?
④ 홈에서 나가고 다시 여기로 돌아올 수 있습니까?

문법과 작문 마스터 p.124

1. 1. こと / 채소를 먹지 않는 것(행동)은 좋지 않다.
2. もの / 좀 더 작은 것(물건)으로 해 주세요.
3. もの / 된장국은 진한 것을 좋아한다.

3. 1. このかばんの開け方が分かりません。
2. 焼酎の飲み方は本当いろいろですね。
3. レポートの書き方を詳しく教えてください。

4. 1. 明日週末だけど道、混まないかな。
2. 初めてだけど難しくないかな。
3. 天気予報の通り、雨は降るのかな。

5. 1. トイレに入ってもいいですか。
2. 今日はちょっと休んでもいいですか。
3. 今日中に電話してもいいですか。

실전 능력 강화 p.130

점원 : 어서오세요.

나 : 저기요. 부탁합니다.

점원 : お弁当とおにぎりは温めますか。

나 : a おにぎりだけ温めてください。

b はい、両方温めてください。

c ちょっとだけ温めてください。

점원 : 알겠습니다. 잠시 기다려 주세요.

나 : 네.

d アイスコーヒーはどうやって頼みますか。

e トイレってどこにありますか。

f スプーンとお箸を1つずつもらえますか。

점원 : 네, 여기 있습니다.

듣기 체크

p.132

1. ③　*2.* ③　*3.* ③　*4.* ②

스크립트

1. ① お弁当(べんとう)温(あたた)めてください。

② お弁当(べんとう)はチンしてください。

③ お弁当(べんとう)はそのままでいいです。

① 도시락을 데워 주세요.

② 도시락은 전자레인지에 데워 주세요.

③ 도시락은 그대로 괜찮습니다.

2. ① 氷(こおり)カップもらえますか。

② 氷(こおり)カップがほしいんですけど…。

③ 氷(こおり)カップが足(た)りないですけど…。

① 얼음 컵 받을 수 있을까요?

② 얼음 컵이 필요합니다만….

③ 얼음 컵이 모자라는데요.

3. ① シロップとミルクをもらえますか。

② シロップとミルクを使(つか)ってもいいですか。

③ シロップとミルクは要(い)りません。

① 시럽과 밀크를 받을 수 있을까요?

② 시럽과 밀크를 사용해도 됩니까?

③ 시럽과 밀크는 필요 없습니다.

4. ① トイレ使(つか)ってもいいですか。

② トイレは奥(おく)の方(ほう)にありますので、どうぞ。

③ トイレをお借(か)りしてもいいですか。

① 화장실을 사용해도 됩니까?

② 화장실을 안쪽에 있으니 사용하세요.

③ 화장실을 써도 됩니까?

문법과 작문 마스터 p.142

1. 1. 前にお進みください。
   2. 黄色い線までお下がりください。
   3. お好きな席にお座りください。

2. 1. 高い / 高さ
   2. 良い / 良さ
   3. 楽しい / 楽しさ
   4. 広い / 広さ

3. 1. 多めに作りました。
   2. 早めにお願いします。
   3. 持ち歩くから軽めにした方がいい。

실전 능력 강화 p.148

점원 : 어서 오세요.

나　: チーズ牛丼の並をください。치즈 규동 보통(사이즈)을 주세요.

점원 : 네, 주문은 이상이신가요?

나　: あと、追加で納豆を１つお願いします。그리고 추가로 낫토를 하나 부탁드려요.

점원 : 알겠습니다. 잠시 기다려 주세요.

〈식사 후〉

나　: 잘 먹었습니다. 계산해 주세요.

점원 : 감사합니다.

チーズ牛丼の並が１つ、納豆が１つでお客様のお会計は640(ろっぴゃくよんじゅう)円でございます。

치즈 규동 보통(사이즈)이 하나, 낫토가 하나로 손님이 결제하실 금액은 640엔입니다.

듣기 체크 p.150

1. ①　*2.* ②　*3.* ③　*4.* ③

1. ① 테이블　② 카운터　③ 어디 쪽이든 좋음

2. ① 된장 라멘 두 개

② 된장 라멘 두 개고 하나만 곱빼기

③ 된장 라멘 두 개고 둘 다 곱빼기

3. ① 면의 강도는 부드러운 것과 보통을 하나씩

② 맛의 진함은 양쪽 모두 연한 맛

③ 맛의 진함은 진한 맛과 연한 맛 하나씩

4. ① 맛들인 달걀 ② 숙주나물　③ 차슈

스크립트

店員：いらっしゃいませ。何名様でしょうか。

男性：２人です。

店員：カウンター席でもよろしいですか。

男性：いや、テーブルでお願いします。

店員：はい、こちらどうぞ。

男性：すみません、味噌ラーメンを２つください。１つは、大盛りでお願いします。

店員：はい、麺の硬さはどうしましょうか。

男性：柔らかめと、大盛りの方は普通でお願いします。

店員：かしこまりました。味の濃さもお選びください。薄味、普通、濃い味がございますが。

男性：両方とも薄味で！ 本当は濃いめが好きなんですけど、今ダイエット中なので。

あと、トッピングで味玉ともやしとチャーシューをください。

あ！ やっぱり、チャーシューはキャンセルで！

店員：はい、承知しました。

점원 : 어서 오세요. 몇 분이십니까?

남성 : 두 명입니다.

점원 : 카운터 석이라도 괜찮으십니까?

남성 : 아뇨. 테이블로 부탁합니다.

점원 : 네, 이쪽으로 오세요.

남성 : 여기요. 된장 라멘 두 개 주세요. 한 개는 곱빼기로 부탁합니다.

점원 : 네, 면의 강도는 어떻게 할까요?

남성 : 부드러운 것과 곱빼기 쪽은 보통으로 부탁합니다.

점원 : 알겠습니다. 맛의 농도를 골라 주세요. 연한 맛, 보통, 진한 맛이 있습니다만.

남성 : 양쪽 모두 연한 맛으로! 사실은 진한 맛을 좋아합니다만, 지금 다이어트 중이라.
그리고 토핑으로 맛들인 달걀과 숙주, 차슈를 주세요. 아! 역시 차슈는 취소로!

점원 : 네, 알겠습니다.

10과

문법과 작문 마스터 p.158

1. 1. 髪を少しカットしたいんですけど…。
2. ここに泊まりたいんですけど…。
3. もっと早く入りたいんですけど…。

2. 1. お金がたくさんあったら何が一番ほしいですか。
2. 学校に着いたら図書館に来てください。
3. 鈴木さんが来たら帰ってもいいです。

3. 1. そんな場合にはボタンを押してください。
2. 上手くいかない場合は一度電源をオフにしてください。
3. 新鮮じゃない場合、返品できます。

4. 1. あなたのために許してください。
2. 会社のためなら何でもできます。
3. 合格のために頑張ってきました。

실전 능력 강화 p.162

1. ① 1,100円
② 1,000円
③ 4,500円
④ 500円
⑤ 3,700円

듣기 체크 p.164

1. ② *2.* ② *3.* ③

1. ① 어른 한 명 ② 어른 한 명과 아이 한 명 ③ 아이 한 명

2. ① 300엔 ② 400엔 ③ 700엔

3. ① 4시 ② 5시 ③ 6시

스크립트

男性：すみません、自転車を借りたいんですけど…。
店員：お１人ですか。
男性：いえ、大人１人と子供１人です。
店員：１台でお乗りの場合、お子様の料金はかかりませんが、どうされますか。
男性：じゃ、それでお願いします。
店員：かしこまりました。ご利用の時間はどれくらいですか。
男性：３時間くらいだと思います。
店員：１時間のご利用でしたら１００円で、５時間のご利用でしたら４００円です。
男性：お得なのは５時間の方ですね。じゃ、５時間にします。
店員：はい、只今１時でございます。返却の時間に遅れないようにお願いいたします。

남성 : 여기요, 자전거를 빌리고 싶은데요.

점원 : 한 분입니까?

남성 : 아니요, 어른 한 명과 아이 한 명입니다.

점원 : 한 대로 타실 경우, 자녀분의 요금은 들지 않습니다만, 어떻게 하시겠습니까?

남성 : 그럼, 그렇게 부탁합니다.

점원 : 알겠습니다. 이용 시간은 어느 정도입니까?

남성 : 3시간 정도라고 생각합니다.

점원 : 1시간 이용이시면 100엔이고, 5시간 이용하시면 400엔입니다.

남성 : 이득인건 5시간이네요. 그럼, 5시간으로 하겠습니다.

점원 : 네, 지금 1시입니다. 반환 시간에 늦지 않도록 부탁드립니다.

11과

문법과 작문 마스터 p.172

1. 1. まだ、食(た)べてないんです。
2. 薬(くすり)はまだ飲(の)んでないんです。
3. 仕事(しごと)が多(おお)くてまだ行(い)ってないんです。

2. 1. まだ熱(あつ)いと思(おも)うから気(き)をつけて食(た)べて。
2. あの人(ひと)は何歳(なんさい)だと思(おも)いましたか。
3. この食(た)べ物(もの)は体(からだ)によくないと思(おも)っていました。

5. 1. おしぼりもう１(ひと)つもらえますか。
2. お冷(ひや)１杯(いっぱい)もらえますか。
3. その地図(ちず)、私(わたし)も１枚(いちまい)もらえますか。

6. 1. ご説明(せつめい)させていただきます。
2. ご連絡(れんらく)させていただきます。
3. 今日中(きょうじゅう)に送(おく)らせていただきます。

실전 능력 강화

p.178

점원 : 음료는 어떻게 하시겠나요?

나　: 梅酒のロックを１つください。매실주 온더락을 하나 주세요.

점원 : 梅酒のロックが１つですね。매실주 온더락이 하나네요.

나　: はい、お好み焼きもお願いします。네, 오코노미야키도 부탁 드려요.

점원 : はい、お好み焼きが１つ、以上でよろしいでしょうか。
네, 오코노미야키가 하나, 이상이신가요?

나　: あ！ あと、追加で串焼きの軟骨とメロンソーダをください。
아 그리고, 추가로 꼬치구이 닭 연골과 메론 소다를 주세요.

점원 : 네, 알겠습니다. 잠시만 기다려 주세요.

나　: 네, 부탁합니다.

듣기 체크

p.180

1. ③　*2.* ③　*3.* ③　*4.* ①

1. ① 생맥주　② 에다마메(가지째로 삶은 풋콩)　③ 기본 안주

4. ① 폐점 시간　② 라스트오더 시간　③ 추가 주문이 있는지 없는지

스크립트

店員 : ご注文お決まりになりましたらお呼びください。

女性 : すみません、生ビールと枝豆ください。

店員 : はい、少々お待ちください。

(잠시 후)

店員 : お待たせいたしました。こちら生ビールと枝豆、そしてお通しでございます。

女性 : ありがとうございます。すみません、ノンアルコールのメニューもありますか。

店員 : 申し訳ございません。ノンアルコールはございません。
こちらソフトドリンクのメニューはいかがでしょうか。

女性 : じゃ、コーラも１つください。あと、おしぼりとお冷をもらえますか。

店員 : はい、すぐにお持ちいたします。

(시간이 경과하는 시계 소리)

店員 : そろそろラストオーダーの時間になりますが、何か追加されますか。

女性 : いえ、お会計でお願いします。

점원 : 주문이 정해지시면 불러 주세요.

여성 : 여기요, 생맥주와 에다마메(삶은 풋콩) 주세요.

점원 : 네, 잠시만 기다려 주세요.

(…)

점원 : 오래 기다리셨습니다. 여기 생맥주와 에다마메, 그리고 기본 안주입니다.

여성 : 감사합니다. 여기요, 무알콜 메뉴도 있습니까?

점원 : 죄송합니다. 무알콜은 없습니다. 이쪽 소프트드링크 메뉴는 어떠세요?

여성 : 그럼, 콜라도 한 개 주세요. 그리고 물수건과 찬물을 주실 수 있을까요?

점원 : 네, 바로 가져다 드리겠습니다.

(…)

점원 : 이제 라스트오더 시간이 되었습니다만, 뭔가 추가하시겠나요?

여성 : 아니요, 계산 부탁합니다.

12과

문법과 작문 마스터 p.188

1.

1. もう春(はる)になりましたね。
2. 野菜(やさい)をたくさん食(た)べて肌(はだ)がきれいになりました。
3. 日本語(にほんご)ですらすら話(はな)せるようになりました。

2.

1. 歯(は)を磨(みが)く前(まえ)にご飯(はん)を食(た)べます。
2. 歯(は)を磨(みが)いた後(あと)でご飯(はん)を食(た)べます。
3. 話(はな)した後(あと)でメッセージを送(おく)りました。
4. デートする前(まえ)にアルバイトに行(い)きます。
5. シャワーを浴(あ)びた後(あと)で寝(ね)ればすぐ眠(ねむ)ります。
6. 料理(りょうり)をする前(まえ)には手(て)をちゃんと洗(あら)わなければなりません。

3.

飲(の)むことができる	마시는 것이 가능하다	飲(の)める	마실 수 있다
書(か)くことができる	쓰는 것이 가능하다	書(か)ける	쓸 수 있다
洗濯(せんたく)することができる	세탁하는 것이 가능하다	洗濯(せんたく)できる	세탁할 수 있다

1. ３ヶ月で日本語を話すことができました。
2. その話を聞いて理解することはできませんでした。
3. いつも１番目に入場することができます。

4. 1. 私の話を誰かに聞かれた。
2. 社長は社員たちに信頼されている。
3. 電車の中でたくさんの人たちに押された。
4. バスの中で足を踏まれてしまった。

실전 능력 강화 p.192

〈티켓 판매소〉

나 すみません、❶大人２人と子供１人です。저기요, 어른 두 명과 아이 한 명입니다.

매표 직원 자녀분은 몇 살인가요?

나 ❷5歳です。다섯 살입니다.

매표 직원 a : 그러시면 아이는 무료로 입장할 수 있습니다.

b : 중학생 이상이면, 어른 금액과 같습니다.

〈기념사진 판매 코너〉

사진 직원 여기 기념사진은 어떠신가요?

나 a : ❸ 写りがいいですね。１枚ください。잘 찍혔네요. 한 장 주세요.

b : ❹ 大丈夫です。괜찮습니다.

사진 직원 a : 감사합니다. ❺ 800円でございます。800엔입니다.

b : 감사합니다.

[❶ ❷ 요금표]

요금표	
어른 (중학생 이상)	400엔
아이 (초등학생 이하)	무료

[❸ 구입하기]

① 사진이 잘 찍혔네요. 한 장 주세요.

② 좋네요. 사람 수대로 주세요.

③ 두 장 부탁합니다.

[❹ 구입하지 않음]

① 괜찮아요.

② 다음에 할게요.

③ 아뇨 괜찮습니다.

듣기 체크

p.194

1. ③ *2.* ③ *3.* ② *4.* ①

스크립트

1. ① ここで写真を撮ってもいいですか。

② ここで写真を撮ってはいけませんか。

③ ここで写真を撮ってください。

① 여기서 사진을 찍어도 됩니까?

② 여기서 사진을 찍으면 안 됩니까?

③ 여기서 사진을 찍어 주세요.

2. ① 入場料はいくらですか。

② 入場料はどこに書いてありますか。

③ 入場口を教えてください。

① 입장료는 얼마입니까?

② 입장료는 어디에 써 있습니까?

③ 입구를 알려 주세요.

3. ① ベビーカーを借りることができますか。

② ベビーカーを預けたいんですけど…。

③ ベビーカーの貸し出しサービスってありますか。

① 유모차를 빌릴 수 있습니까?

② 유모차를 맡기고 싶은데요.

③ 유모차 대여 서비스가 있습니까?

4. ① 何時に終えればいいですか。

② ここって何時までやってますか。

③ 営業は何時までですか。

① 몇 시에 마치면 됩니까?

② 여기는 몇 시까지 합니까?

③ 영업은 몇 시까지입니까?

13과

문법과 작문 마스터 p.202

1. 1. サーモンはワサビ抜きでお願いします。

2. フライドポテトは塩抜きでお願いします。

3. 砂糖抜きダイエットは効果がとてもいいです。

3. 1. 採りたてのリンゴです。

2. 搾りたてのぶどうジュースです。

3. 生まれたての赤ちゃんのかわいい姿

4. 1. 1) クロワッサンが付いてきます。

2) 朝食が付いてきます。

3) この雑誌には無料の冊子が付いてきます。

2. 1) クロワッサンが付いています。

2) 朝食が付いています。

3) この雑誌に無料の冊子が付いています。

3. 1) クロワッサン付きのメニューです。

2) 朝食付きのプランです。

3) 無料の冊子付きの雑誌

5. 1. デートもしないし、連絡もないし、もう別れよう。

2. 彼女はきれいだし、背も高いし、頭がいいです。

3. 車もないし、雪も降っているし、今日は家にいよう。

실전 능력 강화 p.208

점원 : 가게 안에서 드시나요? 가져가시나요?

나 : 食べていきます。or 持ち帰りでお願いします。먹고 갈게요. or 포장으로 부탁드려요.

점원 : 네, 음료는 뭘로 하시겠나요?

나 : アイスコーヒーのMサイズを２つとモンブランを１つください。

아이스커피 M사이즈 두 개와 몽블랑을 한 개 주세요.

점원 : 네, 알겠습니다. 주문은 이상이신가요?

나 : すみません、あと、❸デカフェコーヒーもありますか。

저기, 디카페인 커피도 있나요?

점원 : 네, 물론입니다.

❶ • 추천하는 디저트는 있습니까?
- 디저트는 뭐가 맛있습니까?
- 디저트 추천 메뉴는 무엇입니까?

❷ • 와이파이 패스워드를 가르쳐 주세요.
- 와이파이 패스워드를 가르쳐 줄 수 있나요?
- 와이파이를 좀 사용하고 싶은데요.

❸ • 카페인이 적은 커피는 있습니까?
- 카페인레스 커피도 있습니까?
- 디카페인 커피도 있습니까?

듣기 체크 p.210

1. ②　*2.* ①　*3.* ①

스크립트

店員 : 店内でお召し上がりですか、お持ち帰りですか。

女性 : ここで食べます。アメリカーノ１つとチーズケーキ１つください。

店員 : お飲み物はホットとアイスどちらになさいますか。

女性 : アイスで、あとミルクをつけてください。

店員 : はい、かしこまりました。サイズはいかがなさいますか。

女性 : 一番大きいサイズはいくらですか。

店員：Ｌサイズでしたら４２０円ですね。ちなみにＭサイズは３９０円です。

女性：大きい方にした方がお得だからそれにします。

あと、持ち帰りでおすすめのデザートってありますか。

店員：当店のおすすめはバウムクーヘンとチョコレートケーキですね。

女性：どっちがおすすめですか。

店員：どっちもおすすめですが、今チーズケーキを頼まれておりますので、ケーキではない

こちらの方がいいと思いますね。

女性：なるほど！私もそう思います。じゃ、それ１つは持ち帰りでお願いします。

점원 : 매장에서 드시겠습니까? 포장이십니까?

여성 : 여기서 먹을게요. 아메리카노 한 개와 치즈케이크 한 개 주세요.

점원 : 음료는 핫과 아이스 어느 쪽으로 하시겠습니까?

여성 : 아이스로, 그리고 (커피용)밀크를 함께 주세요.

점원 : 네, 알겠습니다. 사이즈는 어떻게 하시겠습니까?

여성 : 가장 큰 사이즈는 얼마인가요?

점원 : L사이즈라면 420엔입니다. 참고로 M사이즈는 390엔입니다.

여성 : 큰 쪽으로 하는 게 이득이니 그것으로 할게요. 그리고 포장으로 추천하는 디저트가 있나요?

점원 : 저희 가게의 추천 메뉴는 바움쿠헨과 초코케이크입니다.

여성 : 어느 쪽을 추천하시나요?

점원 : 둘 다 추천합니다만, 지금 치즈케이크를 주문하셨기 때문에, 케이크가 아닌 이게 좋다고 생각합니다.

여성 : 그렇군요! 저도 그렇게 생각해요. 그럼, 그거 한 개는 포장으로 부탁드려요.

14과

문법과 작문 마스터 p.218

2-1 1. 靴を履いたまま家に入った。

2. クーラーを付けたまま出てしまった。

2-2 1. 化粧を落とさないまま寝てしまった。

2. 扇風機を付けないままずっと我慢した。

3. 1. お肉とお魚どっちも好きだけど、どっちかと言うとお肉ですね。

2. どっちかと言うとバスの方が楽です。

3. どっちかと言うとよく飲む方です。

4. 1. 何も買わないで見ていました。

何も買わずに見ていました。

2. ケータイを見ないではいられない。

ケータイを見ずにはいられない。

3. お金を払わないで食べる行為は不法です。

お金を払わずに食べる行為は不法です。

4. 大人なのに働かないで休む人

大人なのに働かずに休む人

5. 食わず嫌い・食べず嫌い

5-1. 1. 風邪薬を飲んでぐっすり寝た方がいいです。

2. やってみてから後悔した方がいいです。

3. 風邪の時は白湯を飲んだ方がいいです。

5-2 1. 虫が嫌いな方は見ない方がいいです。

2. 都会ではタクシーに乗らない方がいいです。

3. 当分、連絡しない方がいいと思います。

실전 능력 강화 **p.224**

1. 医薬品・風邪薬・日用品・マスク

2. 医薬品・胃腸薬

3. 化粧品・日焼け止め

4. 医薬品・便秘薬

5. 化粧品・化粧落とし・洗顔フォーム

6. 日用品・スポンジ・食器洗剤

1. 김 : 감기에 걸려 버렸어요. 기침과 재채기가 멈추질 않아요…(눈물) 약은 어디서 살 수 있나요?
어드바이저 : 어머 안 됐다.
드러그 스토어 의약품 코너에 감기약이 있으니까 먹고 푹 쉬세요.
그리고 기침과 재채기도 한다면 일용품 코너에서 마스크도 사는 게 좋겠네요.

2. 나나 : 최근에 소화불량으로 식욕이 없어요.
어드바이저 : 무슨 일이에요?! 의약품 코너에서 위장약을 사서 먹는 게 좋아요!

3. 유키 : 여름이 되었으니까 자외선을 제대로 예방하고 싶어요.
어드바이저 : 그거 중요해요! 화장품 코너에 선크림이 있으니까 꼭 써 보세요.

4. 쇼다 : 계속 신호가 없어서(배변을 보지 못해서) 배가 부풀고 힘들어요.
어드바이저 : 그건 고통스럽죠. 의약품 코너에서 변비약을 사서 드세요.

5. 다쿠미 : 이제부터 이중세안을 해 보려고 해!
어드바이저 : 화장품 코너에서 클렌징과 폼 클렌징을 사서 써 봐!

6. 유타 : 오늘부터 자취하거든. 일단 설거지에 필요한 상품이 필요해!
어드바이저 : 우선은 일용품 코너에서 스폰지와 식기 세제를 사!

듣기 체크 p.226

1. ③ 2. ① 3. ②

1. ① pc작업을 했기 때문에
② 하드렌즈를 꼈기 때문에
③ 소프트렌즈를 꼈기 때문에

2. ① pc작업
② 콘텍트렌즈를 매일 끼는 것
③ 계절의 영향

3. ① 알레르기 전용 안약
② 소프트렌즈와 알레르기 전용 안약
③ 소프트렌즈 전용과 알레르기 전용을 한 개씩

스크립트

女性　：すみません、目がかゆくて目薬が欲しいんですけど…。
薬剤師：目が赤く充血していますね。普段コンタクトを付けますか。
女性　：はい、多分最近変えたコンタクトのせいだと思います。毎日付けるので。
薬剤師：毎日は目に負担がかかりますね。ソフトレンズとハードレンズ、どちらを使っていますか。
女性　：１年前はハードでしたが、最近は使い捨てのソフトレンズです。
薬剤師：では、主に使っているのはソフトレンズですね。
女性　：それに仕事でPC作業が多いんです。乾燥する季節はやっぱり目によくないですかね。
薬剤師：そうですね。季節の影響もあるかもしれないので、こちらソフトレンズとアレルギー両方に対応している商品にした方がいいです。

여성 : 실례합니다. 눈이 가려워서 안약이 필요한데요.

약사 : 눈이 빨갛게 충혈되어 있네요. 보통 콘텍트렌즈를 끼나요?

여성 : 네, 아마 최근에 바꾼 콘텍트렌즈 때문이라고 생각합니다. 매일 껴서.

약사 : 매일은 눈에 부담이 됩니다. 소프트렌즈와 하드렌즈, 어느 쪽을 사용하십니까?

여성 : 1년 전에는 하드였습니다만, 최근에는 1회용 소프트렌즈예요.

약사 : 그럼, 주로 사용하는 것은 소프트렌즈네요.

여성 : 게다가 일로 pc작업이 많이요. 건조한 계절은 역시 눈에 좋지 않을까요?

약사 : 그렇죠. 계절의 영향도 있을 수도 있으므로, 여기 소프트렌즈와 알레르기 양쪽에 듣는 상품으로 하는 것이 좋겠습니다.

15과

문법과 작문 마스터 p.234

1.
1. お客様を案内しております。
2. ３年前、日本に住んでおりました。
3. お世話になっております。

2.
1. その服は合わないかもしれません。
2. とりあえず提出しておいた方がいいかもしれません。
3. 前は仲がよかったかもしれません。

4. 万が一のためにここに書いておいた方がいいかもしれません。
5. ここまで来たのは話したいことがあったからかもしれない。
6. 忙しそうでもそんなに大変じゃないかもしれない。

3. 1. 飲みすぎちゃいました。
2. 母がくれたお小遣いはもう使っちゃいました。
3. 嬉しくて泣いちゃった。

4. 1. 彼のいない学校は想像できない。
2. 運のいい人はよく当たります。
3. 雨の降る日はどうしても鬱になります。
4. 母の好きな料理は韓国のタッカンマリです。
5. 田中さんの作ったケーキはぜひ一度食べてみてください。
6. 速度の遅いパソコンは誰も使いたくない。

5. 1. 会社に入ったばかりだから仕事がまったくわからない。
2. まだ習ったばかりでうまくないです。
3. １ヶ月前に買ったばかりだから大事に扱っています。

실전 능력 강화 p.240

〈옷 쇼핑〉

나 ：すみません。この❶ワンピースの色違いもありますか。저기요. 이 원피스의 다른 색상도 있나요?

점원 ：❷赤と❷緑がございます。빨강과 초록이 있습니다.

나 ：両方とも試着していいですか。(どっちも着てみていいですか。) 둘 다 입어 봐도 되나요?

점원 ：물론입니다. 이쪽으로 오세요.

나 ：この❷赤の❸Mサイズをください。이 빨강의 M사이즈를 주세요.

〈구두 쇼핑〉

나 ：すみません。この❹スニーカーの❺２４センチってありますか。
저기요. 이 운동화 24센티가 있나요?

점원 ：네, 잠시 기다려 주세요. 가져다 드릴게요.

나 ：あれ…、❻もうちょっと小さいサイズってありますか。어라, 조금 더 작은 사이즈가 있나요?

점원 ：네, 바로 가져다 드릴게요.

❻	① 조금 더 큰 사이즈는 있나요? ② 더 큰 걸 원해요. ③ 하나 위의 사이즈를 보여 줄 수 있나요?
	① 조금 더 작은 사이즈는 있나요? ② 작은 걸 원해요. ③ 하나 아래 사이즈를 보여 줄 수 있나요?

듣기 체크

p.242

1. ① *2.* ① *3.* ②

1. ① 빨강과 초록
② 파랑과 빨강
③ 초록과 파랑

2. ① 셔츠가 끼었기 때문에
② 셔츠가 짧았기 때문에
③ 셔츠가 컸기 때문에

3. ① 가족의 선물로
② 나에게의 선물로
③ 애인에게의 선물로

스크립트

男性：すみません、このシャツの色違いもありますか。
店員：はい、赤、青、緑の３色ですね。
男性：(全部試着するのは大変そうだな…) じゃ、赤と緑を試着できますか。
店員：はい、こちらへどうぞ。
男性：(首の方がきついな…) すみません、緑の１つ大きいサイズをもらえますか。
店員：はい、少々お待ちください。お持ちいたします。
男性：これをプレゼント用にラッピングお願いできますか。
店員：もちろんです。ご家族やお友達にプレゼントですか。
男性：いや、自分へのご褒美です。

남성 : 여기요, 이 셔츠의 다른 색상도 있습니까?

점원 : 네, 빨강, 파랑, 초록 세 가지 색입니다.

남성 : (전부 입어 보는 것은 힘들겠네…) 그럼, 빨강과 초록을 입어 볼 수 있을까요?

점원 : 네, 이쪽으로 오세요.

남성 : (목 쪽이 조이네…) 죄송합니다, 초록 하나 큰 사이즈를 주시겠어요?

점원 : 네, 조금 기다려 주세요. 가져오겠습니다.

남성 : 이거를 선물용으로 포장 부탁드려도 되나요?

점원 : 물론입니다. 가족이나 친구분께의 선물입니까?

남성 : 아니요. 자신에게의 포상(선물)입니다.

16과

문법과 작문 마스터 p.250

1. 1. こんなに分厚い本をようやく読み終えた。
2. レポートを書き終えるまで寝られない。
3. 食べ終えた。(노력해서 먹은 모양)
4. 食べ終わった。(자연스럽게 식사를 다 한 뉘앙스)

3. 1. 太り気味
2. 疲れ気味
3. 焦り気味

4. 1. クーラーが古いせいで涼しくない。
2. ちゃんと勉強しなかったせいか試験に落ちた。
3. 忙しかったせいで彼女に連絡できなかった。

5. 1. 健康診断の前に食べておきます。
2. お箸は一緒に入れておきます。
3. 荷造りをしておいた方がいいです。

실전 능력 강화 p.254

문진표

후리가나 キム・〇〇	남・(여)	생년월일
성명 金・〇〇		〇〇〇〇 년 〇〇 월 〇〇 일

오늘은 어디가 아프세요(무슨 일이세요)? 해당되는 것에 동그라미를 쳐 주세요.

통증(머리・목구멍・가슴・배・등・그 외)

(열) 콧물 코막힘 (구역질)

위가 아픔・위가 더부룩함・변비・설사・식욕저하

건강진단 희망

증상은 언제부터 있었습니까?

예 昨日の夜から熱が３９度まであがって、吐き気がします。

어제 밤부터 열이 39도까지 오르고, 토할 것 같은 느낌입니다.

특별히 알아봐 줬으면 하는 것, 검사, 치료가 있으시면 기입해 주세요.

예 この症状の理由とこれから注意すべきことを教えてください。

이 증상의 이유와 이제부터 주의해야 하는 것을 알려 주세요.

과거에 큰 병으로 치료나 수술을 받은 적이 있습니까?

(없음) 있음 ( )

현재, 먹고 있는 약이 있습니까?

(없음) 있음 ( )

흡연, 음주에 대해서 알려 주세요.

흡연 : (피우지 않는다)・피운다 (___개피/일 ___년째)

음주 : 마시지 않는다・(마신다) (주 2 일) 종류・양(ビール 맥주 ・ ３５０ ml)

약, 음식 알레르기가 있습니까?

(없음) 있음 ( )

듣기 체크 p.256

1. ② ***2.*** ③ ***3.*** ③

1. ① 1번 ② 2번 ③ 3번

2. ① 열 ② 콧물 ③ 목이 부음

3. ① 먹지 않아도 되기 때문에 처방은 하지 않았다.

② 감기가 심해질지도 모르기 때문에 3일분 처방했다.

③ 지금은 심하지 않지만, 앞으로를 위해 이틀분 처방했다.

스크립트

看護師：パクさん、２番診察室へどうぞ。

医者　：今日はどうされましたか。

パク　：喉の調子が悪くてつらいです。

医者　：熱はありますか。

パク　：昨日の夜は３８.５度まであがりましたが、今は落ち着きました。

医者　：鼻水や咳、痰はどうですか。

パク　：鼻水も咳、痰もありません。喉が腫れている感じがします。

医者　：今は薬を飲むほどではありませんが、念のため２日分を出しておきますね。

간호사 : 박 씨, 2번 진찰실로 오세요.

의사 : 오늘은 무슨 일이신가요?

박 : 목의 상태가 나빠서 고통스러워요.

의사 : 열도 있습니까?

박 : 어제 저녁에는 38.5도까지 있었습니다만, 지금은 떨어졌습니다.

의사 : 콧물이나 기침, 가래는 어떤가요?

박 : 콧물도 기침, 가래도 없습니다. 목이 부어 있는 느낌이 있어요.

의사 : 지금은 약을 먹을 정도는 아닙니다만, 만약을 위해 이틀분만 처방해 두겠습니다.

17과

문법과 작문 마스터 p.264

1. 1. 朝食は洋食と和食からお選びいただけます。
2. お１人様につき１つお選びいただけます。
3. お好みでお選びいただけます。

3. 1. ここからソウルまで行くのに何時間かかりますか。
2. その会社で働くのに必要なのは何ですか。
3. 図書館で本を借りるのに何を持っていけばいいですか。

4. 1. 勉強しているのに成績が上がりません。
2. 忙しいのにここまで来てくれてありがとう。
3. メッセージを送ったのに返事が来ないです。

5. 1. 背が小さすぎて届かないところが多い。
2. 新しい仕事が大変すぎて耐えられない。
3. 話しすぎて喉が渇いた。

실전 능력 강화 p.268

나 : すみません、サラダとカルボナーラください。저기요, 샐러드와 카르보나라 주세요.

점원 : はい、サラダが１つ、それとカルボナーラが１つですね。

네, 샐러드가 하나, 그리고 카르보나라가 하나네요.

음료는 어떻게 하시겠나요?

나 : 드링크바는 한 명 얼마인가요?

점원 : 料理とセットでしたら２９０円でご利用できます。

요리와 세트이시면 290엔으로 이용하실 수 있습니다.

나 : 어린이 드링크바는 얼마인가요?

점원 : ❶５歳未満のお子様でしたら無料でご利用できます。

5살 미만의 어린이라면 무료로 이용하실 수 있습니다.

❷５歳以上のお子様でしたら１００円でご利用できます。

5살 이상의 어린이라면 100엔으로 이용 가능하십니다.

나　：드링크바는 단품으로도 시킬 수 있나요?

점원 ：もちろんです。３９０円でご注文いただけます。물론입니다. 390엔으로 주문하실 수 있습니다.

나　：じゃ、❸全員セットドリンクバーを付けてください。그럼, 전원 세트 드링크바를 포함해 주세요.

❹子供のドリンクバーを付けてください。아이 드링크바를 포함해 주세요.

점원 ：네, 알겠습니다. 드링크바는 저쪽이니 자유롭게 이용해 주세요.

듣기 체크

p.270

1. ②　***2.*** ②　***3.*** ③

1. ① 돈가스 정식　② 돈가스 단품　③ 아이용 정식

2. ① 200엔　② 400엔　③ 500엔

3. ① 아이용 점심의 밥을 곱빼기로 했다.

② 정식의 밥을 전부 곱빼기로 했다.

③ 돈가스 정식의 밥을 한 개만 곱빼기로 했다.

스크립트

男性：すみません、豚カツ定食を２つとお子様ランチを１つください。

店員：はい、豚カツ定食が２つ、子供定食が１つですね。お飲み物はいかがなさいますか。

男性：ドリンクバーって１人いくらですか。

店員：お１人様２００円でございまして、人数分ご注文いただいております。

小学生以下のお子様は１００円で、５歳未満のお子様は無料でご利用できます。

男性：そうなんですね。うちの子は４歳です。定食にドリンクバーを付けてください。

店員：はい、かしこまりました。ご注文は以上でよろしいでしょうか。

男性：あ！ 大人の定食は１つだけご飯大盛りにしてください。

店員：かしこまりました。

남성 : 여기요, 돈가스 정식 두 개와 아이용 런치 한 개 주세요.

점원 : 네, 돈가스 정식 두 개와 어린이 정식 한 개이시군요. 음료는 어떻게 하시겠습니까?

남성 : 드링크바는 한 명에 얼마입니까?

점원 : 한 분에 200엔이고, 인원분 주문을 받고 있습니다.

초등학생 이하의 어린이는 100엔이고, 5살 미만의 어린이는 무료로 이용 가능합니다.

남성 : 그렇군요. 우리 아이는 4살입니다. 정식에 드링크바도 포함해 주세요.

점원 : 네, 알겠습니다. 주문은 이상이십니까?

남성 : 아! 어른 정식 한 개만 밥을 곱빼기로 해 주세요.

점원 : 알겠습니다.

18과

문법과 작문 마스터 p.280

1. 1. 今日、先生は休まれます。
2. 昨日は普段より早く起きられましたね。
3. 学校に来られていろんなお話を聞かせてくださいました。

2. 1. 新しいケータイがほしいです。
2. 新しいケータイを買ってほしい。
3. 彼はいい人じゃないから別れてほしい。
4. うるさいから早く工事が終わってほしい。
5. 合っているか間違っているか見てほしい。

3-1. 1. あの先生は女子に対して優しい。
2. 目上の人に対して礼儀正しくしよう。
3. その発言に対して私は賛成だよ。

4. 1. 今晩、夕食を一緒に食べるかと思いました。
2. 先生が話してくれるかと思いました。
3. 2人が付き合っているかと思いました。

실전 능력 강화 p.285

[미션]

❶	お菓子　胃薬　頭痛薬　生めん	Tシャツ　ウィスキー

❷	Tシャツ　お菓子　胃薬　頭痛薬	ウィスキー　生めん

❸	① Tシャツ	2700円	10%	270円	530円
	② お菓子	150円	8%	12円	
	③ 胃薬	1800円	8%	144円	
	④ 頭痛薬	1300円	8%	104円	

듣기 체크 p.288

1. ②　*2.* ②　*3.* ③

1. ① 구매하신 총액 만 2천 엔 이상일 경우 사용할 수 있습니다.

② 구매하신 총액 만 5천 엔 이상일 경우 사용할 수 있습니다.

③ 구매하신 총액 만 8천 엔 이상일 경우 사용할 수 있습니다.

스크립트

店員：免税カウンターはこちらです。どうぞ。

男性：お願いします。

店員：パスポートとお持ちのクーポンがあればお見せください。

男性：はい、これです。

店員：このクーポンはお買い上げ総額が１万５千円以上の場合お使いいただけます。

男性：１万２千円だと思ってたのに！ まあ多分、超えると思います。

店員：あとですね、免税商品とそうでない商品がありまして、一旦お分けしますね。
生ビールとワイン…。

男性：薬も免税じゃないんですか。

店員：それは大丈夫です。あ！ 納豆がありますね。

(お会計中)

店員：計２５点で、お客様のお会計17,３４０円でございます。

점원 : 면세 카운터는 이쪽입니다. 어서 오세요.

남성 : 부탁합니다.

점원 : 여권과 가지고 계신 쿠폰이 있으면 보여 주세요.

남성 : 네, 이거예요.

점원 : 이 쿠폰은 구매 총액이 1만 5천 엔 이상의 경우 사용할 수 있습니다.

남성 : 1만 2천 엔이라고 생각했는데! 뭐 아마 넘을 거라고 생각합니다.

점원 : 그리고 말이죠. 면세 상품과 그렇지 않은 상품이 있으므로, 일단 분류하겠습니다.
생맥주와 와인….

남성 : 약도 면세가 아닙니까?

점원 : 그것은 괜찮습니다. 아! 낫토가 있네요.
(계산 중)

점원 : 총 25점으로, 손님의 금액은 17,340엔입니다.

19과

문법과 작문 마스터 p.296

1. 1. 使い(たい)放題
2. かけ(たい)放題
3. 見(たい)放題
4. このプランは5,990円でデータ使い放題です。
5. 言いたい放題言っておいて今更謝るんですか。
6. このクラスには迷惑かけ放題の問題児がいる。

2. 1. ご確認の上、お書きください。
2. ご相談の上、ご連絡ください。
3. ご理解の上、サインお願いします。

3. 1. 無理やり入るしかありません。
2. その問題は覚えるしかないです。
3. 腹が立っても我慢するしかなかった。

4. 1. ご予約の方のみ入れます。
2. お支払いは現金のみとなっております。
3. ただ娘の合格を祈るのみです。

실전 능력 강화 p.300

무한리필 코스		
사치 코스 2,980엔	5성 코스 3,580엔	프리미엄 코스 3,980엔
무한리필 100분 (라스트오더 20분 전) 유아 무료　초등학생 반값		

음료 무한리필	
알콜 음료 무한리필 코스 한 명당 1,390엔	소프트드링크 무한리필 코스 한 명당 390엔 유아 무료　초등학생 반값
〈주의〉 '알콜 음료 무한리필'과 '소프트드링크 음료 무한리필'을 함께 주문할 수 있습니다. 음료 무한리필은 그룹 전원이 주문하실 경우에만 주문받습니다.	

1. 「贅沢コース」を大人２人と小学生１人、お願いします。
2. 「五つ星コース」の大人１人に「アルコール飲み放題」を付けてください。
3. 「アルコール飲み放題コース」と「ソフトドリンク飲み放題コース」を一緒に頼んでもいいですか。
4. 「プレミアムコース」を大人３人と、あと小学生２人でお願いします。
   飲み物はどう頼めばいいですか。
5. １人が飲み放題を頼んだ場合、皆頼まないといけませんか。
6. 「五つ星コース」の大人２人と小学生１人でお願いします。飲み物は「アルコール飲み放題コース」が１つと「ソフトドリンク飲み放題コース」２つでお願いします。
   あと、ソフトドリンクの１つは小学生です。

듣기 체크 p.302

1. ②　2. ②　3. ②

3. ① 음료 무한리필의 일본 술과 콜라 하이볼과 우롱차
   ② 단품의 일본 술과 콜라 하이볼과 우롱차
   ③ 단품의 일본 술과 하이볼과 콜라

스크립트

店員：いらっしゃいませ。ご来店は初めてでしょうか。
女性：はい、初めてです。食べ放題のメニューを説明してもらえますか。
店員：はい、３つのコースがございまして、値段ごとに楽しめるメニューが違います。

女性：やっぱり値段の高いコースにメニューが多そうですね。

店員：そうでございます。

女性：じゃ、メニューが一番多いこのコースにします。

店員：大人お２人様とお子様がお１人様ですね。ありがとうございます。

女性：食べ放題の時間は何分ですか。

店員：すべてのコースは１００分間お召し上がりいただけますが、只今こちらアンケートのご参加で、
３０分追加でお召し上がりいただけます。

女性：それいいですね。ぜひ参加したいです！

店員：ありがとうございます。お飲み物はどうされますか。
こちら飲み放題と単品のメニューがございます。

女性：あんまり飲めないので日本酒とコーラハイボールあとウーロン茶ください。

店員：はい、かしこまりました。

점원 : 어서 오세요. 저희 가게는 처음이십니까?

여성 : 네, 처음입니다. 무한리필 메뉴를 설명해 주실 수 있나요?

점원 : 네, 세 개의 코스가 있고, 가격 별로 즐기실 수 있는 메뉴가 다릅니다.

여성 : 역시 가격이 비싼 코스에 메뉴가 많은 것 같네요.

점원 : 그렇습니다.

여성 : 그럼, 메뉴가 가장 많은 이 코스로 하겠습니다.

점원 : 어른 두 분과 아이 한 분이시네요. 감사합니다.

여성 : 무한리필 시간은 몇 분입니까?

점원 : 모든 코스는 100분간 드실 수 있습니다만, 지금 여기 앙케트에 참가하시면, 30분 추가로 드실 수 있습니다.

여성 : 그거 좋네요. 꼭 참가하고 싶어요!

점원 : 감사합니다. 음료는 어떻게 하시겠습니까? 여기에 음료 무한리필과 단품 메뉴가 있습니다.

여성 : 별로 못마시니까 일본 술과 콜라 하이볼, 그리고 우롱차 주세요.

점원 : 네, 알겠습니다.

20과

문법과 작문 마스터 p.310

1. 1. 食べ物を口に入れたまま喋らない。
2. 知らないままでいいよ。
3. ここは時間が経っても昔のままだね。

2. 1. 参考にしてください。
2. 私はコーヒーにしてください。
3. 味噌ラーメンは大盛りにしてください。
4. 好きなようにしてください。(=好きにしてください。)
5. お大事にしてください。

3. 1. 嫌ならやめてもいいですよ。
2. 韓国旅行に行くなら江南に行ってみてください。
3. 熱いならお水をもっと入れて！

4. 1. 新型ウイルスについて説明します。
2. 日本の宗教について教えます。
3. この商品について知りたいです。

실전 능력 강화 p.316

1. 車両、対物に対する負担額 차량, 대물에 대한 부담액
2. 車両・対物事故免責額補償制度 차량, 대물 사고 면책액 보상 제도
3. 3,300円
4. 2,200円

듣기 체크 p.318

1. ①　*2.* ②　*3.* ②

스크립트

1. ① 車(くるま)を借(か)りたいんですけど…。

② 車(くるま)に乗(の)りたいんですけど…。

③ 車(くるま)が欲(ほ)しいんですけど…。

① 차를 빌리고 싶은데요.

② 차에 타고 싶은데요.

③ 차를 갖고 싶은데요.

2. ① この車(くるま)の燃料(ねんりょう)は軽油(けいゆ)ですか。

② この車(くるま)はガソリン車(しゃ)ですか。

③ この車(くるま)は電気自動車(でんきじどうしゃ)ですか。

① 이 차의 연료는 경유입니까?

② 이 차는 가솔린 차입니까?

③ 이 차는 전기자동차입니까?

3. ① ナビの韓国語(かんこくご)設定(せってい)を解除(かいじょ)したいです。

② ナビの韓国語(かんこくご)設定(せってい)のやり方(かた)を教(おし)えてください。

③ ナビの使(つか)い方(かた)を説明(せつめい)してもらえますか。

① 내비게이션의 한국어 설정을 해제하고 싶습니다.

② 내비게이션의 한국어 설정을 하는 방법을 가르쳐 주세요.

③ 내비게이션의 사용법을 설명해 주실 수 있습니까?